edition suhrkamp 2699

W0064172

Die Präsenz des Islams ist nur die sichtbarste Form der »Wiederkehr der Götter« (Friedrich Wilhelm Graf) in der gegenwärtigen Gesellschaft. Vor allem in ihren konservativen Spielarten, dem Evangelikalismus, dem strenggläubigen Islam und dem ultraorthodoxen Judentum wird die neue Präsenz der Religionen als Herausforderung für die Institutionen des säkularen Staats, allen voran die Schule, wahrgenommen. Die ersten Antworten sind Distanzierung, Abwehr und sozialer Druck; die Folgen gesellschaftliche Verhärtung. Dagegen hat Jürgen Habermas gefordert, den liberalen Staat in Richtung auf eine postsäkulare Kultur weiterzuentwickeln.

Das Anliegen des Projekts »Brücken im Kiez« war es, diese Forderung praktisch umzusetzen. Werner Schiffauer und das Team der Stiftung Brandenburger Tor in Berlin haben einen Dialog zwischen Eltern, Vertretern von Moscheegemeinden und Lehrern initiiert. Durch eine ethnologische Intervention haben sie versucht, neue Wege im Umgang mit der postsäkularen Situation zu finden. Jenseits aller Klischees von Parallelgesellschaften und Integrationsverweigerung zeigen sie konkret, wo Hürden und wo die Möglichkeiten für ein besseres Miteinander liegen.

Werner Schiffauer, geboren 1951, ist Professor für Kulturanthropologie in Frankfurt an der Oder. In der edition suhrkamp erschien von ihm zuletzt *Nach dem Islamismus. Die islamische Gemeinschaft Milli Görüş* (2010).

Werner Schiffauer

Schule, Moschee, Elternhaus

Eine ethnologische Intervention

*Unter Mitwirkung von Neslihan Kurt,
Susanne Schwalgin und Meryem Uçan*

*»Brücken im Kiez« – Ein Projekt der
Stiftung Brandenburger Tor*

Suhrkamp

edition suhrkamp 2699
Erste Auflage 2015
© Suhrkamp Verlag Berlin 2015
Originalausgabe
Alle Rechte vorbehalten, insbesondere das der Übersetzung,
des öffentlichen Vortrags sowie der Übertragung
durch Rundfunk und Fernsehen, auch einzelner Teile.
Kein Teil des Werkes darf in irgendeiner Form
(durch Fotografie, Mikrofilm oder andere Verfahren)
ohne schriftliche Genehmigung des Verlages reproduziert
oder unter Verwendung elektronischer Systeme verarbeitet,
vervielfältigt oder verbreitet werden.
Satz: Satz-Offizin Hümmer GmbH, Waldbüttelbrunn
Druck: Druckhaus Nomos, Sinzheim
Umschlag gestaltet nach einem Konzept
von Willy Fleckhaus: Rolf Staudt
Printed in Germany
ISBN 978-3-518-12699-8

Schule, Moschee, Elternhaus

Für Elsa

Inhalt

Werner Schiffauer

Vorwort

2008 wurde ich in den Wissenschaftlichen Beirat der Stiftung Brandenburger Tor berufen. In diesem Rahmen entwickelte ich das Projekt »Brücken im Kiez«. Die Idee war es, in Berlin Perspektiven einer Bildungspartnerschaft von Moscheegemeinden und Schulen auszuloten und damit einen Beitrag zu dieser Partnerschaft zu leisten, das belastete Verhältnis zu entkrampfen und Synergien freizusetzen.

In diesem Projekt lernte ich Schulen und Moscheegemeinden aus einer anderen und neuen Perspektive kennen. Das Wichtigste an dem Projekt aber war die Bekanntschaft mit Menschen, von denen ich sehr viel lernte. An erster Stelle sind hier die Projektmitarbeiter zu nennen: vor allen anderen die Ethnologin Susanne Schwalgin, die von 2008 bis 2012 das Projekt leitete. Ihr Verdienst war es, die allgemeine Idee in die Praxis umzusetzen und das heißt: sie lebendig zu machen. Als das Projekt nach einem ersten Jahr in der Krise war, gelang es Susanne Schwalgin zusammen mit Meryem Uçan einen neuen Zugang zu finden. Nach 2012 ging die Projektleitung in die Hände von Meryem Uçan und Neslihan Kurt über. Beide haben das Projekt tatkräftig weiterentwickelt. Von ihnen habe ich unendlich viel über das Innenleben der Gemeinden gelernt. Meryem Uçan verbindet in sich die Leidenschaft einer Ethnographin mit pädagogischer Kompetenz. Die Islamwissenschaftlerin Neslihan Kurt brachte außer ihrer Fachkompetenz die Fähigkeiten einer hervorragenden Organisatorin in das Projekt ein. Bedanken möchte ich mich auch bei Ercan Umaç, der am Anfang dabei war. Ich bin beim Verfassen des Berichts immer wieder auf Einsichten zurückgekommen, die er formuliert hatte, für die wir aber seinerzeit kein Ohr hatten.

Besonders erwähnen möchte ich auch den Religionswissenschaftler Joachim Willems, der uns, solange es seine berufliche Situation erlaubte, tatkräftig beiseitestand.

Dann ist natürlich der Stiftung Brandenburger Tor zu danken. Es war alles andere als selbstverständlich, dass Vorstand und Kuratorium der Stiftung das Projekt auch durch Zeiten der Krisen getragen haben. Mein Dank gilt dabei vor allem meinen Kollegen aus dem Wissenschaftlichen Beirat, Sybille Volkholz und Harm Kuper, der persönlichen Anteilnahme von Caroline Armand und Pascal Decker und dem persönlichen Einsatz von Wolf Lepenies, der das Projekt im Kuratorium vertreten hat.

Sehr wichtig war für mich auch die Bekanntschaft mit Lehrern, Schulleitern und Sozialarbeitern. Pädagogen aus Leidenschaft, die hartnäckig und gegen große Widerstände versuchen, neue Wege zu gehen. Johannes Neuwirth, Heiner Meise, Holger Hänel, Markus Schega, Mark Braden, Dorothea Mandera, Irmgard Zingelmann, Andreas Müller-Röpke, Enno Ebbert, Aydın Bulut, Christiane Müller und Mandy Schmidt. Sie alle haben trotz eines vollen Arbeitspensums viel Zeit in die Projektsitzungen investiert. Sie sind aus Gründen des Personenschutzes im Text anonymisiert – deshalb der Dank an dieser Stelle.

Dank auch den Mitgliedern der Gemeinden und den Eltern, die regelmäßig am Gesprächskreis teilnahmen: Ayşe Eryığıt, Ayşe Ulusoy, Fatma Bıyıklı, Gülbeyaz Karaağaç, Merve Türker, Suheda Özger, Zeinab Khalife, Perrin Akçınar, Ercan Yılmaz, Süleyman Küçük, Murat Kayabaş, Tahir Sözen, Osman Tutkun und Aydın Karakoç.

Mein Dank gilt ferner den Moscheegemeinden (und insbesondere ihren Vertretern), mit denen wir kooperiert haben: das alevitische Kulturhaus; das Fatih Kulturhaus, die Gazi Osman Paşa Moschee, die Mevlana Moschee der Milli Görüş;

die DİTİB Gemeinde und der Verband Islamischer Kulturzentren.

Erwähnt werden müssen die Dolmetscherin Hatice Genç und unsere Fotografin Wiebke Pöpel.

Wichtiges Feedback zum Manuskript erhielt ich von Leonie Schiffauer, Julia Eckert und Bernard Christophe.

Schließlich gilt mein Dank den Projektpartnern, mit denen wir in der einen oder anderen Projektphase kooperierten, vor allem dem Arbeitskreis Neue Erziehung.

Zum Schluss ein persönliches Wort. Dieses Projekt war mir deshalb so wichtig, weil es mir ermöglichte, unterschiedliche Stränge meines Lebens miteinander zu verknüpfen. Zum einen ist Kreuzberg, seit ich 1973 als Student dorthin zog, meine Heimat geworden. Zweitens bin ich als Vater von zwei schulpflichtigen Kindern, die an einer Kreuzberger Schule unterrichtet werden, mit den hier angesprochenen Fragen persönlich konfrontiert. Drittens arbeite ich seit vierzig Jahren kontinuierlich als Ethnologe über türkische Einwanderung und islamische Gemeinden. Das Projekt war für mich eine Chance, einige der empirisch gewonnenen Erkenntnisse in die Praxis umzusetzen – ein äußerst lehrreicher Prozess, der mir zeigte, wie viel komplexer die gelebte Realität als die wissenschaftliche Erkenntnis ist. Und schließlich erlaubte mir das Projekt, an einer Leidenschaft für pädagogische Fragen wieder anzuknüpfen, die sich zu Beginn in der Kombination meiner Studienfächer, nämlich Pädagogik und Ethnologie, zeigte.

Werner Schiffauer

Einleitung

Das Projekt »Brücken im Kiez«

Das Verhältnis zwischen Schulen und muslimischem Elternhaus ist belastet, wenn nicht gar zerrüttet. Viele Lehrer und Schulleiter reagieren sichtlich gestresst auf die Präsenz von praktizierenden Muslimen. Manchmal bewusst, öfter noch unbewusst, werden Signale ausgesandt, dass Kinder aus gläubigen muslimischen Elternhäusern nicht die Traumklientel der Schule bilden. Ein hoher Anteil von Schülern aus muslimischen Elternhäusern gilt als Indikator für Problemschulen. Nur selten wird ihre Anwesenheit als Bereicherung empfunden. Muslimische Familien werden als Hort einer patriarchalen Ordnung, der Frauenfeindlichkeit und des Autoritarismus angesehen. Sie zu integrieren, gilt als eine Herausforderung – wenn sie überhaupt möglich erscheint.

Dem korrespondiert ein ausgeprägtes Misstrauen auf der anderen Seite. Während von Migranten der ersten Generation vor allem der kulturelle Einfluss auf die Kinder und die damit verbundene Entfremdung gefürchtet wurden, werden von der zweiten und dritten Generation Diskriminierung und die Entwertung des eigenen kulturellen Hintergrunds befürchtet. Kurz: Elternhaus und Schule problematisieren den Einfluss der jeweils anderen Erziehungsinstitution auf die Kinder. Sie ziehen nicht an einem Strang, sondern versuchen, dem kulturellen Einfluss der je anderen Seite entgegenzutreten und ihn nach Möglichkeit zu neutralisieren. Nicht selten bestimmen stereotype Ansichten das Verhältnis. In dieser Situation gestaltet sich die Zusammenarbeit zwischen Elternhaus und Schule äußerst schwierig. Ein Ausdruck dieser

Situation ist die Tatsache, dass muslimische Eltern sich von der Schule zurückziehen. Wenn sie mit Lehrern zusammenkommen, ist die Atmosphäre oft gereizt, manchmal sogar explosiv. Damit wird eine Negativspirale in Gang gesetzt. Die Lehrer sehen sich in ihren Annahmen durch das Verhalten der Eltern bestätigt. Die Leidtragenden dieser Situation sind die Kinder.

Nun hatte ich in einer mittlerweile jahrzehntelangen ethnologischen Arbeit über islamische Gemeinden den Eindruck gewonnen, dass dieser Stress nicht in jedem Fall zwangsläufig eintreten müsste. Ich war beeindruckt davon, wie sehr sich die islamischen Gemeinden gerade im Bildungsbereich engagieren. Sie ermutigen die Eltern, ihre Kinder – und zwar sowohl Söhne als auch Töchter – auf die weiterführenden Schulen zu schicken; sie bieten Nachhilfeunterricht an und versuchen, durch eine umfangreiche Jugendarbeit dem Einfluss der »Straße« etwas entgegenzusetzen. Immer wieder wurde mir von muslimischen Studierenden der zweiten und dritten Generation erzählt, dass sie ihre Bildungslaufbahn den islamischen Gemeinden verdanken. Dieser Eindruck stand am Anfang des Projekts »Brücken im Kiez«: Wäre es nicht sinnvoll, den Versuch zu unternehmen, das belastete Verhältnis von Familie und Schule mit Hilfe der Gemeinden zu entkrampfen? Könnte man durch die Etablierung einer Zusammenarbeit von Moscheegemeinden und Schulen synergetische Energien freisetzen? Könnte man damit nicht gerade diejenigen Eltern erreichen, die sonst unerreichbar sind? Könnte man durch Zusammenarbeit im Bereich der Erziehung nicht auch die Stereotypen übereinander aufbrechen? Sollte es nicht möglich sein, über eine Politik der kleinen Schritte eine Kultur des Vertrauens aufzubauen? Ermutigt wurde dieses Projekt auch durch die Selbstverständlichkeit, mit der derartige Kooperationen in der amerikanischen Gesellschaft gang und gäbe sind.

Der Versuch schien mir außerdem deshalb von Bedeutung, weil ja die Schulen beileibe nicht die einzigen Institutionen sind, die auf die Anwesenheit von Muslimen mit Stress reagieren. Häufiger als bei anderen Einwanderergruppen – von Roma einmal abgesehen – treten *moral panics*[1] auf. Es gibt ein weitverbreitetes Gefühl, an die Grenzen der Belastbarkeit gestoßen zu sein. Der Versuch, die Stressdynamik exemplarisch am Fall der Schule zu erfassen, erschien mir deshalb auch über dieses besondere Feld hinaus wichtig und sinnvoll.

Die gestresste Gesellschaft

Ich habe den Begriff »Stress« gewählt, weil er mir genauer als jeder andere Begriff die Phänomene zu fassen scheint, die den Umgang mit Muslimen bestimmen. Er beschreibt genauer und präziser den dominanten Umgang mit dem Islam als der Begriff Islamophobie oder auch anti-muslimischer Rassismus. Wer sich mit (Herkunfts-)Deutschen über die muslimische Einwanderung unterhält, spürt oft eine Anspannung, ein Angestrengtsein, Gefühle der Überlastung, Gereiztheit, nicht selten auch Vorsicht. Seltener trifft man auf direkte und unverhüllte Aggression. Diese Art von Anstrengung scheint mir bezeichnend für den Umgang mit der Ambivalenz des Fremden (Bauman 1991) zu sein, d. h. desjenigen, der weder Freund noch Feind ist und der weder »ganz innen« noch auch »ganz außen« anzusiedeln ist. Man weiß nicht genau, was man

---

1 Der Begriff *moral panics* bezieht sich auf kollektive Hysterien, die offenbar periodisch in Zivilgesellschaften auftauchen. Der Begriff wurde von Stanley Cohen (1972) geprägt und später von Goode und Ben Yehuada aufgegriffen (1994). Ein historisches Beispiel stellt die Kommunismuspanik der McCarthy-Ära dar. Zu *moral panics* in Bezug auf den Islam siehe Schiffauer 2007.

von ihm halten noch wie man mit ihm umgehen soll – und das ist anstrengend. Der Begriff »Stress« ist aber auch geeignet, weil er eine Denkfigur ist, mit der man gut über gesellschaftliche Dynamiken nachdenken und sie zu fassen bekommen kann – vorausgesetzt, man überfordert sie nicht und schüttet das Kind nicht mit dem Bade aus.

Betrachten wir zunächst, wie der Begriff Stress auf Individuen Anwendung findet. Das Phänomen Stress hat zwei Seiten: Die eine besteht aus den Herausforderungen, die »von außen« auf den Einzelnen zukommen. Sie resultieren aus Ansprüchen auf Ressourcen an Zeit, finanziellen Mitteln und Kraft, die dem Individuum zur Verfügung stehen. Die andere Seite besteht in den Umgangsformen und Verarbeitungsmechanismen, mit denen diesen Herausforderungen begegnet wird. Unterschiede in diesem Bereich führen häufig dazu, dass Individuen auf ähnlich gelagerte Anforderungen sehr unterschiedlich reagieren. Was von einigen als Herausforderung, also als stimulierend oder anregend, empfunden wird, löst bei anderen Gefühle der Überlastung und der Überforderung aus. Oft treten Gefühle von Verkrampfung und Panik auf, die ihrerseits die Problemlösungsfähigkeit reduzieren. Dabei unterscheiden sich Binnensicht und Außensicht häufig voneinander: Personen unter Stress tendieren dazu, den eigenen Anteil an der Stresserzeugung zu negieren oder sogar vehement zurückzuweisen. Hinweise darauf werden in der Regel als kränkend empfunden. Dies liegt daran, dass derartige Verarbeitungsmechanismen so selbstverständlich sind, dass sie kaum noch wahrgenommen werden. Sie sind so tief verankert, dass einem Individuum Alternativen zum eigenen Umgang mit Stress fast undenkbar erscheinen (und oft mit Ängsten verbunden sind). Es bedarf einer intensiven Arbeit, um hier andere Wege zu gehen. Als Reaktion darauf hat sich ein ganzer Berufszweig, das Coaching, entwickelt.

Aus dem individuellen Stress lässt sich ein allgemeines Muster ableiten, das auch auf Gesamtgesellschaften übertragen werden kann. Wir sprechen von Stress, wenn ein System auf Herausforderungen seiner Umwelt mit Mechanismen reagiert, die zu Folgeproblemen führen, für deren Bewältigung das System erhebliche zusätzliche Energien aufwenden muss. Dabei werden bezeichnenderweise Primär- und Folgeprobleme nicht getrennt, so dass das System beides auf die Umwelt schiebt. So entstehen Negativspiralen.

So verallgemeinert lässt sich der Begriff Stress auch auf Organisationen anwenden. Hier ist es nicht das psychische System des Individuums, sondern das kulturelle System eines Unternehmens, das nach diesem Muster reagiert.[2] Wenn Organisationen durch äußere Einwirkung in Schwierigkeiten geraten (etwa weil sich die Organisationsumwelt ändert und Umsatzzahlen sinken), gibt es offenbar eine Tendenz, darauf mit Stellenabbau, zunehmendem Druck und wachsender Kontrolle zu antworten. Durch derartige Maßnahmen werden nicht nur Ressourcen gebunden; sie schlagen oft bis zur Mikroebene der alltäglichen Interaktion durch. Die Mitarbeiter reagieren mit Krankheitsausfällen, Konflikte häufen sich, die Motivation sinkt, qualifizierte Mitarbeiter bewerben sich weg usw. (Ongori und Agolla 2008) – kurz: mit Stress. Bereiche der Consulting-Industrie leben von den Versuchen, angemessenere Umgangsformen zu finden.

---

2 Diese Übertragung des Stressbegriffs auf die Unternehmenskultur wird in der Managementliteratur nicht in dieser Form vollzogen. In der Regel wird der Stress im Unternehmen auf die einzelnen Mitarbeiter bezogen und etwa auf Arbeitsüberlastung zurückgeführt (Topper 2007; Buchanan und Huczynski 2004). Die Übertragung des Stressbegriffs auf die Unternehmenskultur scheint mir aber sinnvoll, weil dadurch sowohl die externen Faktoren als auch die inneren Reaktionen in den Blick geraten.

Dies lässt sich schließlich auch auf Gesamtgesellschaften übertragen. Hier gerät kaum noch in den Blick, dass Stress aus dem Zusammenspiel von externen und internen Faktoren resultiert. Dies liegt zum einen daran, dass ein Blick von außen sehr viel schwieriger zu erhaschen und viel seltener ist. Während es bei Individuen deutlich ist, dass manche einen Burnout haben, wo andere (noch) souverän agieren; während bei Unternehmen und in Abteilungen der Vergleich mit anderen sehr intensiv erhoben wird, weil die Wettbewerber am Markt unterschiedlich erfolgreich agieren – geraten Gesamtgesellschaften weniger in den Blick. Die Binnensicht dominiert – und dies bedeutet in Bezug auf Stresswahrnehmung und Stressverarbeitung, dass an den Problemen die anderen, weniger oder kaum je die gesellschaftlichen Verarbeitungsmechanismen schuld sind. Wenn Gesamtgesellschaften bei der Bewältigung anstehender Probleme sich selbst im Weg stehen, wird dies weit weniger registriert als bei Individuen oder Organisationen.

Dies scheint mir für den Umgang mit dem Islam wichtig zu sein. Einige Beispiele mögen verdeutlichen, was ich meine:

1. Die zur Zeit der Veröffentlichung des Buchs von Sarrazin (2010) im Auftrag des BMI von Wolfgang Frindte u. a. durchgeführte Untersuchung »Lebenswelten junger Muslime in Deutschland« (2011) zeigt für die Zeit nach dem Veröffentlichungsdatum von Thilo Sarrazins Buch (1.9.2010) einen drastischen Anstieg der Distanz junger Muslime zur Mehrheitsgesellschaft (2011: 591). Obwohl sich ein endgültiger Beweis nicht erbringen lässt, deutet nach Ansicht der Forscher vieles darauf hin, dass beides miteinander zusammenhängt (ebenda: 592). Für die gewachsene Distanz dürfte weniger das Buch selbst verantwortlich sein als vielmehr die Tatsache, dass maßgebliche Teile der SPD (bis dahin die bevorzugte Partei der muslimischen Einwanderer) die unverhüllt rassistischen

Äußerungen eines ihrer Spitzenpolitiker verteidigten und die Partei es vermied, klare Konsequenzen zu ziehen. Sarrazin selbst entnahm der Studie nur, dass die Distanz zur Mehrheitsgesellschaft gestiegen ist. Er übersah völlig seinen eigenen Anteil an dem Prozess und fand sich bestätigt: »Sie [die Untersuchung] bestätigt glänzend die Analysen meines Buches und ist eine Aufforderung an die großen Parteien, die Wirklichkeit der muslimischen Einwanderung mit mehr Realismus und weniger Wunschdenken zu sehen.«[3]

2. 2009 entstand aus den Kreisen konservativer islamischer Gemeinden die Initiative »Isl'amour – Hand in Hand gegen Zwangsheirat«. Das Projekt wurde vom Bezirksamt Berlin Friedrichshain-Kreuzberg begrüßt. Die beantragte Unterstützung im Rahmen des Bundesprogramms »Vielfalt tut gut« wurde vom Familienministerium jedoch deshalb abgelehnt, »weil einige der Projektpartner bei den Verfassungsschutzbehörden in dem Verdacht standen, mit der Muslimbruderschaft – Islamische Gemeinschaft Deutschland in Verbindung zu stehen«.[4] Damit wurde ein progressives Programm gekippt, das von kritischen Kreisen genau aus *den* Gemeinden getragen wurde, denen man in der Öffentlichkeit eine konservative Familienpolitik vorwarf.

3. Die Debatten um den Wunsch muslimischer Eltern, ihre Kinder vom Schwimmunterricht zu befreien, erregen immer wieder die deutsche Öffentlichkeit und waren unter anderem Gegenstand von Auseinandersetzungen in der Islamkonferenz. Die Modelle, die an der Islamischen Schule in Berlin Kreuzberg seit Jahren erprobt werden, bleiben dagegen unbeachtet

---

3 http://www.morgenpost.de/politik/article1917593/Sarrazin-fuehlt-sich-durch-Muslim-Studie-bestaetigt.html
4 Brief der »Regiestelle Vielfalt« an das Bezirksamt Friedrichshain-Kreuzberg vom 25.2.2009

(siehe unten S. 274). Viel Energie fließt in völlig unnötige Auseinandersetzungen. Man weigert sich, elegante Problemlösungen zur Kenntnis zu nehmen, wahrscheinlich weil sie an einer Islamischen Schule entwickelt wurden. Völlig unnötig werden Fronten geschaffen.

4. Das Kopftuchverbot im öffentlichen Dienst traf vor allem junge religiöse Frauen, die sich als Lehrerinnen oder Sozialarbeiterinnen in die Gesellschaft einbringen wollten. In der medialen Präsentation wurde aus dem Versuch, sich treu zu bleiben und sich dennoch in die Gesellschaft einzubringen, ein aggressiver Akt gegen die negative Religionsfreiheit[5] – und wurde fast mit Missionierung assoziiert. Die Tatsache, dass die Präsenz von religiöser Diversität an der Schule es auch erlauben würde, gegenseitigen Respekt einzuüben, wurde so gut wie nicht beachtet. Das Kopftuchverbot traf ausgerechnet Frauen, denen daran gelegen ist, der Begrenzung des Handlungsradius der muslimischen Frau auf die Familie etwas entgegenzusetzen. Gerade sie werden auf Haus und Herd zurückgeworfen. Darüber hinaus werden Personen, die, etwa als muslimische Lehrerinnen, an der Schule eine Brückenfunktion ausüben könnten, systematisch von ihrem Beruf ferngehalten. Inzwischen gibt es nicht wenige Frauen, die auf ihre Gemeinden Druck ausüben, eigene pädagogische Einrichtungen zu etablieren, damit sie dort arbeiten können. Gemeinden wie die IGMG kommen damit in die schwierige Lage, entweder ihre bisherige Politik, keine eigenen muslimischen Einrichtungen zu schaffen, aufzugeben, oder die Frauen der Gemeinde in ihrem zentralen Verlangen nach Berufstätigkeit zu enttäuschen. Letzteres wäre ein weiterer Schritt zur Segregation.

---

5 Ein pauschales Kopftuchverbot wurde vom Bundesverfassungsgericht im März 2015 als unvereinbar mit der Religionsfreiheit erklärt.

5. Muslimische Schüler berichten immer wieder von abwertenden Äußerungen von Seiten der Lehrer (Mühe 2010:75, Nökel 2002:140); deutlich ist auch ein bei den muslimischen Schülern stark verbreitetes Gefühl, dass ihre Religion an der Schule nicht respektiert wird. Besonders betroffen sind offenbar Schülerinnen, die das Kopftuch tragen. Qualitative Interviews deuten darauf hin, dass derartige Diskriminierungen bei den Betroffenen zu wachsender Unlust an der Schule, Schulversagen, wenn nicht Abbruch des Schulbesuchs führen können (Mühe, in Vorbereitung). Auch hier wird die Folge der Diskriminierung den Schülern selbst angelastet.

Das alles sind bislang nur Schlaglichter ohne Beweiswert. Sie deuten jedoch an, wie die Gesellschaft im Umgang mit Muslimen selbst den Stress erzeugt, den sie beklagt: Indem sie durch ihr Verhalten Effekte auslöst, die dann als problematisch den anderen angelastet werden (Fall 1, Fall 5); indem Chancen zur Problemlösung nicht wahrgenommen oder gar abgeblockt werden (Fall 2, Fall 3); indem aus prinzipiellen Gründen praktische Lösungen verbaut und Personen, die in der Lage sind, Brücken zu bauen, verprellt werden (Fall 4).

Es geht mir nicht darum, zu bestreiten, dass Einwanderung auch einen Druck auf Ressourcen erzeugt und dass es migrationsbedingte Phänomene gibt, deren Bewältigung eine Herausforderung für die Gesellschaft darstellt. Dies ist besonders dann der Fall, wenn sich die Differenzlinien überlagern, wenn etwa zu ethnischer und kultureller Fremdheit religiöse Fremdheit tritt und wenn die Einwanderer nicht mit materiellem oder schulischem Kapital ausgestattet sind, das es ihnen erleichtern würde, die mit dem Weg in die Gesellschaft verbundenen Herausforderungen zu meistern. Dies gilt für viele Einwanderer mit muslimischem Hintergrund. Hier tritt zu ethnischer und religiöser Differenz eine (häufig unverschuldete) Arbeitslosigkeit oder gar fluchtbedingte Traumatisierung.

Dennoch: Die durch Einwanderung bedingten Belastungen sind die eine, die Verarbeitungsmechanismen der deutschen Gesellschaft die andere Seite. Gerade in Bezug auf die muslimische Einwanderung macht es sich die deutsche Gesellschaft wesentlich schwerer als nötig. Der Integration, die einerseits gewünscht wird, werden gleichzeitig Steine in den Weg gelegt. Hochmotivierte Frauen mit Kopftuch, die nichts mehr wünschen als ihren Weg in der Gesellschaft zu machen, werden von vielen Berufspositionen ferngehalten. Personen, die Brücken bauen könnten, werden ausgegrenzt. Oft hat man den Eindruck, dass die positive Energie, die Einwanderer mitbringen, energisch gedeckelt wird. Die Folge ist, dass eine zum Einwanderungszeitpunkt häufige positive Voreingenommenheit Ablehnung und Distanz Platz macht.

Ein wesentlicher Grund dafür ist, dass Deutschland sich zwar seit 1999 als Einwanderungsland definiert, dass aber die politische Alltagskultur[6] nach wie vor nationalstaatlich geprägt ist – im Gegensatz zu klassischen Einwanderungsgesellschaften wie Argentinien oder die USA. Mit anderen Worten: Die veränderten Gegebenheiten einer globalisierten Welt wurden zwar akzeptiert – aber das hat sich noch nicht auf die Alltagskultur ausgewirkt. Der Umgang mit Differenz hat sich nicht wesentlich verändert. Nach wie vor gilt als ausgemacht, dass kulturelle Homogenität die Basis für Solidarität und eine funktionierende Zivilgesellschaft ist – und dass konsequenterweise durch Einwanderung bedingte Heterogenität prinzipiell ein Problem darstellt. Dies gilt ebenfalls für das Selbstbild der Gesellschaft als weißer Gesellschaft, die auch Einwanderer

---

6 Mit politischer Alltagskultur übersetze ich den Begriff *civil culture*, den wir in unserem Projekt »State, School, Ethnicity« entwickelt haben. Er verknüpft den auf die politische Kultur bezogenen Begriff *civic culture* mit dem der *civil society* (Schiffauer, Baumann u. a. 2002: 3-10).

der dritten und vierten Generation mit falscher Hautfarbe noch nicht als selbstverständlichen Teil der eigenen Gesellschaft sieht. Während dies alles auch für das europäische Ausland gilt, tritt in Deutschland noch ein gering ausgeprägtes Vertrauen in selbstregulierende Dynamiken der Zivilgesellschaft hinzu.[7] Ich habe den Eindruck, dass die nationalstaatlich bedingte Innen-Außen-Unterscheidung den Blick auf positive Entwicklungen verstellt, eine Bereitschaft zu schrillen *moral panics* produziert und ihrerseits die Integration – verstanden als gleichberechtigte Teilhabe an allen Institutionen der Gesellschaft – belastet. Angesichts dieser politischen Prägungen wirkt der Aufruf, eine »Willkommenskultur« zu etablieren, vergleichsweise schwach.

Die Beunruhigung über die wachsende Heterogenität betrifft Einwanderung insgesamt; sie macht sich heute besonders an den Muslimen fest. In ihnen verdichtet sich die Bedrohung durch Differenz und gewinnt Gestalt. Dies liegt zunächst daran, dass der Islam wie jede Religion ein Symbolsystem zur Verfügung stellt, mit dem sich Differenz formulieren und das Festhalten an ihr legitimieren lässt. Hinzu kommt, dass sich

---

7 Schiffauer 1997: 35-49. In der deutschen politischen Kultur wird Freiheit gerne mit Bindung an das Allgemeinwohl und mit Verantwortung verbunden. Die Einzelnen sollten ihrer Freiheit in den Grenzen nachgehen, die dadurch gesetzt sind. Das Vertrauen, dass sich das Gemeinwohl schon herstellt, wenn nur die Spielregeln der Bürgergesellschaft gewahrt werden, ist dagegen gering ausgeprägt. Eine bloße Orientierung an Regeln schützt nicht vor einem zynischen Missbrauch derselben. So wird immer wieder beschworen, dass man die freiheitlichen Spielregeln benutzen kann, um die Freiheit auszuhebeln (wie seinerzeit die Nationalsozialisten). Dabei wird der Staat gerne als Garant der Gemeinwohlbindung gesehen. Es kommt daher zu einer stärkeren Durchdringung von Zivilgesellschaft und staatlichen Instanzen. Der Staat wird sozusagen als Prüfinstanz für die Gemeinwohlbindung der Akteure wahrgenommen.

islamische und westliche Gesellschaft jahrhundertelang gegeneinander definiert haben. Aus europäischer Sicht war der muslimische Andere der gefährliche, später der schwache, hinterherhinkende Andere – die islamische Welt gilt heute als prämodern und hoffnungslos zurückgeblieben. Aus der islamischen Sicht war der Europäer derjenige, der einerseits religiös auf niederer Stufe verharrte, aber zugleich als der koloniale Eroberer auftrat. Auf beiden Seiten wird die Macht des jeweils anderen sehr bewusst und nicht selten übertrieben groß wahrgenommen. Vor allem existiert der Argwohn, dass es dem jeweils anderen im Prinzip nur um die Durchsetzung des eigenen Wertesystems auf Kosten des anderen gehe. Dieser Generalverdacht hat auf der europäischen Seite nach dem 11. September 2001 Nahrung erhalten.

Diese Angst wird durch zwei Phantasmen genährt, die die Macht des muslimischen Anderen betonen. Das erste bezieht sich auf die Unterstellung der Geschlossenheit. Die Muslime sprechen vermeintlich nicht mit vielen Stimmen, sondern nur mit einer – ihnen wird generell unterstellt, dass sie in Bezug auf die Durchsetzung des eigenen Wertesystems z. B. alle einer Meinung seien. Das zweite Beispiel ist das einer primären Identität. Muslime beschreiben, wie seit dem 11. September 2001 ihr Muslim-Sein alle anderen Identitäten in den Schatten stellt. Heute gibt es ein Gefühl, dass »die Muslime« wie ein Block der Gesellschaft gegenüberstehen.

Es ist dieser allgemeine Misstrauensdiskurs, der den Umgang mit den muslimischen Einwanderern belastet und anstrengend macht. Er ist kostspielig. Er verhindert Kooperationen. Er fordert eine Politik der Wachsamkeit – und damit der Grenzziehung, der Abgrenzung, der Kontrolle der Grenzen. Er produziert ein Klima der Vorsicht, der Abwehr, der Skepsis und beim Gegenüber genau das, wovor er warnt – Distanz zur Gesellschaft und eine Tendenz zum Rückzug.

Die Verdichtung des Fremden im Muslim trägt wesentlich zur Erzeugung der Stressfaktoren bei, die wir oben aufgelistet haben. Sie führt dazu, dass falsche Antworten auf real existierende Probleme nahegelegt werden, Antworten, die nicht nur nicht zur Lösung beitragen, sondern das Problem verschärfen. Mit anderen Worten: Sie produziert den Teufelskreis, der charakteristisch für Stressphänomene ist.

Das Feld Schule

In den Einwandervierteln der Großstädte gibt es immer mehr Schulen, in denen die Mehrheit der Kinder Migrationshintergrund haben. Diese Schulen haben mit einer Vielzahl von Problemen zu kämpfen, die zum Teil mit der sozialen Lage (Unterschichts- und Arbeiterfamilien mit entsprechend niedrigem sozialem Kapital), mit der Einwanderungsgeschichte (ungenügende Sprachkompetenz der Eltern) oder auch mit dem Milieu (Ghettokulturen; Jugendkulturen) zusammenhängen. Seit dem 11. September 2001 gibt es die Tendenz, Schwierigkeiten mit den Schülern (Gewaltprobleme, Verweigerung) auf den Islam zurückzuführen. Dies bedeutet eine deutliche Verschiebung in der Komplexitätsreduktion: Bei unserer 1996 durchgeführten Untersuchung an einer Neuköllner Gesamtschule waren ähnlich gelagerte Probleme noch als »Ausländerprobleme« codiert worden (Schiffauer, Baumann u. a. 2004) – eine Codierung, die ihrerseits die Anfang der 1980er Jahre übliche Interpretation als »soziale Probleme« (Arbeiterkinder- bzw. Unterschichts-/Asylbewerberprobleme) verdrängt hatte. Mit der Rückführung der Probleme auf den Islam wird fast von selbst die Frage der Werteauseinandersetzung zentral und verdrängt z. B. die Frage nach Chancengleichheit. In dieser Sichtweise stilisieren sich beide

Seiten als Antipoden. Die Eltern haben das Gefühl, als Muslime nicht respektiert bzw. diskriminiert zu werden. Die Lehrer haben umgekehrt das Gefühl, als Lehrer mit einer religiös bedingten Rückzugs- und Verweigerungshaltung konfrontiert zu werden. »In der Wahrnehmung der Eltern verschmelzen die Lehrer mit der ›deutschen Gesellschaft‹ und ›dem Westen‹; in der Wahrnehmung der Lehrer verschmelzen die Eltern mit ›Ausländern‹ und ›Muslimen‹«, stellte Jonker bei seiner Untersuchung einer Schöneberger Hauptschule fest (2006:18). Sie zeigte, wie religiös motivierte Haltungen, z. B. eine zunehmende Zahl von Befreiungen vom Sportunterricht oder von Klassenfahrten – Phänomene, die mit den zentralen Problemen der Schule wie niedrigem Leistungsniveau und Gewalt wenig oder nur indirekt zu tun haben –, zum Symbol für die Misere insgesamt wurden. Bei den Lehrern wuchs die Tendenz, prinzipielle Grenzen zu ziehen, was die Lösung von praktischen Problemen erschwerte.[8] Gesprächsbereite türkische und arabische Eltern, die eine wichtige Brücke zu den Problemfamilien hätten bilden können, wurden durch diese Problemanalye vor den Kopf gestoßen, weil sie sich verletzenden Zuschreibungen ausgesetzt sahen. Als Muslime wurden sie als Teil des Problems und nicht der Lösung betrachtet. Die Folge war eine Lagerbildung: Sie machte in der Schöneberger Hauptschule die Einigung auf tatsächliche Probleme zwischen Eltern und Lehrern schwierig und führte zu so massiven Irritationen, dass die Gespräche einmal ein halbes Jahr lang ausgesetzt werden mussten.

---

8 In der fraglichen Schule wurde mit dem Satz »Dies ist eine deutsche Schule« der Vorschlag abgelehnt, bei Elternabenden Dolmetscher hinzuzuziehen. Damit wurde das Sprachproblem grundsätzlich, aber nicht pragmatisch angegangen. Ich habe den Eindruck, dass eine derart grundsätzliche Haltung auch pragmatische Lösungen beim Sportunterricht verhindert.

In dem Projekt »Brücken im Kiez« versuchten wir auf eine fast experimentelle Weise auszuloten, wie man dieser unguten Dynamik entkommen kann. Wir versuchten dem stresserzeugenden Zirkel etwas entgegenzusetzen – und zwar gerade in dem besonders sensiblen und wichtigen Bereich der Schule. Die Absicht war es, in einem konkreten Handlungsfeld zu zeigen, dass die Zusammenarbeit mit islamischen Gemeinden sinnvoll und möglich ist, um den drängenden Problemen in den Einwandervierteln im Allgemeinen und in der Schule im Besonderen zu begegnen. Die Hoffnung war es, durch praktische Kooperationen die Misstrauenskultur zu durchbrechen und eine Vertrauensdynamik[9] auszulösen. Auf Seiten der Institutionen der Mehrheitsgesellschaft (also Verwaltungen, Bürgerinitiativen, Parteien) wie auch der islamischen Gemeinden sollten diejenigen gestärkt werden, die die Zusammenarbeit suchen, und denjenigen etwas entgegengesetzt werden, die einem Miteinander von vornherein keine Chance geben. Für die Gemeinden erhofften wir uns: Je höher der Grad an Zusammenarbeit, desto größer wird die Zahl

---

9 Eine Vertrauensdynamik geht davon aus, dass Vertrauen Vertrauen erzeugt. Zunächst ist davon auszugehen, dass eine Vertrauenskultur für alle Seiten einer Interaktion vorteilhaft ist, weil sie die Transaktionskosten senkt. Man erspart sich die Folgen einer Misstrauenskultur, nämlich die Notwendigkeit, alles selbst stemmen und die Kosten, die Überprüfung und Kontrolle nach sich ziehen, tragen zu müssen (Luhmann 1968/1989: 78/79). Je länger ein Vertrauensverhältnis existiert, desto kostspieliger ist ein Ausstieg. Selbstverständlich impliziert ein Vertrauensverhältnis Verwundbarkeit (46). Luhmann betrachtet es als zentral, dass der nie risikolose Sprung in ein Vertrauensverhältnis gewagt wird. »Alle Selbstdarstellung verpflichtet … Wer länger am Platze ist, schon bekannt ist, vertraut hat und Vertrauen genießt, ist eben dadurch mit seiner Selbstdarstellung in ein durch ihn miterzeugtes Gewebe von Normen verstrickt, aus dem er sich nicht zurückziehen kann, ohne einen Teil des Selbsts zurückzulassen.« (69)

der Gemeindemitglieder, die sich darin engagieren, desto größer wird ihr Gewicht in der Gesamtgemeinde und desto durchlässiger und offener wird die Gemeinde insgesamt. Und korrelierend: Je mehr Zeit und Energie der Einzelne in die Kooperation mit Instanzen und Institutionen der Mehrheitsgesellschaft investiert, desto wertvoller werden diese Kontakte für ihn und desto mehr wird er sich für das Aufrechterhalten dieser Kontakte in der eigenen Gemeinde einsetzen.

Analoges wollten wir bei den Institutionen der Mehrheitsgesellschaft anstoßen: Gelungene Kooperationen sollten zeigen, dass man zusammenarbeiten kann. Sie sollten diejenigen praktisch widerlegen, die, durchaus in Sorge um die politische und zivilgesellschaftliche Kultur, Ausgrenzungspolitik betreiben und Muslime, die die Zusammenarbeit suchen, immer wieder zurückstoßen.

Damit sollte ein Raum für riskante Vorleistungen geschaffen werden, in dem durch eine Politik der kleinen Schritte gezeigt wird, dass der andere keinen Grund zum Misstrauen hat. Gleichzeitig sollte gezeigt werden, dass es sich hier um eine »win-win«- Situation handelt, von der beide Seiten profitieren (können). Kurzum: Es sollten die gleichermaßen stressbedingten und stresserzeugenden Verkrampfungen, Knoten, und Verarbeitungsmechanismen nach Möglichkeit gelockert, wenn nicht aufgelöst werden.

Das vorliegende Buch lässt sich daher auf drei Ebenen lesen. Auf der ersten Ebene handelt es sich um einen analytischen Bericht über die im Rahmen des Projekts durchgeführte Stadtteilarbeit. Es handelt sich um eine Darstellung der Schritte, mit denen es uns gelungen ist, die sich skeptisch bis feindlich gegenüberstehenden Parteien zusammenzubringen, das Misstrauen zu überwinden und die Grundlagen für eine Kooperation zu legen. Dabei kommt der Analyse unserer auf irrigen Annahmen und Einschätzungen beruhenden Fehler ein großes Gewicht zu – nicht zuletzt auch deshalb, weil wir durch die »Beulen«, die wir uns geholt haben, mit blinden Flecken unserer eigenen, in jahrelanger anthropologischer und soziologischer Auseinandersetzung mit dem Thema gewonnenen Erkenntnisse konfrontiert wurden. Diese erwiesen sich zwar nicht als falsch, aber als zu undifferenziert. Wir halten es für sinnvoll, gerade auch davon zu berichten, weil wir davon ausgehen, dass ähnliche Fehler von vielen begangen werden, die in diesem Feld tätig sind. Tatsächlich wurde uns im Austausch mit anderen Initiativen signalisiert, dass viele an dem Versuch, einen Kontakt zu Moscheegemeinden herzustellen, gescheitert sind. In dieser Hinsicht dürfte das Buch zunächst für diejenigen interessant sein, die sich in diesem Feld bewegen.

Auf einer zweiten Ebene lässt sich das Buch als ein Modellprojekt einer engagierten politischen Anthropologie lesen. Das Projekt der *engaged anthropology* – ein Begriff, der am besten wohl mit »ethnologische Aktionsforschung«[10] übersetzt wird – wird in den USA vor allem von Stuart Kirsch (2010), Setha M. Low und Sally Engle Merry (2010) vertreten. Es geht dabei um neue Formen des Engagements, in denen ausgelotet wird, wie anthropologisches und ethnographisches Wissen in politische Prozesse eingebracht werden kann. In einem ersten Schritt macht Anthropologie das Andere, das Fremde in seiner Eigenlogik verständlich und nachvollziehbar. Der zweite Schritt besteht darin, dass in dieser Auseinandersetzung mit dem Anderen das Eigene fast automatisch verfremdet wird. Seine Selbstverständlichkeit wird fraglich (und fragwürdig), und seine Gebundenheit an bestimmte Voraus-

---

10 Ich greife damit auf das Konzept der Aktionsforschung zurück, das in den 1970er Jahren in den Sozialwissenschaften intensiv diskutiert wurde. In Deutschland ist dieses Konzept seit den 1990er Jahren leider weitgehend zurückgetreten.

setzungen tritt hervor. In diesem doppelten Prozess liegt eine spezifische Chance der Öffnung. Sie erlaubt einen neuen und anderen Umgang mit Unterschiedlichkeit – Alterität –, nicht weil die Grenze zwischen Eigenem und Fremdem aufgehoben, sondern weil sie wiederholt überschritten wird. Man beginnt das Eigene (auch) mit den Augen des Anderen wahrzunehmen – d. h. wahrzunehmen, dass man bisher Selbstverständliches »auch anders« sehen kann und dass diese andere Sichtweise durchaus ihre Berechtigung hat. Damit wird die Fraglosigkeit, die dem eigenen Standpunkt bislang innewohnte, erschüttert. Er verliert seine Selbstverständlichkeit. Damit verschiebt sich die Grenze zwischen dem Sagbaren und dem vom Diskurs Ausgeschlossenen. Argumentationen, die vorher als sinnlos oder nicht zur Sache gehörig ausgeschlossen wurden, werden jetzt in ihrer Sinnhaftigkeit deutlich und können als Beitrag gewürdigt werden.

Diese Chance der Öffnung ist deshalb zutiefst politisch, weil sie den Gegensatz von Freund und Feind, der nach Carl Schmitt der politischen Logik zu Grunde liegt, nicht hinnimmt, sondern in seiner willkürlichen Konstruiertheit hervorhebt. In der anthropologischen Verschiebung wird nämlich die für Schmitt grundlegende Denkfigur des »Andersseins des Fremden, [das] die Negation der eigenen Art Existenz bedeutet und deshalb abgewehrt oder bekämpft wird, um die eigene seinsmäßige Art von Leben zu bewahren« (Schmitt 1932/1979: 27), dekonstruiert: Sie erscheint als gewaltsam – nicht nur gegen den Anderen, sondern auch gegen die eigene Position. Die dem ethnologischen Prozess zu Grunde liegende Logik des wiederholten Blick-Wechsels zwischen dem Eigenen und dem Anderen steht der binären Freund-Feind-Konstruktion entgegen und widerspricht deren Verabsolutierung des Gegensatzes von Eigenem und Fremdem. Auf dieser zweiten Ebene dürfte das Buch für diejenigen relevant sein, die sich für die Potenziale einer engagierten Anthropologie interessieren.

Auf der dritten Ebene lässt sich das Buch als eine ethnographische Feldforschung in einem besonderen städtischen Raum, nämlich Berlin-Kreuzberg, lesen. Großstädte sind »Orte, an denen Fremde aufeinander treffen« (Hannerz 1980) – und die urbane Kultur ist zutiefst davon geprägt, wie Differenzen ausgehandelt, wie sie gegeneinander behauptet oder auch konflikthaft gegeneinander durchgesetzt werden. Der Versuch, Schule und Moscheegemeinden zu einander in Beziehung zu bringen, lässt dabei die entscheidenden Faktoren hervortreten, die ein Zusammentreffen bestimmen und prägen. Dabei wird deutlich, wie die praktische Notwendigkeit, zu Einigungen zu kommen, mit komplexen identitätsbezogenen Überlegungen, mit Sorgen und Ängsten, mit Zuschreibungen und (in geschichtlichen Erfahrungen begründeten) Empfindlichkeiten verwoben ist.

»Brücken im Kiez«: Ein Projekt der Stadtteilarbeit

In einer fast dreißigjährigen Auseinandersetzung mit islamischen Gemeinden ist mir der große Beitrag deutlich geworden, der von ihnen für die deutsche Gesellschaft geleistet wird. Ein erstes Feld ist die Sozialarbeit: Gerade konservative religiöse Gemeinden engagieren sich entschieden gegen Straßengewalt, indem sie die Jugendlichen einbinden und die Gemeinde »der Straße« als Ort der Verwahrlosung, des Drogenhandels, der Gewalt und der Prostitution entgegenstellen. Dabei ist es ihnen gelungen, ein »muslimisches Männerbild« dem Männerbild des »Straßenkämpfers« entgegenzusetzen, das anders als das des »Verdeutschten« (oder »des verdeutschten Weichlings«) von den Jugendlichen anerkannt wird.

Ein zweites Feld ist die Bildungsarbeit: Die Gemeinden ermutigen Eltern, ihre Kinder – und zwar sowohl Söhne als auch Töchter – auf weiterführende Schulen zu schicken; sie unterstützen die Kinder durch Nachhilfeangebote; und sie versuchen durch Mentorenmodelle, die von studentischen Mitgliedern der Gemeinde getragen werden, den jungen Männern und Frauen zu signalisieren, dass auch sie es schaffen können. Ein dritter Arbeitsschwerpunkt ist die Familienarbeit: Die Gemeinden sind die wichtigsten Anlaufstellen für Neuzugewanderte, die über Heirat oder Flucht in die Bundesrepublik gekommen sind; viele Gemeinden haben eine Familien- und Eheberatung aufgebaut. Sie trugen zur psychosozialen Stabilisierung bei und haben »last not least« ein Solidaritätsnetz aufgebaut, in dem der oder die Einzelne Rückhalt findet. Sie stellen mithin wichtige Ressourcen bereit, die Einwanderer in die Lage versetzen, sich trotz widriger Umstände in der Gesellschaft zu behaupten. Dieser Beitrag zum gesellschaftlichen Frieden und zur Stabilität wird von der Mehrheitsgesellschaft auf Grund des Misstrauens gegenüber dem Islam entweder nicht gesehen oder – wenn er doch gesehen wird – abgewertet.

2008 bekam ich von der Stiftung Brandenburger Tor die Möglichkeit, das Projekt »Brücken im Kiez« zu entwickeln. Die Idee war es, im Bereich der Schule die islamischen Gemeinden mit ins Boot zu holen, um diese Potenziale fruchtbar zu machen. In dem Verhältnis von muslimischem Elternhaus und Schulen spitzt sich die schwierige Beziehung von Gesamtgesellschaft zur islamischen *community*[11] zu – einerseits; andererseits ist mit der Sorge um die Kinder ein starkes Motiv für eine Zusammenarbeit gegeben.

---

11 Ich benutze den Begriff *community*, weil er von den Muslimen in Deutschland selbst gebraucht wird. Er bezieht sich auf ein Wir-Gefühl, das vor allem bei praktizierenden Muslimen vorhanden ist.

Von Seiten vieler Lehrkräfte werden das muslimische Elternhaus und die islamische Gemeinde als Institutionen angesehen, gegen die man große Vorbehalte hat, als Hort der Frauenfeindlichkeit, der Irrationalität, des Paternalismus, des Antisemitismus, der Homophobie, der Zwangsheirat und der Ehrenmorde. Der islamische Erziehungshintergrund wird für die Sozialisation der Kinder als problematisch wahrgenommen. Entsprechend warnen Lehrer vor Indoktrination, islamistischer Unterwanderung und der Verdrängung zivilgesellschaftlicher Werte. Muslimische Eltern ihrerseits befürchten, dass ihre Kinder im »Wertechaos« der westlichen Welt ohne religiöse Orientierungsmaßstäbe verloren gehen. Während von Migranten der ersten Generation vor allem der kulturelle Einfluss auf die Kinder und die damit verbundene Entfremdung gefürchtet werden, werden von der zweiten und der dritten Generation Diskriminierung und die Entwertung des eigenen kulturellen Hintergrunds befürchtet. Besonders in dieser Generation existiert ein ausgeprägter Islamophobieverdacht. Die Schulen werden mit Misstrauen beobachtet. Es spricht sich schnell herum, an welcher Schule es islamophobe Äußerungen gibt, es gibt eine Art »Gerüchteküche«. Einzelfälle werden schnell verallgemeinert. Elternhaus und Schule versuchen, dem kulturellen Einfluss der jeweils anderen Seite entgegenzutreten und ihn nach Möglichkeit zu neutralisieren. Von einer Kooperation von Elternhaus und Schule kann keine Rede sein – im Gegenteil.

Diese Situation bringt die Kinder und Jugendlichen in ein Dilemma. Sozialisationstheoretisch bedeutet der Übergang von der Familie zur Schule den Wechsel von einer Welt, die primär von konkreten Anderen – den Eltern, den Geschwistern – bestimmt ist, zu einer Welt, die vom generalisierten Anderen bestimmt ist, einer Welt, in der der Umgang miteinander viel stärker von generellen Regeln und allgemeinen Werten geprägt wird.[12] Im Idealfall treten beide Welten in einen komplementären Bezug zueinander. Die Schule erlaubt es, aus dem konkreten Wertebezug der Primärgruppe herauszutreten (und ihn damit zu reflektieren, u. U. sogar kritisch zu hinterfragen) und einen übergeordneten Standpunkt einzunehmen – wobei die Familie nach wie vor der Ort der emotionalen Verankerung und der konkreten Positionierung bleibt. Damit dies funktioniert, müssen gegenseitiger Respekt und Anerkennung herrschen. Genau dies ist im Zusammenspiel von Schulen mit muslimischen Elternhäusern nicht gegeben: Statt Komplementarität herrschen Skepsis und Abwertung. Die Kinder erleben nicht, dass Eltern und Lehrer sich gegenseitig respektieren, achten und in ihren Erziehungsbemühungen bejahen, sondern genau das Gegenteil.

Andererseits gibt es ein deutliches Interesse auf beiden Seiten, dass die Kinder es in der Gesellschaft schaffen. Ein von Lehrern häufig unterstelltes kulturell bedingtes Desinteresse an den Kindern konnte ich bei muslimischen Eltern nicht feststellen. Es gibt natürlich Elternhäuser, in denen auf Grund von Arbeits- und Perspektivlosigkeit eine lähmende Mutlosigkeit herrscht und es schwierig ist, den Alltag zu strukturieren. Dies sind aber Situationen, die auf Verzweiflung, nicht auf Verweigerung zurückzuführen sind.[13] Tatsächlich hilft eine Bindung in der Gemeinde genau solche Situationen zu bewältigen. Auch das von den Eltern unterstellte allgemeine Desinteresse der Lehrer an muslimischen Kindern existiert nur in Einzelfällen. Gerade in der Grundschule habe ich nicht

---

12 Ich lehne mich hier an die grundsätzlichen Überlegungen von George Herbert Mead 1934/1967 an.
13 Klassisch hierzu die immer noch lesenswerte Studie von Jahoda, Lazarsfeld und Zeisel 1933/1975, die auf eine beklemmende Weise die Folgen von Arbeitslosigkeit und Ausgrenzung herausarbeiten.

selten eine freundliche, manchmal auch liebevolle Hinwendung beobachtet. In der Regel lassen sich die Lehrer an ihrem Erziehungsauftrag packen: Sie sind sich der Tatsache bewusst, dass die Schule mit ihrem Auftrag, Chancengleichheit herzustellen, versagt hat.[14]

Als vermittelnde Instanzen sahen wir die islamischen Gemeinden. Sie engagieren sich, wie oben gezeigt, im Bildungsbereich und genießen das Vertrauen der Eltern. Über die Gemeinden hofften wir Zugang zu denjenigen zu finden, die für die Schule nicht (mehr) erreichbar sind. Wir setzten darauf, dass die Selbstverständigung unter Gleichgesinnten Mut machen würde, sich auf einen Dialog mit der Schule einzulassen. Darüber hinaus hatten wir den Eindruck, dass in den Gemeinden wichtige Aushandlungsprozesse stattfinden, dass also etwa der Ruf von Schulen dort verhandelt wird oder dass man sich über das Schulsystem insgesamt austauscht. Gerüchte spielen dabei eine erhebliche Rolle, und wir beabsichtigten, zu einer Versachlichung beizutragen.

Bei der Umsetzung dieser Grundidee lassen sich drei Projektphasen unterscheiden. In der ersten Projektphase gingen wir davon aus, dass das erhebliche Engagement der islamischen Gemeinden in der Bildungsarbeit – etwa auf dem Feld von Hausaufgabenbetreuung und Nachhilfeunterricht – eine natürliche Grundlage für die Kooperation mit Schulen bieten würde: Letztlich, so die Ausgangsüberlegung, wäre es nur nötig, interessierte Vertreter aus den Gemeinden mit interessierten Lehrern zusammenzubringen, um Synergieeffekte zu erzielen und gezielte Kooperationen aufzubauen. Dies scheiterte daran, dass das Angebot der Gemeinden und der Bedarf

---

14 Es gibt allerdings auch zahlreiche Berichte, dass LehrerInnen Schülerinnen fallen lassen, wenn sie das Kopftuch anlegen. (Mühe, in Vorbereitung)

der Schulen einander doch nicht so genau entsprachen, dass eine Kooperation ohne weiteres möglich gewesen wäre. Unser Versuch scheiterte aber auch daran, dass der gewählte Zugang eine zu große Herausforderung für das Selbstverständnis der Schule als staatlicher, nationaler und säkularer Institution bedeutete. Wir werden im dritten Kapitel näher darauf eingehen.

In der zweiten Phase wurde ein strukturierterer Einstieg gewählt. Wir entwickelten das Format der Elternseminare. In Zusammenarbeit mit den Gemeinden wurden Themen, die den Eltern auf den Nägeln brannten, identifiziert und dazu Veranstaltungen organisiert, wie etwa über »Elternrechte an der Schule«, den »Übergang von Grundschule zur Sekundarschule« oder auch »Hilfestellungen bei Hausaufgaben«. Die Projektmitarbeiter vermittelten Referenten aus NGOs (z. B. die Regionalen Arbeitsstellen für Bildung, Integration und Demokratie oder der Arbeitskreis Neue Erziehung), aber auch Schulleiter und Sozialarbeiter. Dies war ein Novum für die Gemeinden, die bis dahin bei ihren Bildungsangeboten primär auf Referenten aus den eigenen Reihen zurückgegriffen hatten; aber auch ein Novum für Schulleiter und die Mitarbeiterinnen von NGOs, von denen die meisten zum ersten Mal eine Moschee aufsuchten. Über die Einladung zu den Elternseminaren wurde die Basis für Netzwerke im Stadtteil gelegt. Den Einstieg boten nicht mehr die Schulen, sondern die Gemeinden. Wir wurden ab der zweiten Projektphase mit den Stärken und Schwächen der islamischen Gemeinden konfrontiert. Auf sie werden wir im vierten Kapitel eingehen.

Im fünften Kapitel schildern wir dann den eigentlichen Projektablauf in der zweiten und dritten Projektphase. Es zeigte sich nämlich, dass Elternseminare einerseits sehr erfolgreich waren, andererseits jedoch ihre Grenzen hatten. Sie zentrierten sich um die konkreten Anliegen der Eltern. Ein Austausch, der darüber hinaus ging und der also ein Zusammenwirken von Schulen und Moscheegemeinden etwa bei Fragen der Lesepartnerschaft oder einen Austausch über strittige Themen wie Schwimmunterricht oder Klassenfahrten erlaubt hätte, war in diesem Rahmen nicht möglich. Deswegen wurden in der dritten Projektphase die »Brückengespräche« eingeführt, die in den Jahren 2012 bis 2014 den eigentlichen Kern der Arbeit darstellten. Dabei kam ein relativ fester Kreis von Schulleitern, Sozialarbeitern und interessierten Lehrern über drei Jahre hinweg regelmäßig zusammen, um sich zu kritischen Fragen auszutauschen. Diese Treffen führten zu einem Austausch der Perspektiven, zu einer bewussten Wahrnehmung der Sicht der Anderen und überhaupt zur Vertrauensbildung. Die Tatsache, dass es mit Hilfe der Elternseminare und der Brückengespräche einen Durchbruch gegeben hatte und das Netz wuchs und fester wurde, kann nicht darüber hinwegtäuschen, dass es ein schwieriger Weg blieb. Nicht selten hatten wir das Gefühl, dass spätestens nach zwei Schritten vorwärts ein Schritt rückwärts erfolgte. Es kam immer wieder zu Einbrüchen, meistens weil eine falsche Bemerkung das Misstrauen wieder hervorrief, das wir schon überwunden geglaubt hatten.

»Brücken im Kiez«:
Ein Projekt der ethnologischen Aktionsforschung

Auf der zweiten Ebene zeigt das Buch die Potenziale einer ethnologischen Aktionsforschung. Dabei war es, wie oben ausgeführt, die Absicht, die anthropologische Perspektivverschränkung für den politischen Prozess nutzbar zu machen. Eine derartige angewandte Anthropologie unterscheidet sich in vierfacher Hinsicht von der akademischen Anthropologie. Sie ist engagiert, dialogisch, symmetrisch und praxisorientiert. Diese Kriterien wurden im Zug der *Writing Culture*-Debatte[15] in den 1980er und 1990er Jahren ausgearbeitet – finden sich dann aber in einer zugespitzten Weise in der ethnologischen Aktionsforschung.

Der *engagierte* Anthropologe lässt sich ganz anders auf das Feld ein als bei einer »teilnehmenden Beobachtung«. Wenn man so will, handelt es sich um eine »beobachtende Teilnahme«. Während bei der »teilnehmenden Beobachtung« die Beobachtung die Hauptsache und die Teilnahme Mittel zum Zweck ist, dreht sich bei der »beobachtenden Teilnahme« das Verhältnis um: die Teilnahme steht im Vordergrund, und die Beobachtung ist Mittel zum Zweck. Mit anderen Worten: Die ethnologische Wissensermittlung geschieht in der Absicht, das Projekt voranzutreiben – und damit auch in der Absicht, die Strukturen zu verändern, die sie beobachtet. Der »subjektive Faktor« gewinnt damit noch stärkere Bedeutung als in der klassischen Ethnologie. Die Anthropologie hat mit der sogenannten »Objektivität« der empirischen Sozialwissenschaft nie etwas anfangen können.[16] Die Definition von Objektivität als Intersubjektivität, d. h. das Postulat, dass zwei (geschulte) Beobachter unabhängig voneinander zu gleichen Ergebnissen kommen sollten, war für das Fach nie einleuchtend. Wer sich in ein Feld begibt, baut subjektive Beziehungen auf – und je intensiver man sich auf das Feld einlässt, desto persönlicher werden die Beziehungen. Die Intensität des Austauschs ist der Garant für dichte Informationen. Je größer die Vertrautheit, desto mehr erzählen die Gesprächspartner. Dennoch bleibt man in der klassischen Ethnographie

---

15 Die beste Darstellung findet sich nach wie vor bei Berg/Fuchs 1993.
16 Dies wurde allerdings erst mit der »hermeneutischen Wende« in den 1970er Jahren explizit bewusst. Zur hermeneutischen Wende siehe Geertz 1995, 2000, Crapanzano 1992.

draußen: Man verlässt das Feld, um dann die Beobachtungen zu Hause am Schreibtisch zu ordnen. Es hat sich zwar als Standard eingespielt, dass der Text daraufhin denjenigen, über die man schreibt, zu lesen gegeben wird. Der Ethnograph erhält dann von seinen ehemaligen Gesprächspartnern eine Rückmeldung und revidiert gegebenenfalls den Text dementsprechend. Bei der engagierten Anthropologie erfolgt Schreiben ebenfalls außerhalb der Situation (anders ist das nicht denkbar) – aber sie dient dem Feedback an diejenigen, die selbst am Prozess beteiligt sind. Der Text wird gleichsam in den Prozess eingespeist. Er steht in der Mitte, nicht am Ende des Prozesses. Die ethnographische Erkenntnis ist mit anderen Worten selbst ein Teil des Prozesses, den sie beschreibt.

Dieser Prozess ist durch und durch *dialogisch*.[17] Auch hier gibt es eine Radikalisierung. Die *Writing Culture*-Autoren haben Ethnographie als dialogischen Prozess verstanden, ohne etwas am Feld verändern zu wollen. In der engagierten Ethnologie soll das vom Anthropologen erarbeitete Wissen dagegen die beteiligten Partner zu einer Selbstreflexion bringen. Indem der Anthropologe seine Beobachtungen als ein unparteiischer Dritter zurückspiegelt, ermöglicht er jedem der Projektpartner, sich gleichsam »von außen« zu sehen. Dies erlaubt es insbesondere, die bislang unhinterfragten und selbstverständlichen Voraussetzungen des eigenen Tuns für Reflexion und damit für Veränderung zugänglich zu machen. Es geht aber auch darum, das Wissen der jeweils anderen Seite zu kommunizieren, um die Handlungszwänge, unter denen das

---

17 Entscheidend für die dialogische Anthropologie wurde die Rezeption Bachtins in den 1980er Jahren. Siehe Crapanzano 1980/83, Dwyer 1982, Fischer und Abedi 1990. Verwiesen sei auf die zusammenfassende Darstellung von Thomas Reinhardt: Jenseits der Schrift (2000).

Gegenüber steht, verstehbar zu machen. Es kann in diesem Zusammenhang durchaus »Aha«-Erlebnisse auslösen, wenn man vermittelt, dass die Gesprächspartner zwar aus unterschiedlichen Institutionen kommen, aber durchaus vergleichbare Schwierigkeiten zu bewältigen haben (etwa das Projekt misstrauischen Beteiligten der eigenen Seite zu vermitteln). Die Tatsache, dass die Texte primär der Rückspiegelung dienen, hat selbstverständlich Einfluss auf den Prozess des Schreibens selbst. Mehr noch als bei der üblichen Ethnographie (wo dies allerdings auch schon zum »guten Ton« gehört) bestimmt Respekt den Duktus der Darstellung. Die Texte müssen die Binnensicht der Gesprächspartner einfangen und ihrem Selbstverständnis gerecht werden. Sie müssen sich in den Texten wiedererkennen können, vor allem auch dann, wenn es schmerzlich ist. Dies ist eine radikal verstehende Methode. Sie schließt alle Erklärungsmodelle aus, die, wie z. B. die psychoanalytische oder marxistische, von der Möglichkeit eines falschen Bewusstseins ausgehen.

Die Forderung nach einer *symmetrischen* Anthropologie[18] entstammt ebenfalls der *Writing Culture*-Debatte und ist der Versuch, der de-konstruktivistischen Begriffskritik gerecht zu werden. Sie ist der Einsicht in die Machtprozesse geschuldet, die mit der unkritischen Übernahme von dominanten kategorialen Unterscheidungen verbunden sind. Wir sprechen in diesem Zusammenhang von »Rahmungen«, weil diese Übernahme noch vor jeder empirischen Arbeit stattfindet und die Fragen festlegt, die gestellt und/oder vermieden werden – wenn z. B. ein Teil der Phänomene als erklärungsbedürftig und ein anderer als rational und damit als selbst-verständlich gesetzt wird. In der Integrationsdebatte ist dies gang und gäbe: Wenn also die Frage aufgeworfen wird, warum sich Einwanderer

---

18 Der Begriff ist von Bruno Latour 1991/95 geprägt.

schwer mit »der Integration« tun, ohne dass die Forderung nach beziehungsweise der Umgang mit »Integration« seitens der Mehrheitsgesellschaft zugleich kritisch analysiert wird. Oder: Es gilt als selbstverständlich, Emanzipation mit sexueller Selbstbestimmung gleichzusetzen. Während diese Position keiner weiteren Erklärung bedarf, gilt ein Unbehagen an ihr als irrational und als erklärungsbedürftig. Während sich die Notwendigkeit der de-konstruktivistischen Kritik (und der symmetrischen Anthropologie als Antwort darauf), aus einer theoretischen Auseinandersetzung mit Wahrheitsfragen ergab, stellten sich diese Fragen in dem Projekt ganz praktisch. Der Einfluss von Rahmungen auf Prozesse von Wissensgenerierung bleibt nur demjenigen verborgen, der – etwa als deutscher, weißer und männlicher Wissenschaftler – selbst Teil des Machtapparats ist. Denjenigen, die sich auf Grund von Rahmungen ständig zu Erklärungen gezwungen sehen, ist dieser Zusammenhang evident. In einem Projekt, in dem eine mit erheblicher Macht ausgestattete Institution wie die Schule auf weitgehend ausgegrenzte Institutionen wie Moscheegemeinden trifft, ist die Forderung einer symmetrischen Vorgehensweise Vorbedingung für einen gelingenden Austausch. Er ist die Bedingung der Möglichkeit für einen Dialog auf Augenhöhe. Dies stellt vor allem die Vertreter der mächtigeren Seite vor ein Problem: Sie müssen sich auf einen Prozess einlassen, der bisherige Selbstverständlichkeiten »hinterfragt« (die schwächere Seite ist daran gewöhnt). Sie geraten damit auch in Erklärungsnöte gegenüber den Organisationen, die sie vertreten.

Eine *angewandte* Anthropologie ist viertens an einer Theorie der Praxis orientiert. Diese betrachtet Gesellschaft und Kultur weniger vom Standpunkt der Struktur als von dem des Handelns aus.[19] In Bezug auf Gesellschaft wurde dabei der

---

19 Bourdieu 1972/1976; Reckwitz 2008.

Begriff der Handlungsfähigkeit (*agency*) entscheidend: Organisationen haben nicht nur eine Struktur, sondern sie handeln sowohl als ganze als auch in ihren Teilen. Durch das Handeln wird die Struktur immer wieder verflüssigt: Machtbeziehungen z. B. sind nicht (wie es z. B. Organigramme nahelegen) festgeschrieben, sondern werden ständig ausgehandelt, herausgefordert, umgangen usw. Man kann etwa Entscheidungsprozesse nicht beschreiben, indem man nur auf formale Strukturen verweist (»der Chef hat angeordnet«). Auch wenn diese einen Einfluss haben, sind sie doch nur Potenzialitäten. Befehle müssen nämlich nachvollziehbar dargestellt, gegen aktiven und passiven Widerstand durchgesetzt, von den Untergebenen übernommen, von kompetenten Mitarbeitern umgesetzt werden. All dies erfordert Arbeit, Energie, Kompetenz und Motivation. Ähnliches gilt in Bezug auf Kultur: Kultur wird nicht als eine abstrakte Struktur von Normen, Werten, Deutungsmustern, »als ein geistiges *knowing that* oder als rein kognitive Schemata der Beobachtung, auch nicht allein als Codes innerhalb von Diskursen und Kommunikationen« (Reckwitz 2008: 111) betrachtet, »sondern als ein praktisches Wissen, ein Können, ein *Know-how*, ein Konglomerat von Alltagstechniken, ein praktisches Verstehen im Sinn von ›sich auf etwas verstehen‹« (ebd.). Eine Theorie der Praxis verflüssigt also die Strukturen und zeigt damit die Möglichkeit von Veränderungen auf. All dies ist natürlich für ein Projekt, das etwas bewirken will, besonders relevant. Handlungspotenziale müssen erschlossen und mögliche Hemmnisse identifiziert werden.

Die Radikalisierung der Theorie der Praxis durch eine engagierte Ethnologie lässt sich vor allem in Hinblick auf die für das Projekt besonders wichtige Netzwerktheorie[20] zeigen.

---

20 Die m. E. beste zusammenfassende Darstellung findet sich bei Hannerz 1980: 163-201.

Diese ist eine Umsetzung praxistheoretischer Überlegungen. Ihr Augenmerk gilt den realen Verknüpfungen zwischen Akteuren (und nicht den theoretischen, die sich aus Organigrammen ergeben), die von lebendigen Transaktionen, d. h. Tauschakten leben, in die die Akteure Zeit und Energie investieren müssen. Akteure haben ihre Netzwerke innerhalb von Organisationen; kein Akteur beschränkt aber seine Kontakte auf die Organisation. Sie reichen über die Organisationen hinaus. Die Netzwerktheorie hat nun das Augenmerk auf die Beschreibung der Netzwerke gelegt und etwa gefragt: Welche informellen Netzwerke existieren zwischen Angehörigen innerhalb einer Organisation und zwischen verschiedenen Organisationen? Oder auch: Wo ist man im Netzwerk lokalisiert, ist man gut verknüpft oder kaum, steht man im Zentrum oder an der Peripherie? Sie hat ebenfalls die Natur der Verknüpfungen betrachtet: Sind sie »locker« oder »intensiv«[21], symmetrisch oder asymmetrisch, nur geschäftlich, nur privat oder beides? All dies lässt sich mechanisch mit der Metapher eines Netzwerks (man denke an ein Fischernetz) fassen. Das Projekt konfrontierte mich jedoch schnell mit der Unzulänglichkeit dieser Metapher. Sie übergeht nämlich die energetische Dimension jeder Vernetzung, die damit zusammenhängt, dass jede Verknüpfung auf einer Interaktion beruht, in die die Beteiligten Zeit und Kraft investieren. Diese Kraft wird von anderen Beziehungen abgezogen – was für diese wiederum eine Herausforderung bedeutet.

Es ist nicht überraschend, dass eine angewandte politische Anthropologie diesen dynamischen Aspekt von Netzwerken in den Blick bekommt. Das Projekt baut Beziehungen auf – und die Implikationen dieser Beziehungen im Umfeld der Gesprächspartner (vor allem in den Institutionen, in denen sie ak-

---

21 Granovetter 1973

tiv sind, also in den Schulen, in den Moscheegemeinden und in der Stiftung) haben wiederum direkte Rückwirkungen auf das Projekt. Jede negative Reaktion aus dem weiteren Umfeld muss aufgefangen werden – d. h. es muss wieder Projektenergie hineinfließen. Die am Einzelfall erfolgende Analyse der gegenläufigen Netzwerkkräfte ist der spezifische Beitrag des Projekts zu einer praxisorientierten Netzwerktheorie.

Mit solchen anthropologisch informierten Verfahren wurden im Projekt Beziehungen zwischen Akteuren gestiftet, die ansonsten nicht zusammengekommen wären. Auf der Stadtteilebene wurden damit neue Wege im Umgang mit der gewachsenen sozialen, ethnischen, kulturellen und religiösen Heterogenität unserer Großstädte ausgelotet. Es wurde praktisch erprobt, wie man sich trotz kultureller und religiöser Differenzen vernetzen und Kooperationsbeziehungen aufbauen kann. Damit wurden Wege gesucht, wie man der postmigrantischen und postnationalen Realität in unseren Großstädten Rechnung tragen kann, in der sich Kulturen, Ethnien, Religionen und politische Überzeugungen ineinanderschieben und einander überlappen. Dies führt zu einer Welt von Ähnlichkeiten, feinen Abstufungen und filigranen Übergängen. Dies führt auch zu einer Welt, in der immer wieder scheinbar Unvereinbares plötzlich vereinbart wird.

In dem Projekt wurde erprobt, wie in dieser postmigrantischen Situation Wege der Zusammenarbeit auf Augenhöhe zu finden sind, wie man mit kultureller und religiöser Differenz auf eine Weise umgehen kann, die die im Dissens der Grundüberzeugungen vorhandene Sprengkraft entschärft. Es ging darum, Wege zu finden, mit den Zuschreibungen umzugehen (bzw. aufzuhören) – und die Angst vor dem Anderen zu nehmen. Es ging darum, von einem Umgang, bei dem man den Anderen toleriert, zu einer Form des Umgangs überzugehen, bei dem man den Anderen respektiert.

»Brücken im Kiez«:
Eine Ethnographie der politischen Alltagskultur

Das Buch lässt sich auf der dritten Ebene als eine ethnographische Beschreibung der politischen Alltagskultur in einer deutschen Großstadt lesen. Welchen wissenschaftlichen Beitrag kann ein Projekt liefern, bei dem die Beobachter den sicheren Beobachterstandpunkt verlassen und sich unter die Beobachteten mischen? Ich meine, der Beitrag besteht darin, dass in einer beobachtenden Teilnahme drei Aspekte sichtbar werden, die sich einer teilnehmenden Beobachtung ganz oder teilweise entziehen.

Erstens ordnen sich die Dinge für eine deskriptive Anthropologie anders an als für die Aktionsforschung. In der deskriptiven Anthropologie geht man von Identitäten aus – Gemeinden, Stadtteilen, Schulen, Einzelpersonen, auch Debatten u. ä. – und versucht in jedem Fall, die Eigenlogik zu ergründen, der sie gehorchen, also ihr »Wesen«, das, was sie umtreibt. Bei der engagierten Anthropologie bringt man dagegen verschiedene Identitäten zusammen, die unabhängig voneinander je für sich existieren und an sich nichts miteinander zu tun haben, in diesem Fall Schulen und Moscheegemeinden. Man löst einen Prozess aus, der zumindest in dieser Form nicht von selbst stattfinden würde, der also den Identitäten äußerlich nicht wesentlich ist.

Zweitens gerät die Zeitlichkeit in den Blick. Es wird ein Prozess angestoßen – und er entfaltet sich, gerät in Fahrt, stockt wieder. Das Augenmerk liegt auf den Bedingungen, die ihn fördern, und auf den Hindernissen, die sich ihm in den Weg stellen. Die Aktionsforschung betrachtet ein Phänomen »in actu« und nicht »in situ«. Damit werden Phänomene sichtbar, die sonst peripher bleiben, nämlich das Zufällige und das Heterogene. Jeder Geschichtswissenschaftler weiß, dass lebendige Prozesse vom Zusammenspiel von Notwendigem und Zufälligem leben. Auf der einen Seite findet sich die Logik des Sozialen – die Handlungslogiken, die sich aus dem Zusammenspiel von praktischen Herausforderungen (bzw. Handlungsimperativen), Identitäten und Ressourcenmanagement ergeben. Sie ist in gewissem Umfang vorhersehbar. Auf der anderen Seite findet sich das, was der Zufälligkeit der Personenzusammensetzung geschuldet ist – persönlichen Charakterzügen und Eigenschaften, aber auch den Stimmungen des Tags. Hier entfalten sich Gefühle der Sympathie und Antipathie, die eine Kooperation beflügeln oder ausbremsen können, Profilneurosen und Schüchternheiten. Die Zusammensetzung einer Gruppe kann günstig oder ungünstig sein. Die schlechte Laune, die ein Schlüsselspieler verbreitet, oder eine, besonders bei Männern anzutreffende, Neigung endlos zu sprechen kann die Atmosphäre kaputtmachen oder ein Treffen zum Scheitern bringen. All dies ist weitgehend unvorhersehbar. Was die Historiographie immer wieder betont hat, dass nämlich bei allem Gewichten von Strukturzwängen der Besonderheit des Einzelfalls Rechnung zu tragen ist, war der deskriptiven Anthropologie weitgehend fremd, wird jedoch für eine engagierte Anthropologie zentral.

Drittens macht sich Latenz bemerkbar. Ein Prozess wird angestoßen – und eine Institution zeigt sich von einer ganz anderen Seite. Sie wird auf eine neue Weise gefordert. Sie muss beispielsweise Ressourcen zur Verfügung stellen – was immer heißt: Sie muss diese von anderen Zweckbindungen abzweigen. Dies ruft Widerstand hervor, der wiederum ausgehandelt werden muss. Wie wichtig ist das Handlungsziel des Projekts in Bezug auf andere Handlungsziele? Damit gerät die Identität der Institution in den Blick: Wofür steht sie? Was ist ihr Kerngeschäft? Wo muss man, wo kann man Abstriche machen – und was bedeuten diese wieder? Auch dies entfaltet sich in der Zeit: Wie jeder Praktiker weiß, ist der für das Erreichen eines Ziels erforderliche Aufwand nicht immer kalkulierbar und zu Beginn auch für die Vertreter der Institutionen nicht absehbar. Anders formuliert: Ein Projekt setzt Handlungsketten in Gang, die aufeinander wirken. Das bringt Aspekte einer Organisation zum Vorschein, die vorher verborgen waren.

Vielleicht kann ein Beispiel verdeutlichen, was ich mit diesen drei Aspekten meine:

In meinen theoretisch-deskriptiven Schriften hatte ich versucht, die Gemeinden aus einer Dialektik von Weltbild und Institutionalisierung zu begreifen. Religiöse Gemeinden (wie alle Institutionen und Organisationen) sind nach Troeltsch »geronnener Geist« (Troeltsch 1922/1977). Sie setzen ein religiöses Weltbild in soziale Realität um. Troeltsch hat dies in Bezug auf das Christentum ausgeführt und gezeigt, wie die Idee der (unverdienten) Gnade ihren soziologischen Ausdruck in der Organisationsform »Kirche« oder die Idee der Bewährung ihren Ausdruck in der Sekte gefunden hat. Mit der Umsetzung in Organisationsstrukturen entfaltet sich nun aber auch eine soziale Eigenlogik, eine Sozio-Logik, die wiederum auf die vertretenen Inhalte zurückwirkt. So kommt es regelmäßig vor, dass machtpolitisch bedingte Abgrenzungsbedürfnisse ideologisch überhöht werden und in die Theologie Eingang finden. Die ursprüngliche Idee wird also gleichzeitig bewahrt und verfremdet. Das Zusammenspiel beider Faktoren entfaltet sich in der Kirchengeschichte. Ich selbst wandte diese Grundkonzeption auf islamische Gemeinden an. Ich zeigte z. B., wie die radikalislamistische Entgegensetzung von Islam und Westen sich in der Organisationsstruktur des Kalifatsstaats niederschlug, und rekonstruierte die Entwicklung der Gemeinde in der Dialektik von Bewahren und Verfremdung (Schiffauer 2000). Ich zeigte ebenfalls, wie sich aus diesem Zusammenspiel die postislamistische Entwicklung der Islamischen Gemeinschaft Milli Görüş erklären ließ (Schiffauer 2010).

Bei dem praktischen Versuch, die Gemeinden mit ins Boot zu holen, lernte ich sie nun von einer ganz neuen Seite kennen. Nun trat der Aspekt, dass sie selbstorganisierte Laienvereinigungen sind, ins Zentrum. Sie werden von den Gläubigen getragen, organisiert und finanziert. Fast alle Aufgaben werden ehrenamtlich erledigt. Die Grenzen und Möglichkeiten, die der Zusammenarbeit mit den Gemeinden gesetzt waren, wurden dadurch wesentlich stärker als durch theologische Positionierungen bestimmt. Nicht weniger deutlich war, dass an der Zufälligkeit der Einzelpersonen hing, was möglich und was unmöglich war. Erst wenn Personen und Organisationen gefordert werden, wird deutlich, »was in ihnen steckt«, »wozu sie in der Lage wären« und »wo ihre tatsächlichen Grenzen liegen«, erst dann wird die gesellschaftliche Realität in ihrer Potenzialität und in ihrer Widerständigkeit sichtbar.

All dies ist ein Versuch, das »Denken des Möglichen« umzusetzen, das Judith Butler gefordert hat (Butler 2009). Es geht mit Wacquant darum, uns »in eine Lage zu versetzen, von der aus wir die Welt, wie sie für uns gegeben ist, transzendieren können, um ganz konkret Zukunftsentwürfe zu erfinden, die anders sind als diejenigen, die in der Ordnung der Dinge eingeschrieben sind« (Wacquant 2006: 669). Dabei wird eine neue Form des Umgangs mit Heterogenität erprobt. Die Chancen werden deutlich, die in einer urbanen Kultur gegeben sind, aber auch die Widerstände, die erst dann auftreten, wenn Prozesse in Gang kommen. Das Buch ist damit für all diejenigen interessant, die sich für den politischen Möglichkeitsraum der Bundesrepublik interessieren.

Zum Zeitpunkt des Erscheinens dieses Buchs hat sich nach den Morden von Charlie Hebdo und angesichts der Gräuel des Islamischen Staates die Distanz zwischen Mehrheitsgesellschaft und Muslimen wieder vergrößert. Beunruhigend ist vor allem die Zahl der Freiwilligen, die sich auch aus Deutschland in das Kampfgebiet begeben. Dies wird von rechtspopulistischen Akteuren, allen voran PEGIDA-Aktivisten und der Allianz für Deutschland (AfD) benutzt, um Unvereinbarkeiten zu beschwören. Die Verurteilung des Islam in Bausch und Bogen auf der einen führt verstärkt zu Entfremdung und Radikalisierung auf der anderen Seite und umgekehrt. Die Extremismen schaukeln sich auf.

All dies ist für mich ein weiterer Beleg dafür, wie nötig es ist, die Entfremdung zwischen Islamischen Gemeinden und deutscher Gesellschaft zu überwinden. Wenn irgendwann, dann ist heute und in diesem Zusammenhang die Kooperation von Gemeinden und Mehrheitsgesellschaft gefragt. Wir müssen durch geduldige Arbeit weiter am Netz der Zivilgesellschaft knüpfen – um sie zu befähigen, den Kräften, die zu Polarisierungen drängen, etwas entgegenzusetzen.

Meryem Uçan

Keine Barrierefreiheit:
Migranteneltern und Schule

*Im Einführungskapitel hatten wir das belastete Verhältnis von
Elternhaus und Schule angesprochen. Dies soll im vorliegenden
Kapitel vertieft werden. Damit wird die Problemstellung ent-
faltet, die dem ganzen Projekt zu Grunde lag.*

Wie erleben türkischstämmige Eltern Schule? Wie agieren
sie in dem Feld von Bildung, Schule und Familie? Welche Ursachen liegen ihren Deutungen und Handlungen in Bezug auf
Schule und Bildung zu Grunde? Welche Erfahrungen beeinflussen ihre Sichtweisen und Haltungen?[1]

Selbstverständlich kann man nicht pauschal von *den* türkischen Eltern sprechen. Es handelt sich um eine höchst heterogene Gruppe, deren Mitglieder sich u. a. nach Schulbildung
(von Menschen mit geringer Schulbildung bis hin zu Akade-
mikern) differenzieren sowie danach, ob sie ihre Schulbildung
in der Türkei oder in Deutschland durchlaufen haben. Auch
die Sprachkompetenz beziehungsweise ihre Sicherheit im Umgang mit der deutschen Sprache und der Umstand, ob es sich
um praktizierende Muslime handelt oder nicht, sind wichtige
Differenzierungsmerkmale.

Im Folgenden wird die keineswegs kleine Gruppe im
Zentrum stehen, bei der die Zusammenarbeit mit der Schule

---

1 Die vorliegenden Ausführungen basieren auf meinen Forschungsarbei-
ten im Rahmen einer Dissertation zu Deutungs- und Handlungsmus-
tern bei türkischstämmigen Migranteneltern im Hinblick auf Bildung
und Schule. Bei der Datenerhebung griff ich auch auf verschiedene Me-
thoden zurück wie Interviews mit Eltern, Gruppendiskussionen und
teilnehmende Beobachtung (Begleitung der Eltern bei schulischen Kontakten, Teilnahme an Elternabenden und Eltern-Lehrer-Gesprächen).

sich als schwierig erweist – also diejenigen Eltern, die nur eine elementare Schulbildung von meist fünf Jahren in der Türkei durchlaufen oder die in Deutschland ohne einen Abschluss die Schule verlassen haben, die unsicher im Deutschen und die als praktizierende Muslime in besonderem Maße diskriminierenden Zuschreibungen ausgesetzt sind. Diese Eltern empfinden die Beziehung zur Schule als belastet[2]; und umgekehrt werden die Eltern von Lehrkräften als schwierig erlebt. Sie sind häufig für die Lehrer nicht erreichbar und beteiligen sich kaum an schulischen Aktivitäten. Die Lehrer ziehen daraus den Schluss, dass diese Eltern sich ihrer Verantwortung entziehen, und weisen ihnen damit die Schuld zu. Sie werden als »schulfern« klassifiziert. Ihnen wird unterstellt, dass sie sich nicht für die schulischen Leistungen ihrer Kinder interessieren und dass ihnen an den schulischen Abschlüssen der Kinder nichts liegt.

Nach einer jahrelangen Auseinandersetzung mit diesem Thema als Sozialarbeiterin, nach den Interviews, die ich im Rahmen meiner Promotionsarbeit führte, und nach den Elternseminaren im Rahmen des Projekts bin ich zu dem Ergebnis gekommen, dass nicht das vermeintliche Desinteresse der Eltern das Problem ist. Im Gegenteil: Viele Eltern, die auf Grund ihres eigenen niedrigen Ausbildungsgrades unter schlechten Arbeitsbedingungen, unsicheren Arbeitsverhältnissen und niedriger Entlohnung zu leiden haben, wollen den Kindern dies alles ersparen. Sie verbinden mit ihrer Situation nicht nur finanzielle Schwierigkeiten und einen bescheidenen Lebensstil, sondern vor allem auch einen niedrigen sozialen Status in der Gesellschaft. Sie werden als »billige Arbeitskraft« behandelt und erleben in vielen alltäglichen Angelegenheiten wie beim Einkauf, beim Aufsuchen

---

2 Vgl. dazu auch Sacher 2006.

von Ämtern oder bei Arztbesuchen eine Entwertung ihrer Person. Diese Demütigungen stehen hinter den hohen Bildungsambitionen für ihre Kinder. Sie sollen ein besseres Leben haben! Schließlich wurde ja auch ihre eigene Migration durch das Ziel sozial aufzusteigen motiviert – wenn schon nicht selbst, dann auf jeden Fall die Kinder.[3] Wenn die Kinder dann in der Schule scheitern, stellt dies auch den Sinn der Migration in Frage. So ist die Aussage einer Mutter im Gespräch mit mir zu verstehen: »Wenn meine Kinder die Schule abbrechen würden, würde ich wahnsinnig werden: Ich würde vermutlich im Dreieck springen. Meine Kinder sollen es besser haben.«

Wenn es aber nicht mangelnde Bildungsaspiration ist – wo liegt dann das Problem? Schließlich nehmen die Lehrer für sich in Anspruch, alles zu machen, was in ihrer Hand liegt, um die Eltern zu erreichen. Meine These ist: Die deutsche Schule ist nicht »barrierefrei« – weder in sprachlicher noch in kultureller noch in sozialer Hinsicht. Sie ist eine von der deutschen Mittelschicht geprägte Institution. Die Barrieren, die sich daraus ergeben, werden von denen sehr bewusst wahrgenommen, die mit der Lehrerschaft weder Sprache noch Kultur oder Schichtzugehörigkeit teilen – und sie sind fast unsichtbar für diejenigen, die dieser sozialen Klasse angehören. Das bei den praktizierenden Muslimen verbreitete Bewusstsein, abgelehnt oder gar missachtet zu werden, macht es noch einmal schwieriger, diese Barrieren anzugehen, geschweige

---

3 Vgl. Hummrich und Wiezorek 2005. Die Autorinnen berichten über Ergebnisse von Studien mit Migrantenfamilien, wo der Aspekt der Migration der Eltern mit dem Vorsatz, die Armut durch die Migration zu überwinden bzw. dem Vorsatz der Verbesserung ihrer sozialen und ökonomischen Lage verbunden ist. Die Autorinnen sprechen von »Aufstiegsprojekt«.

denn zu überwinden. Die Folge ist oft ein resignativer Rückzug.

Sozio-kulturelle Barrieren

Der Umgang mit dem deutschen Schulsystem verlangt erhebliche kulturelle Kompetenzen.[4] Man muss wissen, wo man wie rechtzeitig Informationen erhalten kann – und man muss wissen, wie man diese Informationen zu bewerten und einzuordnen hat. Dieser Punkt wurde mir besonders deutlich bei unseren Elternseminaren, bei denen der Übergang von der Grundschule zur weiterführenden Schule das Thema war. Die Teilnehmer waren zum Großteil Eltern mit geringer Bildung. Es wurde deutlich, dass ihnen das deutsche Bildungssystem oft sehr undurchsichtig war. Sie sind sich zwar der Bedeutung einer richtigen Schulwahl bewusst, sehen sich aber kaum in der Lage, eine sachkundige Entscheidung zu treffen.

Bei einem Elternseminar zu diesem Thema berichtete mehr als die Hälfte der Eltern, dass sie bei der Entscheidung, das Kind für eine weiterführende Schule anzumelden, vor großen Schwierigkeiten standen. Soll das Kind das Gymnasium oder die »anderen Schulen« besuchen? Bei der Diskussion stand einerseits die Angst vor einer Überforderung der Kinder am Gymnasium im Raum, andererseits die Sorge, dass sie an der »Realschule« (die Eltern nutzten noch

---

4 Unter Kultur wird hier das Know-how verstanden, das jemanden in die Lage versetzt, sich in einer Gesellschaft kompetent zu bewegen. In diesem Fall umfasst es das Wissen, das die Institution Schule bei Eltern und Kindern als selbstverständlich voraussetzt. Siehe auch Swidler 1986.

die alten Bezeichnungen, obwohl die Schulen zu Sekundar-
schulen umgewandelt worden waren) hinter ihren Möglichkeiten zurückbleiben würden. Eine Mutter berichtete,
dass der Lehrer auf der Basis des Notendurchschnitts ihrer
Tochter eine Gymnasialempfehlung ausgesprochen habe.
Der Vater unterstütze diese Entscheidung und sei sich mit
der Tochter darin einig. Sie ihrerseits habe jedoch große
Zweifel, ob die Tochter die am Gymnasium geforderten Leistungen würde erbringen können. Die Tochter sei sehr ver-
gesslich und ihrem Eindruck nach viel zu langsam. Ihrer
Meinung nach überschätze der Vater die Fähigkeiten der
Tochter und sehe nicht, dass diese womöglich die Schule
später wieder verlassen müsste. Auch andere Mütter sorgten
sich um die Kinder und würden ihnen gerne schlechte Erfahrungen wie das »Herunterstufen« und den Schulwechsel
ersparen. Die Väter schienen insgesamt eher zum Gegenteil
zu neigen: Nach Darstellung der Mütter (nur sie waren anwesend) seien Väter eher angstfrei und plädierten in Zweifelsfällen für das Gymnasium – auch dann, wenn die Emp-
fehlung in Richtung Gesamtschule gehe.

So weit unterscheidet sich die Diskussion in nichts von ähnlichen Diskussionen in anderen Elterngruppen. Aus ihr tritt
das gleiche Interesse, aber auch die gleiche Sorge hervor wie
bei allen Eltern. Der Unterschied zu Eltern der (nicht-migran-
tischen wie migrantischen) Mittelschicht zeigt sich jedoch an
zwei Punkten.

Die meisten bildungsschwachen Migranteneltern verfügen
über keine eigenen Erfahrungen mit weiterführenden Schulen
und haben keine genauen Vorstellungen über die geforderten
Leistungen. Sie können nicht einschätzen, ob ihre Kinder in
der Schule überfordert oder unterfordert sind. Auch sind sie
mit den Leistungen und Fähigkeiten ihrer Kinder nicht ver-

traut, da sie diese auf Grund fehlender Kompetenz nie bei den Hausaufgaben unterstützen konnten. In dieser Hinsicht sind sie auf die Selbsteinschätzungen ihrer Kinder und die Bewertung der Lehrer angewiesen.

Hier wird jedoch ein fehlendes Institutionenvertrauen relevant. Viele Eltern haben das Gefühl, den Lehrern nicht immer trauen zu können, was die Einschätzungen der Leistungen und die Gymnasialempfehlungen betrifft. Dabei schlagen die Traumata einer ganzen Generation, in »Ausländerklassen« oder Sonderschulen abgeschoben zu werden, durch. Man kann kaum ein Gespräch mit Angehörigen der zweiten Generation über ihre Schulerfahrungen führen, ohne dass diesbezügliche Erfahrungen eine zentrale Rolle spielen.[5] Viele räumen ein, dass sich die Lage inzwischen verbessert hat, bleiben aber dabei, dass die türkischstämmigen Schüler nach wie vor anders behandelt und eingeschätzt werden als deutschstämmige Kinder.

Eine Mutter kritisierte die Haltung vieler Lehrer, die von vornherein niedrigere Erwartungen an türkischstämmige Schüler stellten, was zur Demotivation bei den Kindern führe. Andere Eltern berichteten von Erfahrungen, nach denen türkischstämmige Kinder in Bezug auf Notengebung benachteiligt und nicht im gleichen Maße wie herkunftsdeutsche Kinder gefördert würden. Derartige Erfahrungsberichte werden innerhalb der Community diskursiv verstärkt – Geschichte folgt auf Geschichte und verstärkt so das Misstrauen.

---

[5] Dieser Zusammenhang ist auch in der Migrationsforschung belegt. Bei gleichem Leistungsstand wurde bei Kindern ohne Migrationshintergrund signifikant öfter eine Gymnasialempfehlung gegeben als bei Kindern mit Migrationshintergrund. Siehe z. B. Gomolla 2006.

Bei bildungsschwachen Eltern greifen auch Informationsangebote nicht, wie sie etwa am »Tag der offenen Tür« gemacht werden. Insgesamt scheint die Aufforderung der Lehrer, die ins Auge gefassten Schulen vorher zu besuchen, für viele Eltern wenig hilfreich, weil sie keine genauen Angaben darüber erhalten, worauf sie zu achten haben.

> »Die Lehrer sagen uns, wir sollen die Schulen besuchen. Was soll ich mir denn da anschauen und wonach soll ich dann die Entscheidung treffen. Nach dem Zustand der Wände, der Stühle oder wonach sonst? Mit dieser Ansage komme ich auch nicht weiter.«

Auf Grund der Überforderung sind sie bei der Schulwahl weitgehend auf das Urteil der Kinder zurückverwiesen. »Ich fühle mich hilflos. Ich weiß nicht, was die richtige Wahl ist. Ich bin auf die Aussagen meiner Kinder angewiesen. Was soll ich sonst machen?« Dabei sind den Eltern die damit verbundenen Probleme wenigstens zum Teil durchaus bewusst. Sie sind sich klar darüber, dass die Kinder ihre Entscheidung meistens von den Freunden abhängig machen. Sie haben durchaus das Gefühl, dass auch andere Aspekte, wie etwa das Leistungsniveau der Schule, eine Rolle spielen sollte. Darüber hinausgehende Gesichtspunkte, wie eine besondere Schwerpunktsetzung der Schule treten dagegen gar nicht erst in ihren Gesichtskreis, weil sie nirgendwo Zugang zu den entsprechenden Informationen haben. Die erforderliche Beratung in der Muttersprache ist nirgendwo vorgesehen.

Man mag den folgenden Fall als Kontrast nehmen, um zu sehen, was den Eltern sprachlich, kulturell und sozial beim Schulwechsel zugemutet wird. Hier handelt es sich um zwei Akademikereltern mit Migrationshintergrund, denen ihr Bildungshintergrund gestattete, das System Schule adäquat zu lesen. Auch ihnen erschien der Wechsel in die Sekundarschule nicht einfach. Sie hatten aber konkrete Vorstellungen davon, wie sie mit ihren Kindern gemeinsam zu einer Entscheidung kommen könnten.

Die Eltern hatten sich im Vorfeld über Hospitationsmöglichkeiten an drei Schulen informiert, die für sie in die engere Wahl kamen. Ein erster Kontakt wurde von der Klassenlehrerin organisiert und verlangte den Eltern nur ab, sich rechtzeitig anzumelden. Als die Schule dann wegen des langen Fahrwegs und der Mischung der Schülerschaft ausschied, kontaktierten die Eltern von sich aus zwei weitere Schulen. Sie hatten sich auch schon vorher mit anderen interessierten Eltern in der Klasse ihrer Tochter abgestimmt, um einen gemeinsamen Wechsel möglich zu machen.
Zum Tag der offenen Türen hatten sie gezielte Fragen vorbereitet. Sie suchten den Kontakt zu Lehrern, Schülern und mit Eltern, deren Kinder die Schule bereits längere Zeit besucht hatten. Derart erhofften sie, einen genaueren Eindruck von der Schule zu erhalten. Sie recherchierten darüber hinaus im eigenen Umfeld nach Familien, die ihnen aus eigener Erfahrung mit den Schulen berichten könnten, und führten Telefonate. Ein persönliches Gespräch mit dem Schulleiter brachte schließlich die endgültige Entscheidung.

Es zeigt sich, welches Ausmaß an Sprachkompetenz, kultureller Kompetenz und sozialen Beziehungen verlangt wird, um eine adäquate Entscheidung zu treffen. Bildungsschwache Eltern werden von den Informationsmöglichkeiten, die die Schule bereitstellt, nicht erreicht. Sie sind nicht in der Lage, adäquat nachzufragen, können die Informationen nicht einordnen und halten sich daraufhin zurück. Die Schulwahl wird dann eher als eine Situation eingeschätzt, bei der man einfach Glück oder Pech hat.

Auch die Beteiligung der Eltern an diversen Gremien und Veranstaltungen setzt Kompetenzen und Fertigkeiten voraus, die für bildungsstarke Eltern fast kein Problem sind, bildungsschwachen Eltern mit Sprachschwierigkeiten und einem Gefühl, in der Schule »fremd« zu sein, hingegen als unüberwindbare Hindernisse erscheinen. So war es zum Beispiel nicht verwunderlich, dass an einer Schule, an der Eltern Lesungen mit Autoren organisierten, sich ausschließlich Mittelschichteltern beteiligten und bildungsschwache Eltern, unter ihnen eben auch viele Migrantenfamilien, nicht involviert waren. Sie waren von dem Gefühl durchdrungen, für viele Tätigkeiten nicht infrage zu kommen, und glaubten den Erfordernissen nicht gerecht werden zu können. Dies ging nicht selten mit Schamgefühlen einher.

Diese Eltern halten sich von den Gremien, in denen Ideen entwickelt und Entscheidungen getroffen werden, fern. Sie fühlen sich häufig nicht ausreichend informiert und sind deshalb nicht in der Lage, ihre Interessen zu vertreten. In Folge davon tritt das Gefühl auf, dass andere an der Schule das Sagen haben und meist herkunftsdeutsche Mittelschichteltern dafür sorgen, dass die schulischen Angebote auf ihre Kinder zugeschnitten werden. Die objektiv vorhandenen Barrieren verfestigen sich damit zu dem subjektiven Gefühl ausgeschlossen zu werden.

Für bildungserfahrene Migranten, die ihre Schulbildung in der Türkei absolviert haben, stellt sich das wiederum anders dar. Auch wenn sie über keine eigenen Schulerfahrungen im deutschen Schulsystem verfügen und vieles in Deutschland ihnen unbekannt ist, haben sie doch klare Vorstellungen darüber, wie sie sich Hilfe holen können. Kriterien, relevante Themen im Schulkontext sind ihnen bekannt. Für die konkrete alltägliche Bewältigung der Probleme finden sie gezielt Wege, wie beispielsweise die Einschaltung türkischstämmiger Bildungsinländer, die ihnen helfen können.

Ein Aspekt, bei dem die geringe Durchschaubarkeit des Schulsystems besonders deutlich wird, ist die Festlegung des sogenannten »sonderpädagogischen Förderbedarfs«. Die Maßnahme dient, der Idee nach, »dem Ausgleich behinderungsbedingter Nachteile und zielt auf die Verwirklichung des Rechts dieser Schülerinnen und Schüler auf eine ihrer persönlichen Begabung und ihrem persönlichen Leistungsvermögen entsprechende schulische Bildung und Erziehung. Die sonderpädagogische Förderung soll den Betroffenen ein möglichst hohes Maß an schulischer und beruflicher Eingliederung, gesellschaftlicher Teilhabe und selbständiger Lebensgestaltung ermöglichen.«[6] Mit einem bestimmten Feststellungsverfahren wird der Förderbedarf ermittelt. Der Haken dabei ist, dass damit ein bestimmter Status festgeschrieben wird. Das Kind wird zwar gefördert, ist aber dadurch gekennzeichnet, was in bestimmten Fällen bedeuten kann, dass ihm nicht alle Schullaufbahnen offen bleiben.

Die Entscheidung muss deshalb in Zusammenarbeit mit den Eltern erfolgen. Dabei hatten viele Eltern das Gefühl, nicht ausreichend informiert worden zu sein. Hier schlagen die sprachlichen Probleme besonders durch, weil vielen das Instrument des sonderpädagogischen Förderbedarfs gänzlich unbekannt ist. Man hat jedoch auch den Eindruck, dass die Gespräche weniger den Charakter einer gemeinsamen Suche nach der besten pädagogischen Strategie für das Kind hatten (wie dies bei Mittelschichteltern funktioniert), sondern eher den Charakter einer Überzeugungs- bzw. Überredungsar-

---

6 http://www.berlin.de/sen/bildung/foerderung/sonderpaedagogische_foerderung/

beit, durch die die Eltern dazu gebracht werden sollten, einer von der Schule als notwendig erachteten Maßnahme zuzustimmen. Es scheint, dass die Lehrer, konfrontiert mit den sprachlichen Schwierigkeiten der Eltern und ihrem geringen Verständnis der Schulstrukturen, ihnen nur das Nötigste mitteilten, um die Angelegenheit nicht weiter zu komplizieren, und nach Möglichkeiten komprimierten und vereinfacht darstellten. Jedenfalls teilte sich den Eltern mit, dass ihre Kinder von einer besonderen Unterstützung durch zusätzliches Fachpersonal profitieren würden, sie waren sich aber über die weitergehenden Konsequenzen nicht im Klaren. So kam es wiederholt vor, dass die Eltern viel später von Dritten über die Auswirkungen der »sonderpädagogischen Förderung« aufgeklärt wurden und sehr wütend darauf reagierten. Ein Vater berichtete in einem Interview, dass ihm die Lehrerin erzählt habe, der Sohn würde gezielt gefördert und würde bessere Noten als vorher erhalten, ihm aber verschwiegen habe, dass dies nur aufgrund niedriger Erwartungen und gesonderter Prüfungen der Fall sein würde. Insbesondere die Tatsache, dass der Sohn mit seinen besseren Noten nicht auf alle Schulformen wie auf das Gymnasium würde gehen können, war ihm verborgen geblieben.

Das Gefühl bei bildungsschwachen Eltern mit Migrationshintergrund, einer Maschinerie mit weitgehend undurchsichtigen Regeln ausgesetzt zu sein, steigert sich, wenn schulexterne Einrichtungen wie Schulpsychologische Beratungszentren eingeschaltet oder das Jugendamt zur Unterstützung herangezogen werden sollen. Für die Eltern sind die Konsequenzen dieser Maßnahmen nicht absehbar. Anders als Mittelschichteltern wissen sie nicht, an wen sie sich wenden können, um sachgerechte Informationen zu erhalten. In der Arbeit als Schulsozialarbeiterin oder in den Elternseminaren wurde ich immer wieder mit Eltern konfrontiert, die auf diese Schritte mit Panik reagierten. Zum einen waren sie besorgt darüber, dass mit ihrem Kind etwas nicht stimmen könnte, und zum anderen hatten sie Angst vor weiteren Schritten, die seitens der Schule eingeleitet werden könnten. Dies ging bis zu der Befürchtung, dass ihnen das Kind weggenommen werden würde.

Eine Mutter kontaktierte mich telefonisch und berichtete, dass ihr Sohn nach mehreren Vorfällen zu einem Gespräch mit der Schulleitung eingeladen worden sei. Ihr wurde von dem Schulleiter erklärt, dass alle bisherigen Schritte erfolglos geblieben seien. Er habe gedroht, ihren Sohn der Schule zu verweisen und das Jugendamt einzuschalten. Daraufhin habe sie ihren Sohn zwei Tage lang bei Verwandten untergebracht. Sie habe große Sorgen gehabt, dass das Jugendamt unangemeldet die Wohnung stürmen würde. Ihr älterer Sohn sei seit drei Jahren inhaftiert. Sie befürchtete, dass das Jugendamt aus diesem Grund besonders streng durchgreifen würde. Sie wisse aus den türkischen Medien von mehreren Familien, bei denen das Jugendamt sich eingeschaltet habe. Sie wollte von mir wissen, was sie machen könne und ob das Jugendamt ohne Einwilligung und Ankündigung ihren Sohn aus der Familie nehmen könne.

Es bedurfte eines langen Gesprächs, um die Mutter zu beruhigen. Ich berichtete ihr, dass schwerwiegende Gründe vorliegen müssten und das Wohl des Kindes gefährdet sein müsse, um ein Kind aus der Familie zu nehmen, was in ihrem Fall nicht zutreffe. Sie bat mich, sie zu dem Gespräch in der Schule zu begleiten, um sicher zu gehen, dass nichts für das Kind Nachteiliges entschieden würde. Sie bat mich ebenfalls, dem Gespräch des Schulpsychologen mit ihrem Sohn beizuwohnen.

Ich möchte diesen Abschnitt mit einem eher alltäglichen Fall beenden, der zeigt, wie fremd den Eltern das deutsche Schulsystem ist.

Die Mutter erzählte von den Schwierigkeiten ihrer Tochter in der Schulanfangsphase. Auch nach einer längeren Eingewöhnungsphase sei das Kind sehr ungern zur Schule gegangen. Zuhause war das Kind verschlossen und traurig. Weil die Mutter durch Gespräche mit der Tochter keine Anhaltspunkte über Ursachen erhielt, suchte sie die Schule auf. Sie entschied sich bewusst gegen die Möglichkeit, mit dem Lehrer ein persönliches Gespräch über ihre Eindrücke zu führen. Sie hatte das Gefühl, den Lehrer noch viel zu wenig zu kennen und ihn nicht einschätzen zu können. Insbesondere hatte sie Angst, dass es in einem Gespräch zu einer Auseinandersetzung kommen könnte, die dann die Haltung des Lehrers gegenüber der Tochter negativ beeinflussen würde.

Auf Grund dieser Situation entschied sich die Mutter, erst mal einfach zu beobachten. Sie suchte an mehreren Tagen die Schule auf, verweilte auf dem Flur des Klassenzimmers ihrer Tochter, um Anhaltspunkte zu erlangen, warum ihre Tochter so ungern zur Schule ging. Es ist wenig überraschend, dass dieses Verfahren wenig aufschlussreich war. Erst auf unserer Veranstaltung zu Elternrechten erfuhr sie von dem Recht auf Hospitation im Unterricht. »Es wäre so gut gewesen, wenn ich das vorher gewusst hätte.«

Der eigentlich entscheidende Punkt hier scheint die Angst der Mutter vor dem Gespräch mit dem Lehrer zu sein. Dieser erscheint in der Darstellung der Mutter als eine unberechenbare Autoritätsperson, mit der man besser vorsichtig umgeht. Die Selbstverständlichkeit, mit der Personen, die selbst das deutsche Schulsystem durchlaufen haben, auf Lehrer zugehen, geht der Mutter offenbar völlig ab. Tatsächlich hätte ein Gespräch wahrscheinlich zu der Einladung geführt, in der Klasse zu hospitieren und sich ein eigenes Bild zu machen. Es ist durchaus möglich, dass die Mutter hier eine Verhaltensweise an den Tag gelegt hat, die für ländliche Gebiete der Türkei und anderer Länder typisch ist, wo Lehrer als unnahbare Autoritätspersonen wahrgenommen werden. Entscheidend in diesem Zusammenhang ist jedoch, dass das deutsche Schulsystem nicht in der Lage zu sein scheint, die Eltern zu erreichen und diese Distanz aufzubrechen.

Sprachliche Barrieren

Viele der bildungsunerfahrenen Eltern sahen sich im schulischen Kontext mit Erwartungen konfrontiert, die sie schon rein sprachlich gar nicht genau verstehen konnten. Die Informationen, die sie von Lehrkräften erhielten, empfanden sie häufig als abstrakt und nicht nachvollziehbar. Ihre mangelnde Sprachkompetenz macht es auch unmöglich, einfach nachzufragen. Sie sind weitgehend auf die Informationen ihrer Kinder angewiesen. Das Ausmaß dieser sprachbedingten Schwierigkeiten verdeutlicht folgender Fall:

Ich hatte sechs Monate lang eine Mutter sehr intensiv bei den Schulangelegenheiten ihres Sohnes begleitet. Sie war als Heiratsmigrantin nach Deutschland gekommen, hatte einen niedrigen Bildungsgrad und große sprachliche Schwierigkeiten. Gleichzeitig hatte ich einen engen Kontakt zu der Klassenlehrerin und erhielt über sie wichtige Informationen zum Unterricht, wie etwa zu Themen anstehender Arbeiten, benötigten Unterlagen usw. Der Sohn war ein zurückhaltendes Kind mit schwachen Leistungen. Er besuchte die dritte Klasse.

Nachdem ich der Mutter das Angebot machte, sie könne mich bei Fragen rund um die Schule kontaktieren, erhielt ich viele Anrufe, weil sie die Hausaufgaben ihres Sohnes nicht verstand und er diese ohne Hilfe nicht machen konnte. Sie brauchte fast immer Erklärungen, wie sie anzufertigen waren, damit sie ihren Sohn unterstützen konnte. Ein Beispiel: Im Unterrichtsfach Kunst sollten die Kinder eine Figur zeichnen, wobei sie bestimmte Begriffe wie Tatzen, Krallen, borstig usw. berücksichtigen sollten. In einem Fach, in dem man die wenigsten Probleme erwartet, gelang es dem Kind und der Mutter nicht, die Hausaufgaben zu erledigen, weil die Aufgabenstellung zu kompliziert war. In den meisten Fällen gelang es ihr nach meinen Erklärungen, ihrem Sohn zu helfen. Ich versuchte, ihr mit einfachen Erklärungen die Aufgaben zu schildern und sie durch Beispiele zu erläutern.

Bei der Vorbereitung auf Klassenarbeiten fielen weitere Defizite auf. Der Sohn konnte nicht die Themen benennen, die für die Arbeit relevant waren. Er gab Informationen der Lehrerin sehr bruchstückhaft an die Mutter weiter. Ich verabredete mich mit der Mutter, brachte den Ordner einer leistungsstarken Schülerin aus der gleichen Klasse mit und führte ein einschlägiges Gespräch mit der Klassenlehrerin. Beim Durchgehen der Ordner fiel auf, dass ihrem Sohn einige Arbeitsblätter fehlten und einige Aufgaben unbearbeitet geblieben waren.

Aus diesem Beispiel wird deutlich, dass dem Kind und der Familie wesentliche Informationen über den Unterricht und die Leistungsanforderungen fehlten. Die Mutter erfuhr von ihrem Sohn sehr kurzfristig, ca. zwei Tage vorher, dass sie eine

Klassenarbeit schreiben würden. Obwohl in diesem Fall die Arbeitsmaterialien vervollständigt werden konnten, war die Zeit zu knapp, um das Kind gut darauf vorzubereiten.

Eltern, die ihre Kinder schulisch nicht begleiten können und bei denen die Kommunikation zur Schule gestört ist, verlieren den Faden und fallen aus dem System Schule heraus.

Die Probleme, die sich daraus ergeben, dass die Kommunikation über Schule nur über die Kinder abläuft, werden auch aus folgendem Fall deutlich:

Die Mutter einer Zweitklässlerin berichtete in einem Interview davon, dass sie gerne ihre Tochter zuhause beim Lernen unterstützen wolle. Sie möchte anhand der Arbeitshefte mit ihrer Tochter üben, damit sie gut für die Schule vorbereitet ist. Von ihrer Tochter hat sie jedoch erfahren, dass die Lehrer den Schülern verboten hätten, zu Hause im Arbeitsheft weiterzuarbeiten. Daraufhin war sie sehr verunsichert und wusste nicht, wie sie sich verhalten sollte.

Der Fall zeigt die Verunsicherung einer Mutter angesichts einer Information, die sie nicht nachvollziehen kann. Auch hier ist ihr die Möglichkeit, einfach nachzufragen wegen der Sprachbarriere verbaut. Ein besonderes Problem stellte es dar, wenn bildungsunerfahrene Eltern erlebten, dass die Lehrer abweisend und ungeduldig auf ihre sprachliche Hilflosigkeit reagierten. Dies verstärkte ihre Unsicherheiten, und sie mieden in der Folge den Kontakt, um unangenehmen Situationen aus dem Weg zu gehen. Dabei kamen mit Sicherheit verschiedene Faktoren zusammen: Die Lehrer erleben spachlich inkompetente Eltern als Belastung: Die Kommunikation gestaltet sich mühsam und zeitaufwendiger. Und den Eltern fällt es schwer, den »richtigen Zeitpunkt« zu finden, um ein Problem anzusprechen.

Eine andere Mutter berichtete von ihrer großen Unsicherheit, wie sie den Kontakt zu Lehrern herstellen könne. Sie war aus der Türkei auf Grund der Eheschließung nach Deutschland eingewandert und fühlte sich in der deutschen Sprache unsicher. Ihr fiel auf, dass herkunftsdeutsche Eltern in der Schule sich häufig unbefangen mit Lehrern unterhielten. Da ihr das nicht gelang, sie aber dennoch großes Interesse hatte, sich als engagierte und interessierte Mutter zu zeigen, wählte sie folgende Strategie:

Sie suchte ca. alle zwei Monate die Schule auf, begleitete ihre Tochter bis in das Klassenzimmer und versuchte, mit der Lehrerin ins Gespräch zu kommen. Sie stelle immer die gleichen Fragen: Wie geht es Ihnen, und ist alles in Ordnung mit unserer Tochter? Mit dieser Verhaltensweise wollte sie demonstrieren, dass die Eltern hinter ihrer Tochter stehen und ihnen Bildung wichtig ist.

Dieses Kontaktverhalten wirkt hilflos. Die Mutter versucht ein Zeichen zu setzen, ist jedoch nicht in der Lage, die Informationen der Lehrerin zu verstehen. Umgekehrt ist es nicht sicher, ob die Lehrerin das Zeichen der Mutter so lesen kann, wie es von dieser gemeint ist.

So weit war von Eltern die Rede, die nur rudimentär Deutsch sprechen. Eltern, die über eine praktische Beherrschung der Sprache verfügen (»working knowledge«), können in der Regel die Aufgabenstellungen nachvollziehen und in Zweifelsfällen nachfragen. Dennoch empfinden auch diese Eltern die Sprachdefizite gegenüber den Lehrern. Man muss eine Sprache sehr gut können, um sich effektiv einbringen zu können. Da geht es darum, das Richtige zu sagen, den richtigen Ton zu treffen, nicht zu lang und nicht zu kurz zu reden.

Elternabende stellen in dieser Hinsicht ein besonderes Problem dar. Viele Eltern, die durchaus im Alltag zurechtkommen, sind bei diesen Gelegenheiten befangen. Sie möchten ungern den Gesprächsablauf stören. Häufig sind sich unsicher, ob sie alles verstanden haben, trauen sich aber nicht, Nachfragen zu stellen, um nicht immer aufzufallen. Sie haben das Gefühl, nicht auf gleicher Ebene mitreden zu können. Migranten mit Sprachschwierigkeiten können sich nicht differenziert mitteilen, verzichten oft darauf, überhaupt etwas zu sagen, können dadurch viel weniger mitwirken und fühlen sich herkunftsdeutschen Eltern unterlegen. Bei Widerspruch verstummen sie.

Hatice, eine Heiratsmigrantin, sagt über sich, dass sie eigentlich sehr gesprächig sei, in der Schule aber verstumme. Ihr Kind besuchte eine Schule, wo die Eltern zum großen Teil Herkunftsdeutsche sind und zur Mittelschicht gehören. In den Elternabenden dominierten »die Deutschen« die Gespräche und prägten durch ihre Mitwirkung stark die schulischen Veranstaltungen. Sie traue sich nicht, in diesem Rahmen etwas zu sagen.

»Wenn ich selber in Gesprächen etwas beitragen möchte, muss ich mir schon dreimal überlegen, ob ich überhaupt etwas sage oder nicht. Wie gut ist meine Ausdrucksweise, werde ich falsche Wörter benutzen oder sie so aussprechen, dass andere darüber lachen? … Wenn meine Deutschkenntnisse sehr gut wären, wäre ich eher mit deutschen Eltern auf gleicher Höhe. Jetzt aber kann ich in der Schule nicht viel mitreden, weil ich mich nicht ausdrücken kann. Und weil ich mich nicht mitteilen kann, fühle ich mich klein und bin wütend auf mich. Das ist das größte Problem, was man als Migrantin haben kann.«

Wie Hatice formulierten viele meiner Gesprächspartnerinnen das Gefühl ausgeschlossen zu sein.

All dies wird besonders belastend bei Konflikten erlebt, wo ja in der Tat »der Ton die Musik macht«. Bei den Elternseminaren warfen die Eltern immer wieder die Frage auf, wie eine angemessene Kommunikation mit Lehrern aussehen könne, die später die Schulsituation der Kinder nicht negativ beeinflusse. Tatsächlich vermieden die Eltern aus Furcht davor oft, problematische Fragen anzusprechen.

Faktor Diskriminierung

Barrieren, die auf Mängeln kultureller Kompetenz und Sprachbeherrschung beruhen, lassen sich überwinden, wenn man sich gern gesehen weiß. Sie werden dagegen fast unüberwindlich, wenn man merkt, dass man ohnehin abgelehnt wird und nicht willkommen ist. Dabei haben besonders die muslimischen Eltern das Gefühl, doppelt diskriminiert zu werden – als Muslime und als Türken. »Wir Erwachsenen und auch die Kinder nehmen viele Vorurteile und negative Einschätzungen wahr: Muslime sind ungebildet, bildungsfern und rückständig und Feinde der Demokratie. Wir erfahren von Diskriminierungen den Kindern gegenüber und erleben, wie sie zu Außenseitern der Gesellschaft gemacht werden. Viele Kinder haben das Vertrauen in die Lehrer und in die Schule verloren.« (Interview mit Ercan Yılmaz in Lubig/Fohsel 2012)

Den Muslimen wird auf vielen Kanälen vermittelt, zur eher ungeliebten Klientel der Schule zu gehören. Dies beginnt bei der Tatsache, dass eine Schule allein auf Grund des hohen Anteils türkisch- oder arabischstämmiger Migrantenkinder im Stadtteil abgestempelt wird; es setzt sich bei der Abwertung von Türkisch, Arabisch und Persisch als Fremdsprachen (im Vergleich etwa zu Spanisch oder Italienisch) fort und findet seine Konkretion in spezifisch islamophoben Äußerungen.

In der Community zirkulieren Äußerungen von Lehrern über das Tragen des Kopftuchs, das Fasten im Fastenmonat Ramadan oder über religiöse Werte des Elternhauses, die von den Kindern zu Hause berichtet worden sind. Dabei werden besonders Situationen als verletzend erlebt, bei denen die Lehrer sich gleichsam als Experten der türkischen Kultur beziehungsweise des Islam aufspielen. Dies ist dann der Fall, wenn das Anlegen des Kopftuchs pauschal als Unterdrückung der Frau gewertet wird, oder wenn Zwangsheirat und Ehrenmord auf den Islam zurückgeführt werden. Als verletzend werden aber auch kritische Aussagen von Lehrern im Fastenmonat erlebt, in denen sich Lehrer besorgt über die Gesundheit und die Leistungsfähigkeit von Migrantenkindern äußern und das Fasten ablehnen. Gerade wenn dies, ohne den Versuch Verständnis aufzubringen, auf abfällige Weise erfolgt, verstärkt es bei Kindern und Eltern das Gefühl, dass ihre Lebensweise wenig geachtet oder gar rundweg abgelehnt wird.

Insbesondere Muslime, die über ihre Kleidung erkennbar sind, spüren die ihnen entgegengebrachte Skepsis, wenn nicht gar Ablehnung sehr genau.

Eine Mutter mit einem Tschador berichtete in einem Elternseminar, dass sie sehr häufig den Kontakt zur Schule gesucht hätte, um ihre Tochter zu unterstützen. Nach den Vorfällen des 11. September 2001 fühlte sie sich stärker ausgeschlossen. Abschätzige Blicke von Lehrern und eine Auseinandersetzung ihrer Tochter mit einem Lehrer führten schließlich dazu, dass sie den Kontakt zur Schule abbrach. Die mittlerweile 18 Jahre alte Tochter, die durch das Tragen eines Kopftuchs ebenfalls als praktizierende Muslima erkennbar war, wurde von ihrem Lehrer immer wieder auf ihre Situation als muslimische Frau angesprochen. Er kritisierte die Stellung der Frauen im Islam, die für ihn mit Unterdrückung und Rückständigkeit verbunden war. Der Lehrer riet der Tochter trotz guter Schulleistungen nicht dazu, eine akademische Laufbahn einzuschlagen, sondern, wenn überhaupt, eine einfache Ausbildung anzuvisieren. Als Begründung gab er an, dass ihr als muslimischer Frau nach der Eheschließung von ihrem Mann die Berufsausübung ohnehin verwehrt werden würde und sie an die Hausfrauenrolle gebunden sei. Die Mutter erzählte, dass ihre Tochter schließlich darauf bestand, dass sie sich von der Schule fernhielt. Es war für die Tochter unangenehm und mit Scham besetzt, dass die Mutter mit einem Tschador verhüllt die Schule besuchte.

Den Eltern wird über die Erzählungen der Kinder vermittelt, dass Religiosität und Fremdheit in der Regel negativ hervorgehoben werden – wobei wir im Projekt den Eindruck gewannen, dass die Eltern oft nur die Spitze des Eisbergs mitbekommen. Diskriminierende und verletzende Äußerungen, mit denen Kinder konfrontiert werden, teilen sie oft zu Hause gar nicht mehr mit. Andere Äußerungen sind auf so subtile Weise verletzend, dass sie kaum thematisierbar sind – etwa wenn eine Lehrerin mit einem deutlichen Seitenblick auf die »Kopftuchmädchen« zu einem Mädchen aus einem säkularen Haushalt sagt: »Ja, so aus Gesprächen kennen wir deine Eltern ja auch. Ich glaube schon, dass die eher so leben wie wir und etwas aufgeschlossener sind«. (Mannitz 2002: 261)

Was daraus resultiert, ist ein gesteigertes Gefühl der Unsicherheit, Schutzlosigkeit, Befangenheit, die sich immer dann einstellt, wenn man missbilligenden und abschätzigen Blicken ausgesetzt ist. Im Englischen wird dies mit dem Wort »selfconscious« eingefangen, das eben nicht Selbstbewusstsein meint, sondern sein genaues Gegenteil.

Bei sehr vielen Seminaren in den Moscheegemeinden, die von Eltern mit türkischer Herkunft besucht wurden, thematisierten Eltern die Frage, wie sie auf die »Anderen« wirken. In erster Linie waren mit den »Anderen« die deutschstämmigen Lehrer und Erzieher gemeint, darüber hinaus aber auch säkulare Eltern, bei denen sie das Gefühl hatten, als unmodern, fundamentalistisch usw. wahrgenommen und abgestempelt zu werden. Besonders bei religiös erkennbaren Eltern, Müttern mit Kopfbedeckung und Vätern mit Bärten, war die Haltung zur Schule stark von der Vorstellung bestimmt, die sie sich von ihrer Wirkung auf andere machten. Welche Vorstellungen haben die Lehrer von uns? Wie wirke ich als Frau mit Kopftuch?

Dabei steigert sich bei den praktizierenden Muslimen das insgesamt verbreitete Misstrauen gegenüber den Lehrern. Sie haben den Eindruck, dass Kinder aus einem religiösen Elternhaus von vornherein »als Außerirdische« wahrgenommen werden (Ayşe Eryiğit in Lubig-Fohsel 2012:7). Es existiert das Gefühl, dass man »abgeschrieben« wird, sobald man als Muslim erkennbar ist.

Hatice vermisst bei Gesprächen mit Lehrern, dass ihre Anliegen und vor allem die ihrer Kinder wirklich ernst genommen werden. Angesichts einiger Schwierigkeiten ihrer Tochter und einem Ausfall in einem Fach versteht sie die gelassene Haltung der Lehrerin nicht, die dies immer wieder herunterspiele. Sie empfindet das als Herablassung und hat große Zweifel, ob die Lehrer ähnliche Verhaltensweisen gegenüber »anderen« Eltern, die sie als intelligenter und höher gebildet einschätzt, zeigen. Hatice: »Schon allein, wenn sie mich sehen, mit Kopftuch und langem Mantel, haben sie doch schon Vorstellungen über uns Muslime. Die denken, dass wir selber zurückgeblieben sind, dass wir an der Bildung nicht interessiert sind und unsere Kinder nicht unterstützen.«

Auch andere Frauen aus den Gemeinden berichteten davon, dass sie schon auf Grund ihrer Verhüllung von bestimmten Lehrern weniger geschätzt würden. Eine Mutter mit einem Tschador ging sogar so weit, die Schule nicht mehr aufzusuchen, weil sie besonders nach den Vorfällen des 11. September 2001 verstärkt in der Schule ablehnende Blicke von Lehrern spürte. Aus Angst, dass sich all dies nachteilig auf die Tochter auswirken könnte, entschied sich die Frau dazu, die Schule nicht mehr aufzusuchen.

Die Eltern sehen sich unter ständigem Rechtfertigungsdruck beziehungsweise in der Defensive. Angesichts der gesellschaftlichen Unterstellungen, die die islamische Kultur für die vergleichsweise schlechten schulischen Leistungen von Migrantenkindern verantwortlich machen, die Eltern das Interesse an der Schulausbildung ihrer Kinder absprechen, ihnen mangelnde Deutschkenntnisse und zu wenig Unterstützung der Kinder vorwerfen, sehen sich die muslimischen Eltern in der Situation, sich ständig beweisen zu müssen.

Dies führte nicht selten zu Rückzug. Deutlich wurde uns bei den Gesprächen auch, dass es vielen Eltern schwerfällt aus einer klagenden Haltung herauszukommen, bei der sie einseitig der Schule die Schuld an der Misere geben. Obwohl die Elternseminare lösungs- und ressourcenorientiert angelegt waren, fiel es den meisten Eltern schwer, sich auf potenzielle Lösungsmöglichkeiten bei Konflikten einzulassen. Bezeichnend ist auch, dass Eltern in Interviews bzw. während der Veranstaltungen kaum von positiven Erlebnissen mit Lehrern erzählten.

Während bildungsschwächere Eltern sich oft zurückziehen, versuchen bildungserfahrene Migranteneltern Strategien zu entwickeln, um ihre Interessen trotz vieler Widrigkeiten zu vertreten. Sie überlegen sich, wie sie für ihre Interessen so eintreten können, dass sie den Schaden bzw. die mögliche Benachteiligung für ihre Kinder minimieren. Auch bei ihnen ist die Beziehung zur Schule selten unbefangen. Wie kann man sein Muslim-Sein in der Schule angemessen so vertreten, dass man sich weder aufgibt, noch die Chancen der Kinder in der Schule beeinträchtigt?

Drei Beispiele:

Eine türkischstämmige Mutter engagierte sich primär deshalb in Schulgremien, um den Lehrkräften zu demonstrieren, dass sie nicht dem Bild der desinteressierten türkischen Elternschaft entspricht, keine unterdrückte muslimische Frau ist und sich sehr wohl für die Belange ihres Kindes einsetzt. Sie möchte als Person mit akademischem Hintergrund wahrgenommen werden. Sie hofft ebenfalls, dass der positive Eindruck sich auf die Bewertung der Tochter auswirkt. Sie versucht das von der Mehrheitsgesellschaft gehegte bzw. ihr unterstellte Bild mit ihrem Engagement zu korrigieren. Eine andere Mutter erzählt, dass sie die Gespräche mit den Lehrern vorher einübt. Sie geht ihre Ausführungen mit Personen, die sehr gut deutsch sprechen, durch, um mit Vorformulierungen in die Gespräche hineinzugehen. Sie möchte nicht, dass auf Grund ihrer fehlenden Sprachkenntnisse negative Rückschlüsse getroffen werden und sie als bildungsferne Muslimin eingestuft wird.

In einem anderen Fall handelte die Familie intern aus, welcher Elternteil die Interessen der Familie in der Schule am besten vertreten könnte. Es sprachen etliche Gründe für die Mutter, weil sie besser deutsch sprach und vor allem, weil sie eventuell weniger negativ auffallen würde als ihr Mann. Der Mann war durch seinen Vollbart deutlich als praktizierender Muslim erkennbar. Das Paar wollte nicht auf Grund des Aussehens für streng religiös oder gar fundamentalistisch gehalten werden.

Mit diesen Strategien sind sie bemerkenswert erfolgreich. Den Lehrern teilt sich deshalb von den Schwierigkeiten der muslimischen Eltern oft kaum etwas mit – im Gegenteil: sie erleben sie manchmal als besonders kooperativ und positiv. Im geschützten Raum – bei Einzelinterviews oder bei Gesprächen untereinander – zeigte sich jedoch ein erhebliches Ausmaß an Resignation. Dann überwogen Äußerungen, dass es einfach nichts bringe, den Mund aufzumachen, oder dass kritisches Einbringen eher schade als nütze. Man müsse im schulischen Kontext versuchen, sich auf das Wesentliche, die Benotungen bzw. Leistungen zu fokussieren, und alles andere abspalten. Das Wichtige müsse zu Hause oder in der Moschee, also im privaten, »ethnisch unkomplizierten« (Hamburger 2005) Lebensraum stattfinden.

Um zusammenzufassen: Eltern machen die Erfahrung, dass sie vom pädagogischen Personal als rückständig, fundamentalistisch und bildungsfern eingestuft werden, wenn sie sich sichtbar zum Islam bekennen. Die daraus resultierende Distanz führt zu einem Spektrum an Reaktionsformen, bei eher bildungsfernen Eltern zu Rückzug, Resignation und Aggression, bei bildungserfahrenen Eltern zu Befangenheit, Unsicherheit oder Abspaltung.

Die Folge dieser Erfahrungen ist ein erhebliches Misstrauen bei den muslimischen Eltern. Die Erfahrung von Diskriminierung – innerhalb, aber auch außerhalb der Schule – macht dünnhäutig. Dies führt manchmal dazu, dass von Migranteneltern auch Situationen als diskriminierend eingestuft werden, die in anderen Sachverhalten ihre Ursache und mit Islamophobie nichts zu tun haben. Die Folge ist dann leicht ein Teufelskreis. Vertreter der Schule fühlen sich zu Unrecht kritisiert und reagieren mit dem Vorwurf, die »Muslime« würden nur jammern. Derartige Konflikte belasten dann das ohnehin problematische Verhältnis von Elternhaus und Schule weiter. So unterstellte eine Gruppe von Eltern der Schulleitung, dass sie an ihrer Schule bewusst keinen Türkischunterricht anbiete. Es hieß: »Sie wollen die Türken und den Türkischunterricht einfach nicht.« Eine Rückfrage ergab, dass einfach nicht ausreichend viele Kinder bei der Schulleitung angemeldet wurden. Die geforderte Mindestzahl wurde nicht erreicht und das Türkische Konsulat konnte deshalb keinen Unterricht anbieten.

In einem anderen Fall führte das Nicht-Einhalten von Fristen zu einer Ablehnung, die als bewusste Benachteiligung aufgefasst wurde.

Eine Mutter, die ich durch die Interviews gut kennengelernt hatte, rief mich an, um Unterstützung zu erhalten. Ihr Sohn sei jetzt in der 11. Klasse und habe seine Prüfungsfächer ausgesucht. Nach etwa einem Monat habe er gemerkt, dass er sich falsch entschieden habe. Ein Wechsel wurde ihm von seinen Tutoren nicht genehmigt. Ihr Sohn war sehr aufgebracht, weil ihm sein Tutor den Wechsel untersagt hätte. Er war auch schon vorher immer wieder in Auseinandersetzungen mit Lehrern verwickelt gewesen, weil er sich ungerecht behandelt sah. Auch jetzt nahm er an, er werde persönlich benachteiligt. Da ein »deutscher« Schüler sich ohne weiteres hätte ummelden können, handle es sich eindeutig um eine Diskriminierung. Da die Mutter es sich trotz sehr guter Sprachkenntnisse nicht zutraute, das Gespräch alleine zu führen, bat sie mich um Vermittlung. Es stellte sich heraus, dass der Schüler (anders als der »Deutsche«) die Ummeldefrist hatte verstreichen lassen, so dass es aus organisatorischen Gründen nicht mehr möglich war, seinem Wunsch nachzugeben.

Es sind nicht zuletzt solche Vorkommnisse, die dazu führen, dass muslimische Eltern als schwierige Klientel wahrgenommen werden. Die entgegengebrachten Vorbehalte führen zu Distanz und Rückzug. Es staut sich aber auch Wut an, die sich nicht selten im ungeeignetsten Moment entlädt, z.B. wenn Lehrer und Erzieher nach Auswegen aus einer schwierigen Situation suchen. Nicht selten eskalieren die Gespräche und werden »explosiv«. Nach außen hin erleben Lehrkräfte dann aufbrausende Eltern, fühlen sich in dem Gefühl bestätigt, dass sich bestimmte Migrantengruppen negativ aufführen, reagieren dann selber mit Abwehr – etwa indem sie den Grund für die Aggressionen »im Islam« sehen. Damit verfestigt sich der Teufelskreis von gegenseitigem Misstrauen und Zuschreibungen. Bemerkenswert ist, wie sehr sich die Eltern dieser Dynamik bewusst sind. Sie gehen dem Gespräch oft lieber von vornherein aus dem Weg, als zu riskieren, dass es zum Streit kommt.

Die Wut ist auch bei denen anzutreffen, die sich nach außen nicht als praktizierende Muslime zu erkennen geben.

Eine junge Mutter, die in Deutschland aufgewachsen war, berichtete in einer Gruppendiskussion unter Müttern ausführlich von ihren Gefühlen. Sie habe in ihrer Jugend das Kopftuch getragen und sich deshalb mit vielen Anfeindungen auseinandersetzen müssen. Als Erwachsene habe sie sich dann entschieden, das Kopftuch abzulegen. Jetzt komme sie besser herüber. Es könne jedoch keine Rede davon sein, dass sie deshalb »offener« oder »aufgeschlossener« sei. Sie bewundere andere Frauen, die dem Druck standhielten. Sie verspüre starke Wut und würde den »Leuten da draußen« gerne sagen: »Wisst ihr eigentlich, wie sehr ihr uns zerstört und was ihr mit uns macht?« Die Mehrheit der Bevölkerung habe gar keine Vorstellungen darüber, wie stark sie das Leben von Muslimen beeinflusse.

Zwei Fälle

Das Überwinden von sprachlichen, kulturellen und sozialen Hindernissen ist immer ein Problem – auch dann, wenn einem freundlich und offen begegnet wird. Man kann sich nicht kompetent bewegen und deshalb nicht souverän auftreten. Man ist unsicher, weil man die Möglichkeit von Missverständnissen nicht ausschließen kann; man tritt in Fettnäpfchen und schämt sich; man ist hilflos, weil man nicht schon wieder die Hilfsbereitschaft seiner Umgebung in Anspruch nehmen möchte. Fast unmöglich wird aber das Überwinden von Barrieren, wenn man das Grundgefühl vermittelt bekommt, nicht erwünscht zu sein. Dann wird der Kontakt zur Schule zu einem Hindernislauf. Zusätzlich zu den Verständigungsschwierigkeiten tritt das Gefühl auf, dass das Gegenüber einen nicht verstehen will. Dies ist angesichts der Machtdifferenz und der Angst um die Kinder ein erhebliches Problem.

Statt einer Zusammenfassung möchte ich das Kapitel mit zwei Fällen abschließen, in denen das Zusammenspiel all dieser Faktoren deutlich wird.

Die Familie T. stammt aus bildungsfernen Verhältnissen. Der Vater schloss in der Türkei die fünfjährige Grundschule ab, die Mutter hatte überhaupt keine schulische Bildung. Die Familie hat es in Deutschland in einem bemerkenswerten Kraftakt geschafft, die fünf Töchter durch Ausbildung beziehungsweise Studium zu bringen. Der einzige »Ausreißer« in Sachen Bildung war A., der einzige Sohn der Familie. Der Vater wusste durch die Mitteilungen der Schule, dass sein Sohn in der Schule Probleme machte. Er versuchte darauf zu antworten, indem er seinen Sohn zu Leistung anhielt, ihn disziplinierte und bestrafte. Dies hatte wenig erbracht. Konkrete Unterstützung beim Lernen konnte er nicht anbieten. Seinerseits ist er der Meinung, dass die Schule als Institution in mehrfacher Hinsicht versagt hat. Er hat als Vergleichsfolie die Schule in der Türkei, wo die Kinder spätestens am Ende des zweiten Schuljahres lesen und schreiben könnten, ohne dass die Eltern aktiv werden müssten. Problematisch findet er auch die Zuschreibungsprozesse der Lehrerinnen, die dazu tendieren, kleine Jungen aus türkischen und arabischen Familien als Paschas zu sehen und ihnen das so zu vermitteln. Dies habe dazu beigetragen, dass der Sohn die Schule hasst. Er sieht, dass sein Sohn im Koranunterricht durchaus in der Lage ist, diszipliniert zu arbeiten und sogar sehr erfolgreich dort ist. Er empfindet das Erziehungsverhalten der Lehrerinnen als inkonsistent. Damit entschuldigt er seinen Sohn nicht. Auch wenn die Situation für ihn schwierig sein mag, soll er doch die Zähne zusammenbeißen, um später Erfolg zu haben. Er selbst hat im Erwachsenenalter in Deutschland neben sei-

ner anstrengenden Arbeit auf dem Bau seinen Grundschul-
abschluss nachgeholt, auch um den Führerschein erwerben
zu können. Er sorgt sich um seinen Sohn und befürchtet,
dass er auf Grund schlechter Leistungen auf die kriminelle
Bahn geraten kann. Anzeichen wie Diebstahl, Prügelei und
Drogen sieht er bereits im Freundeskreis seines Sohnes.
Für ihn liegt die einzige Hoffnung auf Veränderung darin,
dass die Lehrer ihr Verhalten verändern. Sie müssten einen
Neuanfang machen, dem Sohn positiv begegnen und ihn
unterstützen, damit er positive Schulerfahrungen macht
und die Schule wieder positiv besetzt. Er selbst könne
nur wenig dazu beitragen.Gleichwohl sieht er keinen Sinn
darin, der Aufforderung der Lehrer zu einem Gespräch
Folge zu leisten. Er hat das Gefühl, dass sie ausschließlich
die Probleme im muslimischen Elternhaus sehen und nicht
bereit sind, ihre eigene Rolle in Frage zu stellen. Auch ist er
nicht sicher, ob er seine Kritik sprachlich in einer so diffe-
renzierten Weise formulieren kann, dass sein Argument
für die Lehrer akzeptierbar ist. Umgekehrt fürchtet er, dass
er mit Reaktionen von oben herab konfrontiert wird – Sät-
zen wie: »bei uns ist das nicht üblich« –, dass er dann
wütend reagiert und noch mehr Porzellan zerschlagen
wird.

Während in diesem Fall der Vater den Kontakt zur Schule mei-
det, was auf die Lehrer wie die Bestätigung des Klischees vom
desinteressierten Vater wirkt, kommt es im folgenden Fall zum
Eklat.

Ahmet (11 Jahre alt) ist ein in Deutschland geborenes Kind,
das die fünfte Klasse besucht. Er hat drei ältere Geschwis-
ter. Sein Vater gehört zur ersten Generation der sogenannten Gastarbeiter. Er hat die Schule in der Türkei nach den

fünf Pflichtjahren[7] ohne Abschluss verlassen. Die Mutter ist auf Grund der Eheschließung aus der Türkei eingewandert. Auch sie hat die fünfjährige Grundschule beendet. Beide Elternteile haben also wenig Bildungserfahrungen. Die Familie erhält aufgrund geringen Einkommens staatliche Hilfeleistungen. Der Vater bekommt immer wieder vom Arbeitsamt unterschiedliche Maßnahmen, sogenannte Ein-Euro-Jobs, zugewiesen. Zuletzt arbeitete er als Reinigungskraft in einem Restaurant, wo er von seiner Frau unterstützt wurde. Die Mutter von Ahmet besucht einen Integrationskurs in der Schule, um die deutsche Sprache zu erlernen. Dies ist eine Auflage des Arbeitsamtes, da die Familie Arbeitslosengeld bezieht.

Ahmet hat in vielen Fächern Defizite, die Hausaufgaben fertigt er unregelmäßig an, und er fällt durch sein stark störendes Verhalten in der Klasse auf. Bereits in der dritten Klasse kam es zu Streitigkeiten zwischen dem Vater und der Lehrerin, die für Ahmet eine sonderpädagogische Förderung für notwendig hielt. Aufgrund sehr starker Widerstände des Vaters und der Zuspitzung des Streites stellte die Lehrerin das Verfahren zur Feststellung des Förderbedarfs wieder ein. Die Lehrer von Ahmet haben wenig Kontakt zu der Familie – er beschränkt sich auf die wenigen Elternabende, an denen der Vater passiv teilnimmt. Auch zu persönlichen Gesprächen ist der Vater nur wenige Male erschienen.

Zum Eklat kommt es, als Ahmet sich bei einer Übung im Sportunterricht verletzt und im Krankenhaus behandelt werden muss. Die Eltern werden verspätet informiert. Erst als der Vater seinen Sohn abholen kommt, erfährt er von der Erzieherin im Hort von dem Unfall. Daraufhin braust

---

7 Inzwischen ist die allgemeine Schulpflicht auf 12 Jahre erhöht worden.

der Vater wütend auf und beschimpft die Schulleiterin. Es wäre ihre Pflicht gewesen, ihn sofort zu benachrichtigen. Nur weil er ein »Ausländer« ist, werde er erst jetzt informiert. Bei einer deutschen Familie hätten sie sofort angerufen.

Kontrastieren wir nun die Bilder, die sich die Schule von dieser Familie macht, mit dem Eindruck, den ich bei meiner psychosozialen Betreuung über einen längeren Zeitraum hin gewonnen habe. Ich war bei einigen Eltern-Lehrer-Treffen dabei und lernte beide Eltern bei diesen Gesprächen kennen. Der Kontakt zu der Mutter war viel intensiver, da sie das Elterncafé aufsuchte. Die Sicht der Lehrer kenne ich, weil ich ständig im Gespräch mit ihnen stand. Zunächst die Schule: Die Lehrer erleben einen schlechten, sozial auffälligen Schüler Ahmet, einen aggressiv wirkenden Vater und eine Mutter, die weitgehend im Hintergrund bleibt. Das Bild, das sie sich machen, lässt sich folgendermaßen paraphrasieren: Ahmet ist ein türkischstämmiger Junge, der zu Hause sehr wenig Grenzen erfährt und verhätschelt wird. Das sei in türkischen Familien bei Jungs nicht untypisch, so einige Lehrer. Der Vater wünsche sich für seinen Sohn einen guten Schulabschluss, verkenne aber gänzlich die schlechten Schulleistungen seines Sohnes. Ahmet erhalte von seinen Eltern keine Unterstützung. Sie sind für die Lehrer schwer erreichbar. Bei den Elternabenden erleben die Lehrer den Vater sehr zurückhaltend. In seiner Verantwortung als Elternteil trage er kaum etwas bei und sei sehr passiv. Sobald er jedoch das Gefühl hat, sein Sohn wird in der Schule schlecht behandelt, tritt er aggressiv auf. Sie erleben den Vater, mit dem kaum ein konstruktives Gespräch geführt werden könne, als sehr blockierend. Dennoch versucht die Klassenlehrerin, die Eltern immer wieder durch Einzelgespräche und durch schriftliche Mitteilungen nach Hause auf die schlechte

Situation und das sozial problematische Verhalten des Kindes aufmerksam zu machen und hofft dadurch auf eine Verbesserung. Sie fühlt sich von den Eltern alleingelassen. Sie weiß nicht recht, wie man das Kind aus dieser Lage befreit. Die Mutter hat ihrer Meinung nach in der Erziehung wenig zu sagen.

Nach einigen Terminen mit der Familie stellte sich bei mir folgendes Bild ein:

Der Vater ist wegen seiner Arbeitssituation unzufrieden. Das Angewiesensein auf die Transferleistungen und damit einhergehend das Gefühl des Ausgeliefertseins bedrücken ihn sehr. Die Situation der Familie ist von hoher Unsicherheit geprägt. Welchen Job wird der Vater demnächst machen müssen, wie lange kann das so weitergehen, was folgt, wenn der Deutschkurs der Mutter beendet ist, sind Fragen, die die Familie beschäftigen. Finanzielle Schwierigkeiten, Sprachschwierigkeiten und eigentlich in fast allen Belangen auf Hilfe von außen angewiesen zu sein, sind Hürden, die die Familie bewältigen muss. Bei den Gesprächen mit der Familie kommen immer wieder Ärger und Wut bei dem Vater über seine Lebenssituation hervor. Die Mutter versuchte den aggressiven Ton des Ehemanns zu entschuldigen, indem sie seine Bemühungen um seine Kinder aufzählte und von einer Vielzahl von Anforderungen an ihn berichtete. Die Mutter erzählte von gesundheitlichen Einschränkungen und Erkrankungen, die sie belasteten, und von ihrer Sorge um ihre Kinder. Dabei wirkte sie sehr hilflos und traurig. Insgesamt waren die Schilderungen der Eltern über ihren Alltag von Belastung und Stress gekennzeichnet.

Die Situation ihres Sohnes in der Schule ist ein weiteres Problem, das den Eltern große Sorgen bereitet. Sie wünschen sich für ihre Kinder eine bessere Zukunft und möchten nicht, dass sie die gleichen Schwierigkeiten erfahren wie ihre Eltern.

Bei den Gesprächen mit der Klassenlehrerin hat der Vater

erfahren, dass Ahmet die schulischen Angelegenheiten nicht ernst nimmt und immer wieder sehr negativ auffällt. Er ist häufiger in Streitigkeiten verwickelt und lässt sich von der Lehrerin wenig sagen. Die Eltern sehen sich mit der Erwartung konfrontiert, Ahmets Schulangelegenheiten stärker zu begleiten, dafür zu sorgen, dass Hausaufgaben richtig erledigt werden, er mit den benötigten Materialien in der Schule erscheint. Sie sollen darauf hinwirken, dass Ahmet sich in der Schule nicht falsch benimmt. Die Eltern sind damit überfordert. Beide haben wenig Schulerfahrungen, und das Wissen, das sie haben, stammt aus dem Schulkontext der Türkei. Sie wissen sehr wenig über die Schule und das deutsche Schulsystem. Ihnen fehlt das Kontextwissen, das es ihnen erlauben würde, die Fakten zu interpretieren. Sie sind somit hauptsächlich auf die Rückmeldungen und Informationen des Sohnes und ihres Umfeldes angewiesen – und wissen um die Unzuverlässigkeit dieser Quellen.

Nachdem er die Informationen der Lehrerin erhalten hat, reagiert der Vater, indem er Druck auf den Sohn ausübt. Er verbietet ihm vieles, was ihm Spaß macht und viel bedeutet, wie Fernsehen oder Fußballspielen. Das tut ihm selbst weh, schließlich liebt er seinen Sohn. Nach seinen Vorstellungen habe er alles versucht, damit Ahmet sich in der Schule verbessert. Er versucht immer wieder, seinen Kindern die Wichtigkeit der Schulbildung zu verdeutlichen. Das beschränkt sich jedoch auf Erklärungen und Ermahnungen. Eine konkrete Begleitung bei den Hausaufgaben ist für ihn nicht möglich – es fehlt ihm einfach das Wissen.

In den Gesprächen mit den Lehrern spitzt sich die Situation immer weiter zu. Der Vater sieht sich zunehmendem Druck ausgesetzt in einer Situation, wo er keine Handlungsmöglichkeiten mehr sieht. Seine ganze Hilflosigkeit wird ihm bewusst. Er schämt sich für das Verhalten seines Sohnes und fühlt sich von der Lehrerin gedemütigt. Im Gespräch sagt er, dass er den Sohn sogar deswegen geschlagen habe, und fügt hinzu: »Sogar das mache ich, was soll ich denn noch machen?« Seiner Meinung nach geht die Lehrerin davon aus, dass die türkischen Eltern sich nicht um die Bildung ihrer Kinder bemühen. Es fällt ihm außerdem sehr schwer, die Schuldzuweisung an die Familie zu hören, ohne aufzubrausen. Das Kind verbringe viel Zeit in der Schule, sogar mehr als zuhause. Er versteht nicht, warum die Kinder nicht richtig lernen, und fragt sich, was die Lehrer den ganzen Tag über mit den Kinder anstellen.

Inzwischen glaubt er nicht mehr, dass sich aufgrund von Gesprächen mit der Lehrerin etwas ändern könnte, und möchte sich dem nicht mehr aussetzen. Außerdem fehle ihm das Vertrauen zu der Klassenlehrerin. Sie hätte sich auf das Kind eingeschossen und würde keine Ruhe mehr geben wollen. Die erwähnte Auseinandersetzung über den sonderpädagogischen Förderbedarf stellt sich ihm folgendermaßen dar: Auf Drängen der Lehrerin hin habe er seine Zustimmung zu der Prüfung durch eine Sonderpädagogin gegeben, ohne umfänglich über das Konzept der Förderung Bescheid zu wissen. Er habe lediglich angenommen, dass das Kind durch eine zusätzliche Förderung bessere Schulleistungen erzielen würde, und sich über die Unterstützung gefreut, die er nicht mal selber bezahlen müsste. Als er sich extern Informationen über die sonderpädagogische Förderung einholte und von möglichen Konsequenzen erfuhr, fiel er aus allen Wolken. Er zog seine Zustimmung zurück. Er argwöhnte, dass Migrantenkinder viel schneller als deutschstämmige Kinder ein derartiges »negatives Etikett« erhalten und damit noch schwerer aus einer defizitären Betrachtung der Lehrer herauskommen. Er möchte nicht, dass sein Kind auf den Status eines Problemkinds festgelegt wird. Es kommt zu keiner Einigung. Erst als er so weit ging, der Lehrerin zu drohen, anwaltlich dagegen vor-

zugehen, stellte die Lehrerin die Diskussion um die sonderpädagogische Förderung ein.

Es kommt also zu einer problematischen Spirale: Schlechte
Leistungen des Schülers mit häufig auffälligem Sozialver-
halten, Ermahnungen und Kritik seitens der Schule, Benach-
richtigung des Elternhauses und Sanktionierung des Kindes
führen zu einem Teufelskreis. Der Sohn wird durch die Sanktionen und die Herangehensweise des Vaters noch auffälliger,
die Kritik der Schule wächst, und der Druck des Vaters auf
den Sohn nimmt noch weiter zu.

Im Umgang mit der Verletzung im Sportunterricht verdichtet sich alles: die Wut des Vaters gegenüber der Schule,
das insgesamt vorbelastete Verhältnis zwischen Schüler, Lehrer und Familien und das Gefühl, als »Ausländer« benachteiligt zu werden. Der Druck, unter dem die Familie insgesamt
steht und der durch das Verhalten des Sohnes verschärft wird,
bricht sich in dem Moment Bahn, in dem der Vater sich eindeutig im Recht sieht.

Ich habe den Eindruck, dass das Bild, das sich die Schule
von der Situation macht, in wesentlichen Punkten zu kurz greift.
Die Lehrer sehen nicht den ungeheuren Druck, unter dem die
Familie steht. Sie sehen ebenfalls die prinzipielle Bereitschaft
nicht, mit ihnen an einem Strang zu ziehen. Generell wird die
Haltung der Eltern gemäß dem Bild der »muslimischen Familie« interpretiert, das sich die Lehrer gemacht haben. Die Gespräche, die mit der Familie stattfinden, führen zu einer Zuspitzung und nicht zu einer Abmilderung der Situation.

Schluss

Wie erleben also muslimische Eltern mit Migrationshintergrund und geringer eigener Schulbildung die Schule? Aus

dem Gesagten ergibt sich, dass die Eltern zunächst den Wert der Schule sehen. Sie möchten den sozialen Aufstieg für ihre Kinder – und sie wissen, dass ein erfolgreicher Schulbesuch der Schlüssel zum Erfolg ist. Gleichzeitig sehen sie sich durch sprachliche, kulturelle und soziale Barrieren auf eine komplexe Weise von der Teilhabe mehr oder weniger ausgeschlossen. Wenn diese Faktoren zusammenkommen (etwa bei HeiratsmigrantInnen mit rudimentärer Schulbildung), bleiben diese Eltern außen vor. Sie verstehen nicht, was von ihnen erwartet wird, beziehungsweise sie sind darauf angewiesen, dass ihre Kinder ihnen das irgendwie kommunizieren. Aber auch wenn die Barrieren niedriger sind wie etwa bei Personen, die das deutsche Schulsystem durchlaufen haben, ist eine volle Teilhabe schwierig. Auch wenn man irgendwann versteht, was erwartet wird, kann man sich sehr schwer einbringen – und Kritik ist fast unmöglich. Dies wird regelmäßig dann zum Problem, wenn man ein Anliegen hat oder wenn etwas schief läuft – wenn Schulunlust, Schulversagen oder disziplinarische Probleme auftreten. Man traut sich oft nicht, seine Punkte vorzubringen, weil man gereizte Reaktionen, Ungeduld oder gar ein aggressives Zurechtweisen befürchtet. Von einer Auseinandersetzung mit den Lehrern auf Augenhöhe kann fast nicht die Rede sein. Dies bedeutet, dass die Institution »Schule« fremd bleibt. Es ist nicht der eigene Raum, sondern der Raum, in dem »die Anderen« das Sagen haben. Dies schließt nicht nur die Lehrer mit ein, sondern auch die bildungsbürgerlichen Eltern, die auf Augenhöhe mit den Lehrern verhandeln und Scherze machen. Gegenüber dieser Leichtigkeit wirkt das eigene Verhalten schwerfällig, oft peinlich. Gerade der prinzipiell mögliche Zugang zu der Institution macht das eigene Ausgeschlossensein umso fühlbarer. Dies wird dann unterstrichen, wenn »die Anderen« ihrerseits Grenzen zwischen einem Wir und einem Ihr markieren – durch Redewendungen wie »hier ist dies und das nicht üblich« oder »man ist hier schließlich in Deutschland« usw. Die Fremdheit führt zu einem fundamentalen Unbehagen und Misstrauen. Es tritt im Alltag, wenn alles gut läuft, zurück, es wird stärker und tritt in den Vordergrund, wenn Klassenfahrten anstehen, bei denen man keine Kontrolle mehr hat. Gleichzeitig ist man vom Wohlwollen der Lehrer abhängig. Bei all unseren Gesprächspartnern existierte eine spürbare Angst, dass Konflikte auf den Rücken der Schüler ausgetragen werden könnten. Man ist entsprechend vorsichtig, wenn es darum geht, seine Belange einzubringen. Was auffällt ist, wie wenig sicher sich die muslimischen Eltern fühlen – statt Handlungssicherheit und Vertrauen findet man bei diesen Eltern ein erhöhtes Maß an Skepsis, Misstrauen, Angst und Sorge um die Kinder.

Werner Schiffauer, Susanne Schwalgin
Akteur Schule – Eine Fallstudie

Wie in der Einleitung beschrieben, begann das Projekt mit einem Fehlstart. Ein derartiges Scheitern ist natürlich immer schmerzlich – aber es ist auch soziologisch besonders erkenntnisträchtig. Man holt sich im Umgang mit existierenden Strukturzwängen Blessuren und Beulen und wird darüber auf Fehler in den Vorannahmen gestoßen bzw. auf Sachverhalte verwiesen, die man übersehen, und mit sozialen Interdependenzen konfrontiert, die man nicht in Rechnung gestellt hatte. In diesem Fall erschlossen sich uns über unser Scheitern die kulturellen und soziologischen Eigenheiten des Handlungssystems Schule.

Der Schwerpunkt dieses Kapitels liegt auf der Schulkultur einer Kreuzberger Oberschule, wie sich diese in den letzten dreißig Jahren herausgebildet hat. In einem zweiten Schritt wird die Herausforderung, vor die das Projekt die Schule stellte, analysiert. Dies betrifft die Ressourcen, dies betrifft aber auch die Aushandlungen einer schulischen Identität. Im dritten Schritt wird dann das Schlüsselereignis dargestellt, das das Projekt zum Scheitern brachte. Das Kapitel endet mit einer zusammenfassenden Reflexion der Gründe, die zu dem Scheitern unseres ersten Anlaufs führten. Es gibt Einblick in die Grenzen und Möglichkeiten des Akteurs Schule.

Eine derartige ethnologische Einzelfallstudie erfasst den Sonderfall. Aus ihr ist kein prognostisches Wissen im strikten Sinne des Wortes abzuleiten – d. h. die Erkenntnisse aus einem Fall sind nicht umstandslos auf andere Schulen übertragbar. Sie liefert aber klinisches beziehungsweise diagnostisches Wissen – Wissen über Zusammenhänge und Wechselwirkungen, die dann die Analyse anderer Fälle erlaubt, und sei es nur, um zu erkennen, wie sich die anderen Fälle von diesem Fall unterscheiden. »Der Diagnostiker sagt die Masern nicht voraus. Er stellt fest, dass jemand sie hat, oder antizipiert allenfalls, dass jemand sie in Kürze bekommen wird.« (Geertz 1983:37) Kurz: die hier vorgelegte Ethnographie arbeitet Strukturmerkmale heraus, die auch in den Schulen, mit denen wir später in Kontakt kamen, wirksam waren – ohne dass sie immer die gleichen Folgen hatten.

Man muss hinzufügen, dass im Rahmen der Schulreform unsere Schule mit einer Realschule zu einer Sekundarschule zusammengelegt wurde und in der unten beschriebenen Form heute nicht mehr existiert. Die nun existierende Sekundarschule hat es in relativ kurzer Zeit geschafft, die hier beschriebenen Lähmungen zu überwinden und auch für Eltern aus dem Bildungsbürgertum interessant zu werden.

Der Zugang

Bei der Umsetzung der Projektidee in die Praxis wollten wir folgendermaßen vorgehen: Wir würden eine Kreuzberger Schule zum Ausgangspunkt unseres Projekts nehmen, bei der sich die üblichen Probleme von Schulen in Einwanderervierteln, also hohe Abbruchquoten, Disziplinlosigkeit und unter Umständen schulische Gewalt häufen. Eine solche Schule sollte, so die Ausgangsüberlegung, Interesse an einer Kooperation mit Migranteninstitutionen im Kiez haben, nicht zuletzt, weil ihr sozusagen das Wasser bis an den Hals steht. Sie müsste eigentlich ein Interesse an der stabilisierenden Funktion der Moscheegemeinden haben, die als eines ihrer Anliegen sehen, die Jugendlichen von der Straße zu holen und sie zu motivieren, ihre schulische Ausbildung voranzutreiben. Dabei wollten wir einen Einstieg über kooperationsbereite Lehrer und Sozialpädagogen finden. Dies erschien uns sinnvoller als ein

Einstieg über die Schulleitung, auch weil die konkrete pädagogische Arbeit von ihnen geleistet wird. Wir suchten zwar das Einverständnis und die Rückendeckung der Schulleitung, richteten darüber hinaus aber keine großen Erwartungen an sie. Wir setzten vielmehr auf einen Schneeballeffekt. Die erfolgreiche Kooperation würde ausstrahlen und andere Kollegen motivieren mitzumachen.

Der Kontakt zur Schule ergab sich über die Bekanntschaft zu zwei sehr engagierten Lehrern. Die Karl-Friedrich-Oberschule (KFO)[1], an der sie tätig waren, erfüllte alle unsere Kriterien. Die Schülerinnen und Schüler der KFO waren fast zu 100% Kinder aus zugewanderten Familien (2. und 3. Generation). Die überwiegende Mehrheit stammte aus türkisch-stämmigen Familien, gefolgt von Kindern aus arabisch-stämmigen Familien (Palästinenser aus dem Libanon und Gaza); vereinzelt gab es Kinder anderer Herkunft (Irak, Pakistan, Vietnam, Serbien). Bekannt wurde die Schule im Jahr 2004, da sie landesweit die erste Schule war, die überhaupt keine herkunftsdeutschen Schüler mehr hatte. Zum Zeitpunkt des Projektstarts gab es erstmalig seit 2004 wieder zwei herkunftsdeutsche Kinder, je eines in den beiden siebten Klassen. 227 von 230 Schülerinnen und Schülern (98,6%) waren von der Zuzahlung zu Lernmitteln befreit, was auf den prekären sozioökonomischen Hintergrund der SchülerInnen und ihrer Familien verweist. Seit 2003 wurde kein Schüler mehr mit einer Realschulempfehlung seitens der Grundschule angemeldet. Außerdem gab es an der KFO seit mehreren Jahren allgemein einen Rückgang an Anmeldungen.

Unsere Absicht war es zunächst, eine Vorstellung vom Schulprofil zu erhalten. Darüber hinaus wollten wir weitere

---

1 Der Name wurde zur Wahrung der Anonymität der Beteiligten geändert.

kooperationsbereite Lehrer und Sozialpädagogen identifizieren sowie den Stand der Kooperation und Zusammenarbeit zwischen Schule und Eltern ermitteln. Zeitgleich sollte eine Kontaktaufnahme mit den Migranteninstitutionen, die im Umfeld der Schule tätig waren, erfolgen. Anschließend würden wir die Interessierten in Kontakt zueinander bringen. Wie bereits erwähnt, scheiterte dies sowohl – wie wir in diesem Kapitel zeigen werden – an der Schule als auch – wie im nächsten Kapitel ausgeführt werden wird – an den Gemeinden.

Porträt einer Kreuzberger Schule

Die Schule wurde im Bezirk als »Restschule« wahrgenommen. Für den Großteil der Eltern und Schüler war die Karl-Friedrich-Oberschule keine »Wunschschule«, sondern nur die letzte Wahl, nachdem die Kinder an den zwei anderen Erweiterten Hauptschulen[2] des Bezirks abgewiesen worden oder dort gescheitert waren. In den ironischen Worten eines der Lehrer, die uns die Türen geöffnet hatten: Die Karl-Friedrich-Oberschule ist eine »dritte Wunschschule«.

Dieses negative Selbstbild war Bestandteil einer dominanten Erzählung, die trotz vielfältiger Differenzen innerhalb des

---

2 Die Hauptschule ist Ende der 1960er Jahre aus der Oberstufe der Volksschule hervorgegangen und umfasst in Berlin die Klassenstufen 7-10. Die Hauptschulen wurden zunehmend zu Problemschulen mit niedrigem Leistungsniveau – hauptsächlich besucht von Schülern aus, häufig von Arbeitslosigkeit betroffenen, Migrantenfamilien. Die Ausbildung galt zunehmend als gesellschaftliche Sackgasse: Die meisten Jugendlichen fanden nach Abschluss keine Ausbildungsplätze. Kritiker forderten deshalb die Abschaffung der Hauptschule. In Berlin wurde sie 2010 mit der Realschule und der Gesamtschule in die Integrierte Sekundarschule integriert.

Kollegiums von allen getragen wurde. Es war vielleicht auch deswegen besonders demotivierend, weil es als Ergebnis eines kontinuierlichen Niedergangs wahrgenommen wurde. Die Schule hatte sich als Avantgardeschule in den 1970er Jahren profiliert, sah sich aber 2009, als wir den Kontakt zu ihr aufnahmen, weitgehend abgehängt.

Die Entwicklung der Schule als reformorientierte »Avantgardeschule« war eng mit Kreuzbergs Geschichte der alternativen Bürgerbewegung der 1970er und 1980er Jahre verknüpft. Seit Mitte der 1970er Jahre erarbeitete die Arbeitsgemeinchaft Stadterneuerung SO 36, in der sich auch viele Lehrer – unter anderem der Schulleiter – engagierten, ein Konzept für eine reformpädagogisch orientierte Stadtteilschule. Das Konzept wurde als »Schulprojekt SO 36« im Rahmen der internationalen Bauausstellung 1987 eingereicht, die den baulichen Ausbau finanziell förderte.[3] Außerdem wurde die Schule von der Schulbehörde als »Stadtteilschule besonderer pädagogischer Prägung« anerkannt, womit zusätzliche Stundenkontingente und Stellen (für die Sozialarbeiter) verbunden waren. Davon profitierte die Schule auch 2009 noch.

In der Wahrnehmung der Lehrer hatten vor allem schulexterne Faktoren wie der steigende Anteil von »Ausländern« im Kiez und die verfehlte Integrations- und Bildungspolitik, vor allem im Hinblick auf zunehmende innerstädtische Segregationsprozesse, die Schule in eine »Restschule« verwandelt. Da-

---

3 Das Schulkonzept orientierte sich damals an Konzepten zur Schulöffnung und -vernetzung mit dem sozialräumlichen Umfeld, die auch heute in der interkulturellen Schulentwicklung wieder aufgegriffen werden. Bauliche Elemente, die dem neuen Schulkonzept gerecht wurden, waren zum Beispiel eine Raumgestaltung, die Zusammenlegungen und Trennungen von Klassen erlaubte; »Durchwegungen« des Grundstücks zu den Nachbargrundstücken; Werkräume und eine Küche, die auch für Initiativen im Kiez zur Verfügung stehen sollte.

bei hatten sich das schlechte Image der Schule, das vor allem am hohen »Ausländeranteil« festgemacht wurde, Ressourcenverschiebungen zwischen den Schulen Kreuzbergs (die, wegen des anfänglich privilegierten Status, immer zu Ungunsten der KFO ausfielen) sowie die rückläufigen Schülerzahlen gegenseitig verstärkt. All dies habe sich lähmend ausgewirkt, so einige Lehrer. Die Schulleitung habe keine Strategien entwickelt, um dem Prozess des Imageverfalls aktiv entgegenzuwirken (etwa durch offensive Imagewerbung bei den Eltern oder eine bessere Vernetzung mit Grundschulen), sondern alle Schüler aufgenommen, ohne an eine Mischung zu denken. Es ergab sich ein Teufelskreis aus rückläufigen Schülerzahlen und der Notwendigkeit, auch die schlechtesten Schüler aufzunehmen. Dabei muss allerdings angemerkt werden, dass diese Problembestimmung erst nachträglich erfolgt ist: Hinterher weiß man bekanntlich alles besser. Historisch war es so, dass die Idee, Schulen sollten sich in einem Wettbewerb untereinander positionieren, erst in den 1990er Jahren aufkam und erst in den 2000er Jahren die Selbstverständlichkeit erlangte, die sie heute hat. Erst damit wurde Imagepflege relevant. Wir hatten auch den Eindruck, dass die Idee, man könne oder solle staatliche Leistungen wie Produkte vermarkten, auch zur Zeit des Projekts noch von den meisten Lehrern abgelehnt wurde.[4]

---

4 In der KFO haben die Lehrer für einige ihrer Probleme durchaus Lösungen gefunden (z. B. ein intensives pädagogisches Programm, um schuldistanzierte, bildungsferne Schüler dennoch zu einem Abschluss zu führen), »vermarkten« diese jedoch im Vergleich zu anderen Schulen nicht. Vielmehr teilen viele Lehrer die Ansicht der Schulleitung, dass man sich auf das pädagogische Kerngeschäft konzentrieren sollte und das »Klappern nach außen« nur eine unnötige zeitspezifische Mode darstellt. Allerdings verkennen die Lehrer dabei, dass die kontinuierliche Selbstdarstellung nach außen auch einen Prozess der Klärung und Identifikation nach innen anstoßen kann.

2004 kam die Schule in die Presse, weil der Schulleiter herkunftsdeutschen Eltern riet, ihre Kinder nicht in seiner Schule anzumelden. Möglicherweise wollte er ein Zeichen setzen (wie es die Lehrer der Rütli-Schule einige Jahre später sehr erfolgreich getan haben). Wenn dies die Absicht war, wurde sie gründlich verfehlt. Der Schritt wurde als Eingeständnis des Scheiterns, als Selbstaufgabe gewertet.

Zum Zeitpunkt des Projektbeginns hatte die Schule – und diese Sichtweise hatten auch die Lehrer verinnerlicht – unter den Schulen im Bezirk einen denkbar schlechten Ruf. Das ging so weit, wie uns ein Lehrer erzählte, dass Lehrer an einer benachbarten Schule ihre Kinder mit folgenden Worten zu besseren schulischen Leistungen antrieben: »Wenn du dich nicht bemühst, dann kommst du an die Karl-Friedrich.«

Über die Faktoren, die innerhalb der Schule selbst dazu geführt haben mögen, dass auf eine Phase großen reformpädagogischen Engagements keine Weiterentwicklung mehr stattfand, können wir zum gegenwärtigen Zeitpunkt nur spekulieren. Vielleicht war nach einer Phase intensiven Engagements »die Luft raus«, möglicherweise hat die vergleichsweise gute materielle und personale Ausstattung der Schule auch verhindert, dass man sich Hilfe von außen gesucht hat oder überhaupt als »hilfsbedürftig« wahrgenommen wurde; vielleicht hatten die Schwierigkeiten mit der Senatsschulverwaltung bei der Umsetzung des Schulkonzeptes zermürbenden Charakter. Sicher kann man jedoch davon ausgehen, dass auch schulinterne Faktoren vorlagen, die eine konsequente Weiterentwicklung und Anpassung des innovativen Schulkonzeptes verhinderten. Da war der nicht-direktive Führungsstil des Schulleiters, der den Verzicht auf klare Vorgaben zur Schulentwicklung implizierte und auf eine positive Darstellung der Schule nach außen keinen besonderen Wert legte. Auch scheint das Kollegium durch die gemeinsame Identifikation, an einer »Restschule«

mit »schwierigen« Schülern und Eltern zu arbeiten, eine gewisse Stabilisierung nach innen erfahren zu haben.

Insgesamt ergibt sich das Bild einer Schulkultur mit flachen Hierarchien, die Eigeninitiative und Selbstbestimmung betonte. Sie war in der erfolgreichen Phase bestimmt sehr produktiv, wendete sich aber mit dem Niedergang allmählich in ein Innovationshindernis. Aus einer Kultur, in der man sich, solange es bergauf ging, gegenseitig angefeuert und inspiriert hatte, wurde zunehmend eine Kultur des laissez-faire, in der, um des Schulfriedens und des gegenseitigen Auskommens willen, gegenseitige Kritik und Konflikte untereinander möglichst unterblieben. Während man sich in den ersten Jahren gegenseitig Schwung gab, bremste man einander in den späteren Jahren aus.

So entwickelte und verbreiterte sich über die Jahre die Kluft zwischen aktiven Mitgliedern des Kollegiums, die sich für die Entwicklung der Schule engagierten, und solchen, die resigniert waren und die Schulentwicklung entweder durch Indifferenz behinderten oder sie gar boykottierten. Aktive und passive Mitglieder des Kollegiums waren sich jedoch darin einig, dass eine bewusste Lenkung der Schulentwicklung durch »oben« (sprich durch die Schulleitung oder den Senat) gleichbedeutend mit »Druck von oben« wäre und man niemandem aus dem Kollegium »etwas aufdrücken kann, was er nicht tun will«. Die Schulleitung selber war »tief gläubig« in Bezug auf diese antiautoritäre Grundposition und lehnte es deshalb ab, eine Vorreiterrolle für die Schulentwicklung zu übernehmen. Dies bedeutete zwar nicht, dass die Schulleitung Initiativen, wie etwa auch unser Projekt, torpediert hätte. Engagierte Lehrer und Sozialarbeiter konnten durchaus mit dem Rückhalt der Schulleitung rechnen, solange sie die Verantwortung dafür selbst übernahmen. Wenn es jedoch zu Konflikten kam, weil andere Mitglieder des Kollegiums eine Mitarbeit verweigerten, bezog die Schulleitung nicht aktiv Position zu Gunsten des veränderungsbereiten Flügels.

Obgleich die Schulleitung für ihren als Führungsschwäche auslegbaren Kurs von verschiedenen Seiten kritisiert wurde, war sie im Kollegium durchaus geachtet und beliebt. Trotz der schwierigen Bedingungen an der Schule war die Fluktuation sehr gering. Das lag auch daran, dass die Schulleitung den Lehrern und Sozialarbeitern gegenüber bei Wünschen nach Stundenplanregelungen oder in Bezug auf Beurlaubungen für Nebentätigkeiten sehr entgegenkommend war. Dem entsprach, dass trotz aller Fraktionierungen und Konflikte der Umgang des schulischen Personals untereinander darauf ausgerichtet zu sein schien, offene Konflikte zu vermeiden. Eine offene Streitkultur existierte an der Schule nicht, vielleicht auch deswegen, weil es keine Instanz gab, die im Falle einer offen geführten Auseinandersetzung Streitparteien auf einen tragfähigen Kompromiss hätte einschwören können. Kurz: Man hatte sich in der Misere eingerichtet und ging in einer schwierigen Situation möglichst pfleglich miteinander um. Dies mag auch der Tatsache geschuldet sein, dass ein ursprünglich bestimmt hochmotiviertes Kollegium gemeinsam gealtert war. Zur Zeit des Projekts waren nur drei der Lehrer um die 30, die überwiegende Mehrheit war um die 50 Jahre alt und älter. Der ursprünglich solidarische, später dann indifferent freundliche Umgangsstil festigte sich über die Jahre immer mehr und konnte zu keiner Zeit von einer neuen Generation von Lehrern in Frage gestellt werden.

Nach zwanzig Jahren Abstieg hatte ein großer Teil des Kollegiums resigniert. Ein anderer – kleinerer – Teil brachte sich nach wie vor mit hohem Engagement ein: Sie hatten sich jedoch Nischen geschaffen. Auch wenn sie in ihnen zum Teil Bewundernswertes leisteten, waren ihre Aktivitäten jedoch von der übrigen Schule abgekoppelt. So hatte M., einer unserer Ansprechpartner, ein intensives pädagogisches Programm aufgebaut, um schuldistanzierte Schüler dennoch zum Abschluss zu führen. Wie andere auch investierte er seine Kraft lieber in Bereichen, in denen er unmittelbar etwas erreichen konnte, als sich in den Auseinandersetzungen mit den KollegInnen zu verschleißen. Initiativen wie die von M. finden keinen Eingang in das Leitbild der Schule. Sie werden nicht benutzt, um die Schule zu vermarkten, und dienen deshalb auch nicht der kollektiven Identität der Schule.

Bezeichnend für die Schulkultur war die Umsetzung des FörMig-Programms an der Schule. FörMig stand für das bundesweite Modellprogramm »Förderung von Kindern und Jugendlichen mit Migrationshintergrund«. Ziel der Projekte FörMig und FörMig-Transfer war es, Bildungsbenachteiligungen von Schülerinnen und Schülern auf Grund ihrer Herkunft abzubauen. Der Weg dahin sollte über die systematische Entwicklung einer »durchgängigen Sprachbildung« in den Bildungseinrichtungen führen.[5] 2006 wurden an der Karl-Friedrich-Oberschule fünf Arbeitsgruppen zu den Themen Sprachförderung, Unterricht, Schulklima, Kulturelle Vielfalt und Elternarbeit eingerichtet, die die Schwerpunkte des Programms weiterentwickeln und im Schulleben verankern sollten. 2008 wurde auf Verlangen der Schulinspektion eine interne Evaluierung zur Schulprogrammarbeit durchgeführt. Zum überwiegenden Teil dokumentierten die Berichte der Arbeitsgruppen und die sich daran anschließenden Diskussionen, dass sich aus den Aktivitäten in den gut zwei Jahren nichts ergeben hatte, was alle am Schulleben Beteiligten eingebunden hätte. Zum Teil lag das daran, dass die Arbeitsgruppen ihren Auftrag nicht ernst ge-

5 Siehe auch http://www.foermig-berlin.de. Das Programm lief 2013 aus.

nommen und die inhaltliche Weiterentwicklung nicht vorangetrieben hatten, zum Teil waren zwar die Arbeitsgruppen aktiv gewesen, jedoch daran gescheitert, ihre Konzepte bei den Kollegen zu verankern und in Handlungen zu überführen.

Initiativen wie die von der AG Sprachförderung, die im Rahmen des FörMig-Programms Förderung erfuhren, waren von Einigen aufgegriffen worden, andere hatten sie auflaufen lassen. Immer wieder entzündete sich bei der Evaluation eine kontroverse Diskussion an der Frage, ob und, wenn ja, welche Strategien ergriffen werden könnten, um das Kollegium zur Mitarbeit zu bringen. Die Schulleitung machte deutlich, dass sie hier keinen Handlungsbedarf sah.

Eine externe Trainerin, die in diesem Zusammenhang an der Schule tätig war, fasste danach zusammen: »Die Schule fällt auseinander, in engagierte Lehrer in der 7. und 8. Klasse, und Lehrer der Klassen 9 und 10, die in der Frage der Sprachförderung nicht hinreichend sensibilisiert sind. Was muss man machen, um die Lehrer zu sensibilisieren, damit sie ihre Arbeitsaufträge wahrnehmen?« Auf dem Flur nach der Sitzung kam sie im Gespräch mit J., C. und K. darauf zurück: »Es ist extrem, wie die Schule auseinanderfällt, in die eine kleine Gruppe engagierter Lehrer wie ihr und den Rest. Ich verstehe nicht, wie ihr das aushaltet.« (Forschungsnotiz Schwalgin)

Die Lehrer waren sich darin einig, es mit »schwierigen Schülern« und »Problemkindern« zu tun zu haben, von denen nicht wenige erhebliche Verhaltens- und Lernstörungen aufwiesen. In ihren Versuchen, pädagogische Lösungen zu finden, fühlten sie sich häufig überfordert, nicht adäquat ausgebildet und alleingelassen. Die Gefühle von Überforderung und Frustration auf Seiten der Lehrer führten weniger zu

einer Kritik der Strukturen des Schulsystems und der Lehrer-
aus- bzw. Fortbildung, die nach wie vor keine überzeugen-
den Antworten auf die Veränderungen der letzten Jahrzehnte
bieten, als dazu, dass sie sich im Verhältnis zu den Eltern nie-
derschlugen. Die Reflektion über die eigene pädagogische Praxis oder die strukturellen Voraussetzungen von Schule in der
Einwanderungsgesellschaft trat zu Gunsten einer anklagen-
den Haltung gegenüber den Eltern in den Hintergrund. Eine
derartige Verschiebung der Verantwortlichkeiten ist dem deutschen Schulsystem insgesamt strukturell eingeschrieben[6] (an
den Schulen hört man oft, dass man nicht nachholen könne,
was das Elternhaus versäumt habe), ist jedoch in einem Ein-
wanderungsviertel besonders problematisch. Sie findet einen
Rückhalt in öffentlichen Debatten über Integrations- und Bildungspolitik, in denen die Gründe für das Schulversagen von
muslimischen Kindern der muslimischen Kultur und man-
gelnder Integrationsbereitschaft seitens der Mulime angelastet
werden. Den Eltern wurde abgesprochen, sich für die Erziehung der Kinder zu interessieren. Dabei wirkten die Berichte
der Lehrer auf den ersten Blick durchaus erfahrungsgesättigt:
Die Eltern würden nicht zu Elternabenden erscheinen, sie würden auf Vorladungen nicht reagieren, wenn es zu Gesprächen
komme, seien sie oft aggressiv. Was die Berichte jedoch ins-

---

6 Siehe Mannitz 2002: 164-183 für eine vergleichende Analyse der Erwartungen an Eltern in Frankreich, Holland, England und Deutschland.
»In Deutschland wird erwartet, dass SchülerInnen bereits wissen, worauf es ankommt und wie sie sich zu benehmen haben, wenn sie in die
Schule kommen. Als eingebaute Hürde erschwert dies einen sozialen
Aufstieg von Kindern aus bildungsfernen Milieus, und es stellt möglicherweise für Kinder von Immigranten ein besonderes strukturelles
Hindernis dar.« (182) Tatsächlich dürfte damit eine Tendenz zur Kul-
turalisierung zusammenhängen, d. h. die Probleme von Kindern in
der Schule werden auf die in den Familien vermittelte Kultur zurückgeführt.

gesamt auszeichnete, war, dass sie wenig Versuche machten, den Standpunkt der Eltern verstehend nachzuvollziehen und ihre Erfahrungen ernst zu nehmen. Das Verhalten wurde oft umstandslos auf »Kultur« und »Religion« zurückgeführt. Nicht selten herrschte bei den Lehrern das Gefühl vor, man mache »alles, was man kann«, aber es bringe nichts. Die im letzten Kapitel erörterten Schwierigkeiten, mit denen muslimische Eltern gerade auf Grund dieser Zuschreibungen (die sich ihnen sehr genau mitteilen) zu kämpfen haben, mithin auch die eigene Beteiligung an diesem Prozess, wurden kaum reflektiert. Wir werden auf diesen Punkt im Zusammenhang mit den Elterngesprächen zurückkommen.

Während die Lehrer die Eltern für die Misere verantwortlich machten, erweckte bei den Eltern schon die Tatsache, dass ihre Kinder auf eine Restschule geschickt wurden, Misstrauen. Sie waren sich der Tatsache bewusst, dass das deutsche Schulsystem selektiv operiert[7] und dass sich vorwiegend Kinder mit Migrationshintergrund in den sogenannten Restschulen treffen. Dies erinnert durchaus an Erfahrungen dieser Generation von Eltern, die in Türkenklassen (und oft in Sonderschulen) abgeschoben wurde. Sie sahen in der Schule eine Institution der Ghettoisierung von muslimischen Kindern. Damit war ein Interpretationsrahmen gesetzt, mit dessen Hilfe alles erklärt wurde. So wurden disziplinierende Maßnahmen als Benachteiligung oder Ungleichbehandlung ihrer Kinder gesehen und in einen Erfahrungszusammenhang von Diskriminierung eingeordnet, auch wenn dies überhaupt nicht die Absicht der Schule war. Ein Beispiel hierfür war das von Lehrern vielfach angewendete Mittel, Schüler, die sie nicht disziplinieren konnten, stunden- oder sogar tageweise vom Unterricht auszuschließen. Während diese Entscheidung auf Seiten

---

7 Siehe hierzu u. a. Radtke 2014.

der Lehrer durchaus pädagogisch begründet wurde (auch wenn man aus pädagogischer Sicht an der Effektivität dieses Mittels zweifeln kann), wurde sie von den Eltern vielfach als mangelnde Verantwortungsbereitschaft der staatlichen Schule gegenüber ihren Kindern gewertet und generierte deshalb neues Misstrauen. Die strukturelle Stellung als Restschule produzierte so einen lähmenden Teufelskreis, bei dem sich gegenseitige Zuschreibungen wechselseitig aufschaukelten.

Bei vielen Lehrern war zu beobachten, dass sie es ohnehin schon als eine große persönliche Leistung bewerteten, an einer »Restschule« statt an einem Gymnasium zu unterrichten, was die Bereitschaft zur notwendigen Reflexion der eigenen pädagogischen Praxis nicht gerade förderte. Tatsächlich war der Schulalltag sehr anstrengend – wenn auch bei weitem nicht so katastrophal, wie das in den Medien vermittelte Bild es nahegelegt hätte. Zum Beispiel war physische Gewalt kein Problem (verbale Gewalt dagegen schon). Belastend war, ein erhebliches Maß an Energie nicht darauf zu verwenden, Unterrichtsstoff zu vermitteln, sondern darauf, erst mal den Rahmen für einen geordneten Unterricht zu schaffen.

»Wenn die Schüler dann im Schulgebäude waren, konnte der Unterricht in vielen Klassen nicht pünktlich beginnen, weil sie irgendwo unterwegs waren. Irgendwann sind sie reingekommen und haben sich erst mal mit ihren Mitschülern beschäftigt, aber gar nicht wahrgenommen, dass der Unterricht jetzt anfangen soll. Es mussten also immer verschiedene Anläufe gemacht werden. Wenn ein Anlauf gemacht war, konnte man eigentlich sicher sein, dass die nächste Unterbrechung erfolgen würde, weil dann doch noch jemand kommen würde. Dann gab es immer mal wieder Diskussionen um Kaugummis, Handys, Mütze auf, Mütze nicht auf, also solche Geschichten. Insgesamt, und das war in vielen

Klassen so, hatte ich den Eindruck, dass die Kinder keine richtig große Aufmerksamkeitsspanne haben. Es ist immer sehr schnell gekippt. Und dann: Nebengespräche, Unruhe, manche wirkten sehr abwesend, also gerade unter den Älteren. Wirklich keine einfache Situation, muss man schon sagen. Viele Lehrer empfanden auch die Art und Weise, wie Schüler untereinander und zum Teil auch mit Lehrpersonen reden, als Problem. Das war durchaus auch von Gewalt geprägt, die Art der Kommunikation. Es gab viele Schimpfworte, aber keine physische Gewalt.« (Schwalgin; Protokoll).

Andererseits gab es durchaus auch freundliche Töne.

»Viele Lehrer hatten ein durchaus liebevolles Verhältnis zu den Jugendlichen. Die Atmosphäre [war gut], die Kinder waren ja auch fröhlich usw., aber insgesamt wirkte die ganze Schule unruhig. Gerade die Lehrer, die unsere Kontakte waren, schafften es in ihren Klassen, eine freundliche Atmosphäre herzustellen, man hat ihnen die Anstrengung aber auch angemerkt.« (ebd.)

Die meisten LehrerInnen und Sozialarbeiter hatten eine ziemlich enge emotionale und empathische Beziehung zu ihren Schülern. Die Gespräche in den kurzen Pausen während der Unterrichtsstunden kreisten in der Regel um die Schüler. Das Klassenlehrerteam und die Fachlehrer tauschten sich häufig über einzelne Schüler aus und steckten erhebliche Energie in Diskussionen und Umsetzung von Interventionen. Engagierte Lehrer nahmen dafür auch in einem erheblichen Maße Überstunden in Kauf. Viele Lehrer äußerten in unseren Gesprächen Besorgnis über die Zukunft der Kinder. Übereinstimmend erklärten alle mit Bedauern, dass die Schüler, vor allem die Jungen, zu wenig Selbstvertrauen und Selbstbewusstsein hätten.

Das Grundgefühl bei den meisten Lehrern ließe sich auf den Satz bringen: »Wir werden mit Problemen alleingelassen, die die gesamte Gesellschaft angehen und die wir mit unseren Mitteln gar nicht lösen können.« Die meisten hatten das Gefühl, mit ihrem Engagement an ihre Grenzen gekommen zu sein.

Die Herausforderung: Identitäten und Ressourcen

Als Susanne Schwalgin und Werner Schiffauer das Projekt auf der Lehrerkonferenz vorstellten, wurde sehr deutlich, dass geschätzt 20% der Lehrer Interesse an einer Kooperation hatten; 40% standen dem Projekt aus prinzipiellen Gründen skeptisch bis negativ gegenüber; 40% nahmen eine abwartende Haltung ein – sie schlossen nicht aus, dass sie sich beteiligen würden, wenn es gut liefe und nicht mit zusätzlicher Arbeit verbunden wäre. Die Schulleitung zeigte eine befürwortende Haltung – setzte sich aber nicht mit Nachdruck für das Projekt ein. Die Gründe für die sehr zurückhaltende Reaktion der Schule lagen zum einen in der Herausforderung, vor die eine Zusammenarbeit mit islamischen Gemeinden das Selbstverständnis der Schule als einer staatlichen, nationalen und säkularen Institution mit einem demokratischen Werteauftrag stellte. Hier stand die Identität der Schule als Organisation in Frage, was viele Sorgen und Ängste hervorrief. Die Herausforderung bestand zum zweiten in der Bereitstellung von Ressourcen, die diese (wie jedes andere) Projekt erfordern würde. Hier standen Fragen der praktischen Umsetzbarkeit im Zentrum: Bringt das Projekt was? Lohnt sich der Einsatz von Ressourcen? Können wir es uns leisten? Das Gespräch im Lehrerzimmer zeigte, dass es hier sehr divergierende Einschätzungen gab. In diesem Abschnitt sollen die Positionen, die zu den beiden Fragen eingenommen wurden, rekonstruiert werden.

Es gab einen Konsens unter den Lehrern, dass sich der Bildungsauftrag der Schule aus ihrer Identität als einer staatlichen, nationalen und säkularen Institution ableite. Dieser Konsens war aber bei genauem Hinsehen weniger inhaltlich begründet, als dass er einen Rahmen darstellte, innerhalb dessen Aushandlungsprozesse stattfanden. Unter den Lehrern herrschten sehr unterschiedliche Meinungen darüber, was Staatlichkeit, Nationalität und Säkularismus bedeuten und wie sie jeweils in Beziehung zueinander zu setzen sind. Gleichwohl waren die Meinungen nicht ganz beliebig. Sie siedelten sich in einem Spektrum des Möglichen oder Statthaften an. Dies bedeutete nicht, dass man »privat« nicht noch ganz anderer Meinung sein konnte; hätte man diese Meinung aber geäußert, wäre man ausgegrenzt worden. Man konnte in Bezug auf Nationalität Neonazi sein, hätte dies aber nicht äußern dürfen; man konnte in Bezug auf Säkularität der Meinung sein, dass religiöse Schulen letztlich doch besser wären, war aber gut beraten, dies für sich behalten. Im Folgenden sollen in Bezug auf die drei Dimensionen die Eckpunkte herausgearbeitet werden, zwischen denen die Debatten stattfanden. Sie markieren (an dieser Schule wie an anderen in Berlin-Kreuzberg) die Grenzen des Diskursfeldes »Schule« und legen damit die Grenzen des Sagbaren und Nicht-Sagbaren, des Legitimen und Nicht-Legitimen fest. Die Grenzen setzen den »Bereich des Normalen«. Im Alltag denkt man selten über diesen Bereich nach. Wenn sich die Grenzen verschieben, dann eher unmerklich. Der Bereich wird nur zum Thema, wenn ein Ereignis eintritt, das eine Positionierung erfordert. Dies war mit dem Projekt der Fall. Es bedeutete eine Herausforderung für alle drei Positionen.

Ein erstes Aushandlungsfeld betraf die Frage der nationalen Identität, sprich: wie deutsch die Schule sein soll. Dabei stand an der Kreuzberger Schule die Fraktion der »Multikulturalisten« denjenigen gegenüber, die »Multikulti« als gescheitert ansahen und in einem »überzogenen Respekt« vor dem kulturell Anderen die Ursache schulischer Probleme verorteten. Erstere betonten, dass es sich um eine Schule im Einwanderungsland Deutschland, letztere, dass es sich um eine deutsche Schule handle.

Die Auseinandersetzung über die Sprachpolitik wurde hier wie anderswo zum Ort der Verhandlung des nationalen Selbstverständnisses. Sollte man den Gebrauch der deutschen Sprache energischer durchsetzen als in der Vergangenheit? Sollte man sich etwa an der Herbert-Hoover-Schule im Wedding orientieren, die als erste Schule in Berlin festlegte, dass in der Schule auch in den Pausen ausschließlich Deutsch gesprochen wird? Während bei den Lehrern Übereinstimmung darin herrschte, dass Deutschkenntnisse absolut zentral seien, herrschten in der Frage, wie sehr man diesbezüglich Druck ausüben solle, unterschiedliche Meinungen. Die einen sprachen sich dafür aus, dies etwa in einem Schulvertrag, wie an der Herbert-Hoover-Schule geschehen, explizit festzuschreiben. Andere sprachen sich dagegen aus, weil sie das Gefühl hatten, dass damit auch eine Abwertung der Herkunftssprachen verbunden sei. Dies auch deshalb, weil allzu deutlich sei, dass die Pflege der Herkunftssprache bei Angehörigen westeuropäischer Nationen als Bereicherung empfunden, im Falle von Türkisch oder Arabisch dagegen als problematisch empfunden werde.

Dabei waren sich Befürworter und Kritiker des Multikulturalismus darin einig, dass der prinzipiell deutsche Charakter der Schule aufrechtzuerhalten ist.[8] Allerdings vertraten erstere eine eher implizite und pragmatische Version eines na-

---

8 Dies ist wichtig zu betonen, weil die Gegner multikultureller Ansätze

tionalstaatlich geprägten Selbstverständnisses, während letztere eine eher explizite und prinzipielle Version vertraten. Erstere argumentierten, dass die hohe Gewichtung von Deutschkenntnissen eine Selbstverständlichkeit sei, »weil man nun einmal in Deutschland lebt« und »die Kinder für den deutschen Markt qualifizieren« muss. Aber ansonsten müsse man pragmatisch mit der Sprachenfrage umgehen. Wenn die Eltern nun mal kein Deutsch beherrschen, warum sollte man die Einladung etwa zum Elternabend nicht ins Türkische oder Arabische übersetzen? Dagegen argumentierten die Vertreter einer prinzipiellen Position, dass dies »doch einfach nicht einzusehen« sei, man sei »einfach eine deutsche Schule«. Bezeichnend für diese Position war die Haltung einer Lehrerin an einer Schöneberger Hauptschule: »Ich hatte jetzt eine Einladung mit den Elternvertretern abgesprochen, wo sie sagten, ja, wollen wir die Einladung auch auf Arabisch schreiben? Da habe ich gesagt: Nein! Das will ich nicht! Ich will es nicht! Die Kinder, die Eltern leben lange genug hier. Viele leben seit 15 bis 20 Jahren hier. Eine Einladung zur Elternversammlung muss eigentlich nicht auf arabisch [erfolgen].« (Jonker, 2005: 12). Außer in Hinsicht auf die Sprachenfrage gab es unterschiedliche Einstellung in Bezug auf die Frage, wie weit man (auch) die Herkunftskultur zulassen soll. Die einen betonten, dass eine gefestigte Identität gerade die Öffnung zur Mehrheitsgesellschaft hin erlaubt, die anderen sahen darin eine Tendenz der Verkapselung. Bezeichnend war eine Auseinandersetzung über Klassenreisen.

Die beiden Lehrer, die uns den Zugang zur Schule ermöglicht hatten, führten regelmäßig Klassenreisen in die Tür-

---

deren Reichweite aus politischen und/oder identitätsbezogenen Gründen massiv übertrieben haben (siehe auch Schiffauer 2008b).

kei durch. Sie sahen in ihnen einen wichtigen Baustein für die interkulturelle Entwicklung. Die Schüler mit türkischem Hintergrund hätten auf diesen Reisen die Möglichkeit, das Herkunftsland ihrer Eltern und Großeltern zu präsentieren und darüber ihre Herkunftskultur in die Schule einzubringen. Damit würde signalisiert, dass in Deutschland ein Raum für ihren sozialen und kulturellen Hintergrund vorhanden sei. Anerkennung und Wertschätzung könnten damit vermittelt werden. Mit ihrer Initiative fanden die Lehrer zunehmend weniger Rückhalt im Kollegium. Es wurde argumentiert, dass die Reisen ein »Integrationshindernis« seien. Statt Reisen in die Türkei sollten Reisen nach England und Frankreich angeboten werden. Die beiden Initiatoren hatten das Gefühl, dass bei dieser Kritik die Absage an eine multikulturelle Erziehung deutlich Pate stand. Man hat auch den Eindruck, dass die Orientierung am Herkunftsland durch eine »mehr zu Deutschland passende« Orientierung an Westeuropa ersetzt werden sollte.

Auch die Vertreter des Multikulturalismus würden nicht zu weit gehen: Auch sie brachen Debatten nicht selten mit dem prinzipiellen Hinweis »wir sind schließlich in Deutschland« ab, wenn ihnen die Forderungen nach Anerkennung und Respektierung überzogen schienen. Und auch die Gegner des Multikulturalismus haben nichts dagegen, wenn Schulfeste durch selbstgemachtes »ethnic food« von Eltern bereichert werden. Auch wenn zwischen den Positionen häufig nur ein gradueller Unterschied existierte, standen sich die Fraktionen oft feindlich gegenüber.

Hintergrund all dieser Debatten ist, dass die Schule eine Schlüsselinstitution des Nationalstaats ist, was sie strukturell durch und durch prägt. Diese Prägung ist so hintergründig und selbstverständlich, dass sie nicht einmal wahrgenommen wird. Sie fällt nur auf, wenn man Schulen einem länderübergreifenden Vergleich unterzieht (oder wenn man, als Einwanderer, einen Vergleich hat). Wir haben dies seinerzeit in dem Projekt Staat-Schule-Ethnizität für die Länder England, Frankreich, die Niederlande und Deutschland unternommen (Schiffauer, Baumann u. a. 2002). Die Ausgestaltung der expliziten und – wichtiger noch – der impliziten Curricula[9] ist maßgebend von einer nationalen Perspektive bestimmt. In den Schulen werden die Bürger von morgen erzogen. Dabei wird das Verständnis, das eine nationale Gesellschaft von sich hat (Demokratie, Rechtsstaatlichkeit), oft in einer sehr idealisierten Form weitergegeben – es wird (was pädagogisch nachvollziehbar ist) vermittelt, wofür Demokratie eigentlich steht, und weniger, wie sie tatsächlich funktioniert. Dies ist auch dann der Fall, wenn die Schulen kein explizit nationalistisches Programm vertreten.

Dabei hat die oben ausgeführte Tatsache, dass es in den 2000er Jahren zu einer »Muslimisierung« der Migration gekommen ist, die schulischen Aushandlungen um das Selbstverständnis komplexer gemacht. »Muslimisierung der Migration« meint, dass mit Zuwanderung verbundene Phänomene, die in den 1970er Jahren mit Bezug auf Klasse (»Unterschicht«) und in den 1980er und 1990er Jahren mit Bezug auf Herkunft (»Ausländer«; »türkische Kultur«) erklärt worden sind, heute primär auf die Religionszugehörigkeit zurückgeführt werden. In Bezug auf Schulversagen wird immer häufiger der »Islam«

---

9 Die impliziten Curricula beziehen sich etwa auf Formen der Konfliktaustragung, der Umgangsformen, der Art und Weise, wie Forderungen zu stellen sind – also auf die Struktur und Form der schulischen Interaktionen und nicht auf ihre Inhalte. Sie sind wichtiger, weil sie kaum reflektiert werden und deshalb als selbstverständlich erscheinen.

oder die »muslimische« Herkunftskultur als Ursache genannt (Schiffauer 2007: 113/114). Die Assoziation von Kultur mit Religion (und nicht mehr mit nationalstaatlicher Herkunft) führte zu einer Verschiebung der Gewichte in der Debatte zwischen den Befürwortern und Gegnern eines Multikulturalismus: Stimmen, die den Respekt vor der Herkunftskultur anmahnen, haben einen zunehmend schweren Stand. Dies wird gerade von muslimischen Eltern als Verschärfung wahrgenommen: »Früher hieß es immer: Ausländer, Ausländer, Integration. Jetzt ist es: Muslime, Muslime.« (Jonker 2005: 3) Während der Respekt vor der säkularen türkischen/arabischen *Kultur* als Anspruch formuliert werden konnte, ist dies bei dem Respekt vor der *Religion* offenbar nicht der Fall.

Es kam jedoch nicht nur zu einer Verschiebung im Diskursfeld Schule, sondern zu einer strukturell neuen Situation. Die Muslimisierung der Migration bedeutete, dass eine zweite Dimension des schulischen Selbstverständnisses, nämlich als säkularer Institution, stärker in den Fokus rückte als in der Vergangenheit. Alle Lehrer, mit denen wir im Projekt zusammenkamen, sahen in der säkularen Ausrichtung der Schule einen Wert an sich: Säkularismus wurde von allen als Voraussetzung für Werte wie Freiheit, Rechtsstaatlichkeit, Demokratie, Pluralismus und Emanzipation verstanden, während religiöse Bindung mit der »selbstverschuldeten Unmündigkeit« Kants assoziiert wurde.

Allerdings standen auch hier unterschiedliche Positionen einander gegenüber: Relativ stark ist eine Position, die Religion – und zwar jedweder Couleur – am liebsten ganz aus der Schule heraushalten möchte. Ihr steht eine Position gegenüber, die eine gemäßigte Präsenz von Religion in der Schule als durchaus sinnvoll erachtet. Die Position der radikalen Säkularisten steht in der Tradition des Republikanismus. Sie sieht in Religion nichts anderes als einen aufgezwungenen oder selbstgewählten Verzicht auf Selbstbestimmung, Autonomie, Selbstentfaltung. Religion gilt als Hindernis für ein gedeihliches Zusammenleben innerhalb der Gesellschaft, weil sie die Einzelnen in Gemeinden einbindet. Sobald religiöse Positionen ins Spiel kommen, würden Konflikte unverhandelbar. Tatsächlich sieht die republikanische Haltung eine genuin schulische Aufgabe in der Überwindung der als »vormodern« gesehenen Geisteshaltung. Die relative Stärke dieser Position wird in Berlin auch darin deutlich, dass Religion anders als in anderen Bundesländern (mit Ausnahme Bremens) nicht im Regelunterricht angeboten wird. Religionslehrer aller Konfessionen an den Schulen klagen über eine verbreitete Missachtung seitens des Lehrerkollegiums.

Der Gegenposition der gemäßigten Säkularisten liegt eine spezifisch deutsche Sicht von Säkularismus zu Grunde, die ein dialektisches Verhältnis von Religion und Gesellschaft voraussetzt.[10] Diese Auffassung postuliert die Notwendigkeit von Religion für Gesellschaft und öffentliche Kultur. Aus der Erfahrung des radikalen Säkularismus des Nationalsozialismus wird gefolgert, dass, wie Böckenförde es formulierte, »der freiheitliche säkulare Staat von Voraussetzungen [lebt], die er selbst nicht garantieren kann« (1976: 60). Er könne nämlich nur überleben, wenn er sich von innen her, »aus der moralischen Substanz des einzelnen« (ebd.) reguliert. In dieser Lesart sind die religiös vermittelten Werte die Voraussetzung, um Widerstand gegen den Totalitarismus zu leisten. Die Stichworte lauten »Wertevermittlung« und »Erziehung zur Verantwortung«. Werte und Einstellungen, so lässt sich die Grundidee paraphrasieren, lassen sich nicht vermitteln, wenn sie nur kognitiv und blässlich vergleichend beschrieben werden. Man müsse sich vielmehr »den Fragen der religiösen Letztbegrün-

---

10 Schiffauer 1997: 50-70 und Schiffauer 2003.

dung aus[setzen] – seien sie nun religiös formuliert oder agnostisch oder atheistisch. Eine Ethik ohne Rückgriff auf so oder so beantwortete letzte Gründe kommt nämlich dem halbherzigen Versuch gleich, sich auf sozusagen anständige Weise um die eigentliche Frage zu drücken: Wer oder was ist der Mensch?« (Leicht 2001: 5). Nach dieser Position ist man gut beraten, Religion einen Raum in der Schule einzuräumen. Dabei darf man allerdings nicht zu weit gehen. Damit Religion diese positive Wirkung entfalten kann, muss sie staatlich und gesellschaftlich eingebunden werden. Sie muss ›verantwortlich‹ vermittelt werden, d. h. die im Religionsunterricht vermittelten Lehren dürfen nicht im Widerspruch zum Grundgesetz stehen, also zum Toleranzgebot, zum Bekenntnis der Gleichheit der Geschlechter. Die Fragen der existenziellen Letztbegründung haben da eine Grenze, wo sie dem zur Zeit geltenden gesellschaftlichen Konsens widersprechen.

Es gibt noch eine dritte Differenzlinie, die sich aus dem Selbstverständnis der Schule als *staatlicher* Institution ableitet. Der Punkt der Auseinandersetzung hier war die Tatsache, dass wir im Projekt erklärtermaßen auch mit Organisationen zusammenarbeiteten, die vom Verfassungsschutz observiert wurden bzw. werden. Unsere Gründe dabei lagen im Wesentlichen bei einer Kritik der Verfassungsschutzberichte: Die Entscheidung, ob bestimmte Organisationen im Verfassungsschutzbericht erwähnt werden oder nicht, folgt nachweislich eher politischen Vorgaben als inhaltlichen Kriterien.[11] In der

---

11 Dies wurde vor allem in der letzten Zeit deutlich, als die Landesämter Hamburg und Niedersachsen 2015 den Beschluss fassten, die Milli Görüş nicht mehr zu observieren. Siehe auch das unwidersprochen gebliebene Zitat aus der ausgezeichneten Reportage von Musharbash in der ZEIT (2013). Zu einer wissenschaftlichen Kritik an der Einschätzung insbesondere der IGMG durch den Verfassungsschutz siehe Schiffauer 2006b, 2008 und 2010. Zur generellen Kritik an der Art

Regel ist das vom Verfassungsschutz produzierte Wissen wissenschaftlich nicht haltbar. Jenseits der Einschätzung sprachen auch pragmatische Gründe für das Einbeziehen von Gemeinden wie der Islamischen Gemeinschaft Milli Görüş: Sie ist die islamische Gemeinschaft, die am nachdrücklichsten von allen ein »social gospel« vertritt und diesbezüglich in den Einwanderervierteln aktiv ist (s. u.). In der Kooperationsfrage sahen wir uns einig mit dem damaligen Integrationsbeauftragten Günther Piening und seinen Mitarbeitern, die die Linie verfolgten, mit allen Gemeinden zu kooperieren, die nicht explizit verboten sind. Wir sahen uns ebenfalls auf der Linie des damaligen Innensenators Ehrhart Körting, der sich explizit gegen eine Politik des Ausschlusses ausgesprochen hatte. Schließlich hatte auch das Büro des Schulsenators der Zusammenarbeit zugestimmt, wollte aber keine explizite Bestätigung dafür geben. Die Schulen seien aber frei, sich die Kooperationspartner zu suchen, die sie benötigen.

Auf der Seite der Schule führte die Bewertung durch den Verfassungsschutz zu unterschiedlichen Einschätzungen. Die Lehrer, die sich ohnehin gegen eine Zusammenarbeit mit den islamischen Gemeinden ausgesprochen hatten, sahen sich in ihrer Einschätzung bestätigt. Eine zweite Gruppe war verunsichert. Die Schulleitung hätte am liebsten eine Bestätigung vom Schulamt erhalten. Bemerkenswert war, dass die Lehrer den Einschätzungen des Verfassungsschutzes in Bezug auf die islamischen Gemeinden größere Glaubwürdigkeit zusprachen als in Bezug beispielsweise auf die LINKE, was wohl daran lag, dass man sich auf diesem Feld weniger Sachkenntnisse zutraute.

Die Differenzlinie, die einen »republikanischen« von ei-

---

und Weise, wie der Verfassungsschutz Wissen generiert, siehe Schiffauer 2006a.

nem »dialektischen« Säkularismus unterscheidet, steht quer zu der Differenzlinie, die einen prinzipiellen von einem pragmatischen Nationalismus unterscheidet, so dass sich – etwas schematisch – vier Positionen ergeben.

	Prinzipielle Nationalisten	Pragmatische Nationalisten/ Multikulturalisten
Radikale Säkularisten	*I. Skepsis gegen Kooperation mit religiösen Gemeinden*	*II. Bejahung der Kooperation mit säkularen/liberalen Muslimen*
Gemäßigte Säkularisten	*III. Bejahung der Kooperation mit Kirchen, aber nicht mit islamischen Gemeinschaften*	*IV. Duldung der Kooperation auch mit islamischen Gemeinden*

Für jede dieser Positionen bedeutet das Projekt »Brücken im Kiez« eine Herausforderung: Die eher nationalistisch gesonnenen radikalen Säkularisten (Position 1) sind prinzipiell gegen eine Kooperation der Schule mit religiösen Institutionen jedweder Art. Sie würde nach ihrer Meinung den Erziehungsauftrag der Schule konterkarieren. Die nationalistisch gesonnenen gemäßigten Säkularisten (Position III) würden für die Kooperation mit den Kirchen plädieren – etwa in der Form des Religionsunterrichts –, würden aber prinzipielle Einwände gegen den islamischen Religionsunterricht erheben: Das Argument für die unterschiedliche Behandlung wäre, dass der katholische wie evangelische Religionsunterricht integrativ wirke, dem islamischen Religionsunterricht werden dagegen desintegrative Tendenzen unterstellt. Die radikal säkularistisch gesonnenen Multikulturalisten (Position II) bejahen prinzipiell die Kooperation mit »anderen Kulturen« und sind bei Personen aus dem muslimisch geprägten Kulturkreis durchaus zu Kompromissen bereit (etwa in Bezug auf das Kopftuch), weil Religion nun einmal zu Kultur gehört. Die praktizierte

Religion solle sich jedoch auf den Privatraum beschränken. Das Leitbild ist der »aufgeklärte« beziehungsweise »liberale« Islam. Die gemäßigt säkularistisch gesonnenen Multikulturalisten (Position IV) sind die Einzigen, die eine Chance in der Kooperation mit dem Projekt sehen. Sie schätzen die stabilisierende Haltung der Gemeinde.

Die Kooperation mit den konservativen Gemeinden, einschließlich derjenigen, die vom Verfassungsschutz observiert werden, ist für all diese Positionen eine Herausforderung – auch für diejenigen, die die Position IV vertreten. Für keinen der beteiligten Lehrer/Rektoren waren die islamischen Gemeinden »Traumpartner«. Für alle stellte sich vielmehr die Frage, ob man – um der Kinder willen – eine Kooperation auch mit denjenigen eingehen sollte, könnte oder auch sogar müsste, deren Positionen man nicht teilt oder zum Teil ablehnt. Es ging bei den Aushandlungen nicht um ja/nein-Entscheidungen, sondern um graduelle – und an Bedingungen geknüpfte – Aussagen. Und bei allen gab es Abstufungen. So findet man bei der Position I ein Spektrum der Meinungen, das von »kann man auf keinen Fall« bis »sollte man eigentlich nicht« reichte – wobei die letzte Position durchaus damit vereinbar ist, dass man ein »aber ich will mich auch nicht offen dagegen stellen« anschließt. Bei der Position II dürfte das Meinungsspektrum von »kann nicht toleriert werden« bis »könnte man in Ausnahmefällen (beziehungsweise unter sehr genau definierten Umständen) machen« reicht. Letztere würden dann darauf achten, dass die Zusammenarbeit nicht zu weit geht, also sie an bestimmte Bedingungen knüpfen.

Wir haben keine systematische Meinungsumfrage unter den Lehrern gemacht. Das folgende Schema gibt unseren Eindruck von der Streuung der Meinungen wieder.

Haltung zur Zusammenarbeit mit wertkonservativen islamischen Gemeinden	Muss gemacht werden	Sollte (um der Kinder willen) gemacht werden	Kann (um der Kinder willen) gemacht werden	Könnte (in Ausnahmefällen) gemacht werden	Sollte nicht gemacht werden	Kann nicht gemacht werden	Darf auf keinen Fall gemacht werden
Position I					×	×	×
Position II				×	×	×	
Position III			×	×	×	×	
Position IV		×	×	×	×		

Es ist nur der Tatsache zu verdanken, dass die meisten Lehrer das Gefühl hatten, die Schule werde ihrem Erziehungsauftrag nicht mehr gerecht, dass es bei der Abstimmung im Lehrerzimmer zu einem an Bedingungen geknüpften »ja« zur Zusammenarbeit kam. Die Zusammenarbeit sollte nämlich auf keinen Fall dazu beitragen, dass die islamischen Gemeinden davon profitieren würden. Auf keinen Fall sollte Geld an die Gemeinden fließen, sie sollten nicht für ihre Überzeugungen »missionieren« dürfen; sie sollten am besten auch durch die Beteiligung am Projekt nicht aufgewertet werden – auch wenn das natürlich nie ganz auszuschließen war. Wenn es also eine Kooperation geben sollte, müsste der Partner sich völlig altruistisch verhalten. Es war ganz deutlich, wenn es eine Zusammenarbeit geben sollte, dann müsste sie zu den Bedingungen der Schule stattfinden.

Ressourcen

Neben der Herausforderung für das Selbstverständnis bestimmte auch die Frage nach dem Umgang mit den ohnehin als knapp eingeschätzten Ressourcen die Überlegungen der Lehrer. Wie erwähnt hatten sie das Gefühl, dass ihnen das Wasser bis zum Hals steht. Anders formuliert: Sie hatten das Gefühl, dass die Ressourcen gerade ausreichten, die alltäglich anfallenden Herausforderungen recht und schlecht zu bewältigen, und dass kaum Zeit und Energie für die Verfolgung langfristig angelegter Ziele übrig blieb.

Bei den Lehrern, die sich für das Projekt einsetzten, bestand die Hoffnung, dass es ihnen in ihrer konkreten Situation, d. h. bei der Bewältigung ihrer Kernaufgaben, helfen würde. Die Erwartungen waren darauf ausgerichtet, dass auf Seiten der Migrantenorganisationen Partner für eine bessere Förderung der Schüler gefunden werden könnten, was die Lehrer vor allem für den Bereich der Deutschkenntnisse und der Lerninhalte, die für die Prüfungen zum mittleren Schulabschluss relevant sind, wichtig fanden. Weitere Erwartungen betrafen die Kooperation bei sozialen Angeboten, die darauf abzielen, das Selbstvertrauen der Schülerinnen und Schüler (unter anderem durch die Arbeit mit Vorbildern) zu stärken. Einige konnten sich eine Einbindung von Migrantenorganisationen bei der Bewältigung von Problemen, die mit der Schuldistanz der Elternhäuser zusammenhängen, vorstellen. Sie dachten etwa an den Aufbau eines Mentorensystems mit jungen Personen aus den Gemeinden, die eine Vorbildfunktion würden erfüllen können.

Diese Erwartungen erwiesen sich aus zwei Gründen als illusorisch: Zum einen zeigte eine Befragung der Schüler der Karl-Friedrich-Oberschule, dass nur relativ wenige Jugendliche dieses Alters überhaupt fest in einer Gemeinde organisiert waren. Häufig scheinen sie nur an den Festtagen oder im Ramadan Moscheegemeinden überhaupt aufzusuchen. Dies bedeutet aber auch, dass sie von der Gemeinde her nur bedingt ansprechbar gewesen wären. Zum anderen zeigte es sich, dass die Zugehörigkeit zu Moscheegemeinden weniger lokal verdichtet war, als wir erwartet hatten. Dies galt vor allem für die arabischstämmigen Jugendlichen, deren Eltern die landsmannschaftlichen Moscheen in Neukölln aufsuchten, aber auch für die türkischstämmigen Jugendlichen, deren Eltern zum Teil Mitglieder von Moscheen im Wedding waren. Besonders die Mitglieder dieser Gemeinden waren über die ganze Innenstadt verteilt.[12] Kurz: Es gab eine zu geringe Überschneidung der Klientel von Schule und Kreuzberger Moscheegemeinden.

Andererseits wäre die Einrichtung eines Mentorenprogramms auch aus einem anderen Grund gescheitert. Die Gemeinden verfügen (wie wir im nächsten Kapitel sehen werden) schlicht nicht über die Ressourcen, ein derartiges Programm zu stemmen. Vor allem würden sie es aber als Zumutung ansehen, als Dienstleister unentgeltlich die Defizite der Schulen auszugleichen. Sie wären als Lückenbüßer aufgetreten, um pädagogische Aufgaben zu erfüllen (für die sie gar nicht qualifiziert sind.)

Anders hätte sich die Lage dargestellt, wenn die Schule mit größerem Nachdruck langfristige Ziele wie den Aufbau von Kooperationsstrukturen mit den Eltern oder die Vernetzung in den Stadtteil verfolgt hätte. Diese wurde von den Lehrern und der Schulleitung der KFO trotz der Auflagen des Senats nicht zu den Kernaufgaben gezählt. Der ganze Bereich der Elternarbeit wurde auf die Sozialarbeiter abgewälzt.

Das Problem war, dass die beiden für die Elternarbeit zuständigen Sozialarbeiter die für die KFO spezifische Nischenkultur bedienten. Sie engagierten sich in ihrem besonderen Bereich, dem Elterncafé, und ließen ansonsten die Schule

---

12 Dies wurde auch durch eine Befragung in den Gemeinden bestätigt. In unterschiedlichen Moscheegemeinden baten wir Väter von Schülern an der KFO, sich nach dem Freitagsgebet bei uns zu melden. Dies führte in den Moscheegemeinden jedoch nie zu mehr als durchschnittlich fünf Meldungen. Die Kinder in die KFO schicken zu müssen, ist Zeichen eines Scheiterns, das ungern eingeräumt wird.

Schule sein. Dies führte immer wieder zu Spannungen mit den anderen Sozialarbeitern und auch mit den Lehrern. Von engagierten Lehrern wurde beklagt, dass das Elterncafé sich abkoppelte und nicht Teil einer programmatischen Elternarbeit war. Es laufe zwar viel Arbeit in den Elterncafés, aber wenig Eltern kämen. Hinzu kam, dass die beiden Sozialarbeiter als geschlossenes Team agierten und die Öffnung der Schule zum Sozialraum sowie Vernetzungen mit außerschulischen Organisationen explizit ablehnten. Sie vertraten entschieden die Meinung, dass Aktivitäten von innen kommen müssten. Es war nur konsequent, dass sie die Kooperation mit dem Projekt vermieden. Es war unmöglich, mit ihnen einen Termin zu vereinbaren, und auf ihre Initiative hin wurden die Projektmitarbeiter aus der Gesamtelternkonferenz wieder ausgeschlossen, zu der sie vorher eingeladen worden waren.

Dabei waren die Schulsozialarbeiter auf Grund der verbreiteten Resignation im Kollegium weitgehend unangreifbar. Sie hatten sich durch die einfache Tatsache, dass sie ihre Arbeit erledigten, immunisiert. Um dies zu verstehen, muss man wissen, dass eine erhebliche Spannung zwischen Sozialarbeitern und Lehrern existierte, die durch eine eklatante Einkommensdifferenz verschärft wurde. Die Sozialarbeiter erlebten den Unterschied im Gehalt auch als Demonstration von Überlegenheit auf Seiten der Lehrer. Dies machte sie verletzbar durch abwertende Bemerkungen wie: »Sozialarbeit, das kann doch jeder.« Gleichzeitig beklagten viele Lehrer, dass sich die Sozialarbeiter zu wenig einbrächten und Krankenstand und Abwesenheiten zu hoch seien. In der Tat waren seit Projektbeginn von den sechs Sozialarbeitern, die an der Schule beschäftigt wurden, nur drei einsatzfähig. Als das Problem der mangelnden Kooperation durch die Projektmitarbeiter angesprochen wurde, reagierte der Schulleiter mit der bemerkenswerten Formulierung: »Ich werde denen, die ja wirklich zu denen hier gehören, die arbeiten, bestimmt nicht sagen, was sie tun sollen.« (Protokoll Schwalgin) Und weiterhin – für ihn bezeichnend: »Man kann denen das schließlich nicht aufdrücken, wenn sie das nicht wollen.«

Zuammenfassend kann man festhalten, dass das Projekt für die Schule eine doppelte Herausforderung bedeutete: Es war eine Herausforderung für das säkulare und nationale Selbstverständnis der Schule und eine Belastung der als knapp eingeschätzten Ressourcen. Angesichts der Skepsis gegenüber einer Kooperation mit islamischen Gemeinden hätte das Projekt nur eine Chance gehabt, wenn es einen spürbaren Erfolg – etwa durch den Aufbau eines Mentorenprogramms – hätte liefern können.

Das entscheidende Treffen: Ein Kulturschock

Im Oktober 2009 kam es zu einem ersten Treffen von Schule und Moscheegemeinde in den Räumen der Zentrale der IGMG am Kottbusser Damm in Kreuzberg. Das Gespräch war von unserer Seite aus ebenso in der Schule wie in der Gemeinde intensiv vorbereitet worden. Wir hatten auf beiden Seiten Personen identifiziert, die der Zusammenarbeit von Schule und Moscheegemeinde offen gegenüberstanden. Wir trauten ihnen zu, gemeinsam Ideen zu entwickeln und das Projekt in den jeweiligen Organisationen zu vertreten und umzusetzen. Bei diesem ersten Treffen stand das Kennenlernen im Vordergrund. Beide Seiten sollten darstellen, was sie sich von einer Zusammenarbeit erhofften, und mögliche Punkte für Kooperationen (etwa Kooperation bei Hausaufgabenhilfe, Planung von Elternarbeit) ausloten. Diese sollten dann in weiteren Treffen genauer besprochen und in konkrete Arbeitsschritte überführt werden.

Wir hofften also auf eine Initialzündung, die das Projekt zum Laufen bringen würde. Es sollte nicht dazu kommen. Es lohnt sich, dieses Treffen genauer zu rekonstruieren, weil dabei die Probleme unseres Zugangs in der Anfangsphase deutlich zu Tage traten. Ich beziehe mich im Folgenden auf die Aufzeichnungen, die Meryem Uçan und ich von dem Treffen anfertigten.[13]

Aus der Schule waren N. und M., die beiden Lehrer, und K., die Sozialarbeiterin, über die wir den Zugang zur Karl-Friedrich-Oberschule hergestellt hatten, zu dem Treffen erschienen. Die Schule war also durch die Personen vertreten, die sich gegenüber den Kollegen mit Nachdruck für das Projekt einsetzten. Von Projektseite waren wir zu dritt vertreten. Von der Gemeinde waren vier Frauen erschienen, von denen zwei ehrenamtlich in den Kreuzberger Gemeinden der IGMG engagiert waren. Die anderen beiden waren eine Vertreterin des Vorstands und eine Dame, die in der Bildungsarbeit des Verbands engagiert war. Darüber hinaus wurde die Gemeinde von vier Männern vertreten. Zwei waren Vertreter des Berliner Studentenverbands, der Nachhilfekurse in Kreuzberg organisiert; ein weiterer war auf der Vorstandsebene in der Bildungsarbeit engagiert; der vierte war verantwortlich für Pressearbeit und Außenkontakte. Die Begegnung war freundlich, wenn auch etwas befangen. Bei den Lehrern war eine Irritation bemerkbar, als die Frauen aus der Gemeinde ihnen nicht die Hand reichten. Eine Frau aus der Gemeinde versuchte dies aufzufangen:

---

13 Im Folgenden handelt es sich um sinngemäße Rekonstruktionen auf der Grundlage der Gedächtnisprotokolle. Die wörtliche Rede wurde wegen der Lesbarkeit gewählt. Sie beschränkt sich auf Kernaussagen.

»Es ist nichts Persönliches, aus religiösen Gründen.« Man nahm in einem großen Versammlungsraum Platz.

Nach einer Vorstellungsrunde, in der jeder sich und seine Funktion erklärt, macht Susanne Schwalgin den Einstieg und erklärt das Ziel des Treffens. Der Lehrer N. ergreift dann als Erster das Wort: Sie hätten viele Schwierigkeiten an der Schule. »Dabei stellt das Lernverhalten von Schülern türkischen Hintergrunds eine Herausforderung dar. Viele Schüler verstehen die Bedeutung von Bildung und Schule nicht.« Sie würden sich stark für schuldistanzierte Kinder an der Schule engagieren, brauchten dazu aber die Unterstützung der Eltern. Sein Kollege M. ergänzt: »Wir sind selbst oft ratlos, wie wir die Kinder unterstützen können.« Sie verstünden nicht, warum nur sehr wenige Eltern die Elternabende besuchen. Die Schule habe viele Aufgaben zu erfüllen, könne aber nicht alles auffangen. Eine ehrenamtlich tätige Frau aus der Gemeinde verweist auf diesbezügliche Aktivitäten der Gemeinde. Sie organisiere viele Veranstaltungen, um die Eltern für die Bildung ihrer Kinder zu sensibilisieren. »Unserer Gemeinde ist der Erfolg der Kinder an der Schule ein großes Anliegen. Wir versuchen, die Eltern durch Seminare zu mobilisieren.« Eine andere Frau greift nun mit deutlichem Nachdruck in die Debatte ein: Wenn die Kinder aus Migrantenfamilien Probleme in der Schule hätten, müsse sich die Schule »meiner Meinung nach stärker in der Verantwortung sehen«. Viele der aufsässigen und angeblich respektlosen Kinder verhielten sich in den Gemeinden ganz anders. »Weil ihnen dort Wertschätzung entgegengebracht wird.« Sie schloss mit der Frage: »Haben Sie sich als Lehrer schon einmal Gedanken darüber gemacht, wie sich muslimische Kinder in der Schule fühlen? Sie können nicht immer die Eltern für das Fehlverhalten der Kinder verantwortlich machen!«

Die Stimmung ist jetzt deutlich angespannt. Die Lehrer fühlen sich persönlich angegriffen. Sie wehren sich gegen die Vorwürfe, Schüler mit Migrationshintergrund schlecht zu behandeln. Gerade sie gehören zu den Lehrern im Kollegium, die sich immer mit Nachdruck für diese Kinder einsetzen und mit ihnen arbeiten. Die Mutter lässt sich indes nicht beirren: »Ein Lehrer hat meinem 13-jährigen Sohn in der Schule verboten zu fasten. Ich kann es nicht nachvollziehen, wie ein Lehrer so einfach das Fasten als ungesund und falsch abtun kann. Er fragt auch nicht, ob das Kind von sich aus fasten will. Wir haben ständig Schwierigkeiten. Auf Klassenfahrten muss sich mein Sohn ständig dafür rechtfertigen, dass er kein Fleisch isst. Ich will das nicht mehr akzeptieren.« Eine andere Mutter berichtet von ähnlichen Erfahrungen.

Susanne Schwalgin versucht, dem nun deutlich konfrontativen Gesprächsverlauf eine andere Wendung zu geben, und fragt nach Ideen, wie man konkret die Probleme angehen könnte.

Der Vertreter des Berliner Studentenverbands ergreift darauf das Wort. »Wir haben gute Erfahrungen mit dem Konzept des Vorbilds gemacht, auf Türkisch: des ›älteren Bruders‹ (ağabeylik). Wir sprechen die Jugendlichen an und sagen: ›Seht her, wir haben's geschafft. Ihr könnt es auch schaffen. Ich kann euch als Role-model dienen.‹« Könne man nicht erfolgreiche muslimische Jugendliche mit hohem Bildungsabschluss in die Schule einladen? Sie könnten den Jugendlichen als Vorbild dienen. Sie hätten sehr viele bildungsorientierte Jugendliche in den Gemeinden, die sich in den Schulen gerne engagieren würden. »Die Schüler reagieren auf Ansprache, auch auf Kritik von muslimischen jungen Erwachsenen ganz anders. Sie nehmen das an.«

Die Lehrer verhalten sich sehr zurückhaltend zu dem Vorschlag. Nach konkretem Nachfragen des Jugendgruppenleiters sagt ein Lehrer, er könne sich das schwer vorstellen. Sie wüssten nicht, ob sie einfach Jugendliche aus muslimischen Organisationen bei ihnen im Unterricht mitwirken lassen könnten. Seine Ausführungen sind langsam und sichtlich nachdenklich. Daraufhin bringt S., der für die Öffentlichkeitsarbeit der IGMG zuständig ist, noch einen Vorschlag ein: »Wir haben viele Rückmeldungen aus der Gemeinde, dass der Islam an der Schule falsch dargestellt wird. Könnten wir nicht eine Veranstaltung in der Schule machen, in der wir Informationen über den Islam geben und Fragen aus der Lehrerschaft beantworten?«

Es entsteht für eine Weile Stille. Keiner der Beteiligten scheint noch Bemerkungen oder Ideen äußern zu wollen. Susanne Schwalgin beendet das Treffen mit dem Hinweis, dass man sich ja zum ersten Mal getroffen habe und weitere Treffen folgen könnten.

Das Gespräch zeichnete sich zunächst durch eine problematische Dynamik aus. Sie entstand dadurch, dass die Teilnehmenden beider Seiten die Äußerungen direkt auf sich selbst bezogen. Dadurch bekamen sie eine Spitze, die sie in der Intention der Sprecher gar nicht hatten. Die Eltern fassten die Bemerkungen der Lehrer zu den »türkischen Schülern«, die von diesen als Hinweis auf Problemlagen gemeint waren, als eine besondere Hervorhebung (aber man befand sich schließlich in einem türkischstämmigen Kreis; ein Hinweis auf andere Jugendliche hätte keinen Sinn gemacht) und damit als direkte Kritik auf. Sie seien – wieder einmal – beschuldigt und nicht wertgeschätzt worden. Der darauf folgende energische Beitrag des Gemeindemitglieds, man solle auch einmal die Schuld bei der Schule suchen (statt, so der Subtext, immer nur die Eltern verantwortlich zu machen), wurde wiederum von den Lehrern persönlich genommen. Sie sahen in dem Beitrag eine undifferenzierte Beschuldigung aus Kreisen der Gemeinde. Sie werde der Tatsache nicht gerecht, dass sie trotz sehr schwieriger Arbeitsverhältnisse sehr engagiert seien und »etwas mehr« Anerkennung für ihr Bemühen verdient hätten. Dabei spielte mit Sicherheit auch die Emotionalität der Einlassung eine Rolle. Der sehr entschiedene Ton des Gemeindemitglieds erklärte sich zum Teil aus dem Ärger über die Äußerungen der Lehrer, zum Teil aber auch aus den Schwierigkeiten, sich in einer durch Machtgefälle strukturierten Situation angemessen zu äußern. Auch wenn die Lehrer sich der Tatsache vielleicht nicht bewusst waren, standen sie doch, als Vertreter der staatlichen Autorität der Mehrheitsgesellschaft, Angehörigen einer Minderheit gegenüber, deren Rechte und Ansprüche immer wieder in Zweifel gezogen werden. In solchen strukturell verunsichernden Situationen ist es für die schwächere Seite schwierig zu widersprechen, ohne entweder unterwürfig oder aggressiv zu wirken. Es ist nicht leicht, den richtigen Ton zu finden. Derartige Machtkonfigurationen teilen sich den strukturell in der stärkeren Position befindlichen Personen gar nicht mit. Sie gehen von einer Situation auf Augenhöhe aus und werten die Emotionen nicht als strukturell bedingt, sondern als Angriff auf ihre Person. Entsprechend waren sie deutlich aufgewühlt und verärgert. Dabei war deutlich, dass der Gesprächsablauf nicht nur aus der Situation selbst zu erklären war. Es spielte nicht nur das eine Rolle, was hier und jetzt geäußert wurde, sondern vieles, was vorher und an anderen Orten gesagt worden war. Bei den Gemeindemitgliedern spielten die Verletzungen durch den islamophoben Diskurs eine Rolle, der gerade muslimische Elternhäuser als Ort des Patriarchalismus, der Frauenfeindlichkeit, der Gewalt usw. stilisiert und die Anstrengungen der Eltern nicht würdigt. Bei den Lehrern spielte eine Rolle, dass auch sie – als Hauptschullehrer – wenig gesellschaftliche Anerkennung für ihre eminent anstrengende Arbeit finden und sich dabei vom Schulamt und von der Gesellschaft insgesamt alleingelassen sehen. Der ganze diskursive Schutt, der sich im Verhältnis von Mehrheitsgesellschaft zu islamischen Gemeinden über die Jahre aufgetürmt hatte, überlagerte in diesem Moment das Gespräch. Der Versuch, zum Hier und Jetzt zurückzukehren, den Susanne Schwalgin dann machte, war nur teilweise erfolgreich. Jetzt im Rückblick stellt es sich uns als illusorisch dar zu meinen, guter Wille bei den Gesprächspartnern sei ausreichend.

Ein zweiter Aspekt kam ins Spiel, als das Mitglied des Berliner Studentenvereins den Vorschlag machte, es könnten doch erfolgreiche muslimische Jugendliche in die Schule kommen und versuchen, die Jugendlichen zu motivieren. In den Gesprächsnotizen, die ich nach dem Treffen verfasste, versuchte ich, die Reaktionen der Lehrer wiederzugeben, wie sie sich mir in diesem Moment mitteilten:

> »Ein Zusammenzucken und ein ›Um Gottes willen! Wie sollen wir das nur vor den Kollegen und vor dem Schulleiter rechtfertigen, wenn die dann in die Schule kommen. Dann missionieren sie, dann werden über diese Strukturen Kinder in die Gemeinde reingezogen, in der sie sonst nicht wären usw.‹« (Gedächtnisprotokoll Schiffauer)

Tatsächlich wäre mit einer Realisierung dieses Vorschlags die Grenze in Bezug auf das säkulare Selbstverständnis der Schule überschritten worden. In dem Schweigen der Lehrer spiegelt sich eine gewisse Hilflosigkeit. Sie (und auch wir vom Projekt) wurden an diesem Punkt mit den Implikationen des angedachten Mentorenmodells konfrontiert. Das – nach meinen Beobachtungen sehr erfolgreiche – Modell des Studentenverbands lebt von der Ausstrahlung der Persönlichkeit. Dabei spielt Religion die maßgebende Rolle. Die Botschaft, die hier vermittelt wird, lautet: Eine religiös durchdrungene Lebensführung hat einen Wert an sich – sie erlaubt es dir aber darüber hinaus, zu dir selbst zu kommen und dein Leben in den Griff zu bekommen. Genau das aber geht den Lehrern zu weit. Tatsächlich wurde hier ein Dilemma deutlich: Sie hätten am liebsten eine Kooperation mit den Gemeinden gehabt, die die Religion aus dem Spiel lässt – was natürlich unmöglich ist.

Die Schwierigkeiten mit der Religion wurden auch in einer E-Mail der Lehrer deutlich, in der sie auf das Treffen Bezug nahmen:

»Jedoch können wir nicht verhehlen, dass wir über eine konkrete Verhaltensweise irritiert waren. Diese Irritation betrifft die Begrüßungszeremonie von Frauen und Männern. Wir sind zwar in der Lage, die Tatsache, dass eine Frau einem Mann aus religiösen Gründen die Hand nicht reichen darf, zu tolerieren. Wir denken aber nicht, dass wir derartige Verhaltensweisen im Rahmen von Schule fördern oder unterstützen sollten.«

In einem Nachgespräch kamen die Lehrer noch einmal auf diesen Punkt zurück: Im Augenblick sei die Atmosphäre an der Schule weitgehend säkular geprägt – und das sei gut so. Sie wollen eigentlich nicht, dass sich das verändert und islamische bzw. religiöse Werte insgesamt sich ausbreiten. Es ist interessant, dass sich die empfundene Kluft zwischen säkularen und religiösen Lebensentwürfen am Händeschütteln festmacht. Hier kommt ein in den Körper eingeschriebenes, also habituelles Unbehagen zum Ausdruck.

Zusätzlich spielte die Skepsis gegenüber der islamischen Gemeinschaft Milli Görüş eine Rolle. Die Lehrer hatten sich schon vor dem Gespräch über das Internet informiert. Wir hatten ebenfalls darüber gesprochen, dass die Organisation vom Verfassungsschutz observiert wird. Wie in vielen Gesprächen dieser Art hatte ich (Werner Schiffauer) dabei das Gefühl gehabt, dass die Nennung im Verfassungsschutzbericht ein Gewicht hat, gegen das mit rationalen Argumenten kaum anzukommen ist. Wie bei jedem staatlichen Ermittlungsverfahren »bleibt etwas hängen«, wird ein Misstrauen geweckt, das sich nur schwer beseitigen lässt. Wie wir im weiteren Verlauf des Projekts sehen konnten, bedarf es eines langandauernden und intensiven Austauschs. Ein einzelnes und erstes Gespräch, in dem eine grundsätzlich empfundene Fremdheit eher bestärkt als vermindert wurde, war dazu nicht in der Lage.

Schließlich ergab das Gespräch, dass das existierende Angebot nach Ansicht der Lehrer nicht darauf zugeschnitten war, die Schule kurzfristig spürbar zu entlasten. Das Nachhilfeangebot des Berliner Studentenvereins richtete sich primär an Realschüler und Gymnasiasten – nicht aber an die Hauptschüler einer »Restschule«. Es war außerdem kostenpflichtig und kam schon aus diesem Grund für die meisten Schüler nicht in Frage. Und schließlich gab es, wie bereits ausgeführt, zu wenig Überschneidung in der Klientel beider Seiten.

Es ist nicht auszuschließen, dass bei dem Vorliegen eines passgerechten Angebots die Lehrer zu größeren Kompromissen bereit gewesen wären. Es hätte eine Motivation zu weiteren Treffen gegeben, bei denen die empfundene Fremdheit durchaus hätte aufgelöst werden können. Nicht auszuschließen ist allerdings auch, dass sie die Kritik ihrer noch entschiedener säkular gesinnten Kollegen auf sich gezogen hätten.

Mit der Aufkündigung der Zusammenarbeit durch die Lehrer der KFO waren wir mit der ersten Projektphase gescheitert. Das Scheitern resultierte aus der Kombination einer Anzahl von Faktoren.

Wichtig war zunächst, dass die Ausgangsüberlegungen, die dem Projekt zu Grunde lagen, in ihrer Allgemeinheit zwar richtig waren – dass sich aber die konkrete Situation vor Ort dann ganz anders darstellte. Hier soll nur auf die Fehleinschätzung in Bezug auf die Schulen eingegangen werden; die Fehleinschätzungen in Bezug auf die Gemeinden sollen im nächsten Kapitel dargestellt werden.

Eines der Ausgangsprobleme war, dass wir die Frage des Schultyps am Beginn der Kooperationen zu wenig berücksichtigt hatten. Tatsächlich war die Entscheidung für eine Hauptschule – und noch dazu eine, die als »Restschule« galt – problematisch.

Eine Kooperation von Elternhaus und Schule ist in der weiterführenden Schule weit schwieriger als in der Grundschule, und eine »Restschule« hat schon von vornherein mit dem Misstrauen der Eltern zu kämpfen. Dies liegt zum einen daran, dass bei Hauptschulen Elternarbeit weit weniger selbstverständlich ist als bei den Grundschulen. Im Schulablauf ergeben sich weniger »natürliche Gelegenheiten« für ein Zusammentreffen von Eltern und Lehrern als an den Grundschulen, wo Eltern ihre Kinder häufig zur Schule begleiten oder abholen. Wenn es in der Hauptschule zwischen einzelnen Lehrern und Eltern zu Kontakten kommt, dann in der Regel, weil Eltern von Lehrern in die Schule bestellt werden, um über Konflikte und Probleme mit den Kindern zu sprechen. Das Elterncafé bietet theoretisch einen Raum, wo Eltern und Lehrer aufeinander zugehen könnten, um Vertrauen aufzubauen.

Nach unseren Beobachtungen sind es jedoch fast immer säkular gesinnte Eltern, die sich dort engagieren – auch weil sie von den Lehrern und Sozialarbeitern mehr Ermutigung erfahren oder häufiger zum Engagement aufgefordert werden als religiöse Eltern. Religiöse Eltern fühlen sich dort fremd.

Das Verhältnis wird auch dadurch belastet, dass sich im Laufe der Jahre – und hier insbesondere bei einer Hauptschullaufbahn (und andere Laufbahnen wurden an der Karl-Friedrich-Oberschule trotz der strukturellen Gegebenheiten seit Jahren nicht eingeschlagen) – die Möglichkeitsstrukturen immer mehr verengen. Es geht sozusagen eine Tür nach der anderen zu. Lehrer, Eltern und Schüler erleben die Schule als Sackgasse: Ein zynischer Beobachter könnte mit gutem Grund bemerken, dass Schulverweigerung die einzige realitätstaugliche Antwort auf eine Schulsituation ist, die auch bei einem guten Abschluss keinen Einstieg in ein Berufsleben erlaubt. Die Tatsache, dass der Abschluss nirgendwohin führt, schlägt sich auf die Bereitschaft zur Kooperation nieder. Wohin sollte sie auch führen? Mit anderen Worten: Die Möglichkeit, eine Vernetzung zu Gunsten der Kinder herzustellen, ist umso größer, je »mehr man noch machen« kann – und sie ist wohl am größten im Grundschulalter, wo noch alle Türen offenstehen.[14]

Entsprechend nimmt an der Hauptschule die gegenseitige Schuldzuweisung für das Scheitern der Kinder zu. Die Lehrer tendieren dazu, die Schulmüdigkeit, die Disziplinlosigkeit, den Mangel an Motivation auf das Elternhaus und den Islam zu schieben; die Eltern wiederum tendieren dazu, die Schule

---

14 Eine eindringliche Darstellung der Misere findet sich bei Wellgraf 2012. Er zeigt, wie Chancenlosigkeit sich im Schulalltag niederschlägt und die Interaktion von Lehrern und Schülern nachhaltig strukturiert.

für das Schulversagen haftbar zu machen – und hier insbesondere auch auf die Klischees über den Islam zu verweisen. Wie wir bei der Analyse des Gesprächs gesehen haben, liegt in dieser Frage ein Sprengstoff, der es schwierig, wenn nicht unmöglich macht, vertrauensvoll aufeinander zuzugehen.

Hinzu kommt, dass Hauptschüler sich in einem Alter befinden, in dem sie auch für Moscheegemeinden schwer zu erreichen sind. Auf Anfragen reagieren Vertreter der Moscheegemeinden ähnlich hilflos wie die Schulen. Oder umgekehrt: Diejenigen, die in die Jugendarbeit der Gemeinden eingebunden sind, gehören – jedenfalls nach unserem Eindruck – oft nicht zu denjenigen, die in der Schule als Problemfälle auffallen. Es ist also die Frage, ob die Gemeinden überhaupt in der Lage gewesen wären, die Vermittlungsrolle zwischen Schule und Elternhaus einzunehmen, die wir ihnen zugedacht hatten. Tatsächlich werden die Gemeinden, wenn sie im Bildungsbereich aktiv werden, eher bei denen tätig, die in weiterführenden Schulen sind: So richten sich die Angebote von TÜDESB (dem Bildungswerk der Gülen-Gemeinde) und dem Berliner Studentenverein primär an Realschüler und Gymnasiasten.

Die generell ungünstige Situation sah an der Karl-Friedrich-Oberschule als »Restschule« noch wesentlich ungünstiger aus. Im Rückblick stellte es sich als eine grandiose Fehleinschätzung dar, diese Schwierigkeiten als Herausforderungen zu begreifen und zu meinen, sie mit einem relativ kleinen Projekt in den Griff bekommen zu können.

Eine zweite Projekterfahrung war, dass der Einstieg über engagierte Lehrer (und nicht über die Schulleitung) ungeeignet war, um die Realisierung langfristiger Ziele zu verfolgen. Wir waren, wie oben ausgeführt, davon ausgegangen, dass die Lehrer die tatsächliche pädagogische Arbeit vor Ort leisten und deshalb besonders an dem Projekt interessiert sein müssten. Wir überschätzten die ihnen zur Verfügung stehenden Ressourcen an Zeit und Energie. Lehrer haben jedoch ein (nachvollziehbares) sehr konkretes Bedürfnis an der Lösung der Probleme, mit denen sie tagtäglich konfrontiert sind – und sind nur dann bereit, sich zu engagieren, wenn sie in dieser Hinsicht tatsächlich weiterkommen. Daraus ergibt sich eine Ausrichtung an kurzfristigen Zielen. Das Verfolgen langfristiger Ziele überschreitet dagegen die Ressourcen jedes einzelnen Lehrers und ist primär die Aufgabe der Schule insgesamt. Dies bedeutet aber, dass der Einstieg über die Schulleitung erfolgen muss. Der Aufbau einer Vernetzung in den Stadtteil hinein ist eine gesamtschulische Aufgabe, die nur von der Schulleitung, deren Funktion die Orchestrierung der einzelnen Teilgruppen und Projekte ist, übernommen werden kann.

Der Einstieg über die Lehrer bedeutete außerdem, dass wir unsere Projektziele so ausbuchstabieren mussten, dass sie interessant für die Lehrer waren. Damit kam von Anfang an eine Schieflage ins Spiel. Wir definierten in Absprache mit den Lehrern, was wir von den Gemeinden erwarteten, ohne diese von Anfang an einzubeziehen. Das Projekt lief damit Gefahr, die Erwartungshaltungen der Schule zu übernehmen (schnelle Entlastung bei drängenden pädagogischen Problemen). Das Ziel einer Interaktion auf Augenhöhe, wobei sowohl Moscheegemeinden wie auch Schulen ihre gegenseitigen Erwartungen formulieren, rückte in den Hintergrund.

Damit gerieten wir in die Sackgasse, denn die Gemeindevorstände sahen nicht ein, weshalb sie mit ihren ohnehin geringen Ressourcen als Dienstleister für die Schule auftreten sollten. Die Kooperation mit Schulen ist für Moscheevereine wenig attraktiv, wenn hiermit zunächst eine Unterordnung unter die Interessen der Schule verbunden und für die eigenen Belange kein Raum ist. Auch schätzen sie die Situation realistisch ein. Die Lösung von Problemen, wie sie von der Schule definiert werden, erfordert professionelle pädagogische Expertise. In den Migrantenverbänden fehlt diese weitgehend, während sie in der Schule und bei professionellen Diensten im Umfeld der Schule durchaus vorhanden ist.

Schließlich führt der Einstieg über engagierte Lehrer zur Herstellung einer bestimmten Konfiguration. Es ist nur ein Teil des Kollegiums, das sich mit wohlwollender Duldung durch die Schulleitung in einer bestimmten Sache engagiert. Da es nicht die Sache der gesamten Schule ist, können sich die anderen Lehrer zurücklehnen und diejenigen, die sich engagieren, »machen lassen«. Wenn eine solche Haltung wie in unserem Fall mit Skepsis gepaart ist, weil das Projekt »eigentlich« mit dem Selbstverständnis der säkularen, nationalen und staatlichen Schule schwer zu vereinbaren ist, entsteht eine unhaltbare Situation. Die Lehrer, die das Projekt in der Schule vertreten, geraten unter Beweisdruck. Sie müssen skeptisch eingestellten Kollegen zeigen, dass das Projekt es tatsächlich bringt. Sie müssen darüber hinaus zeigen, dass das Projekt nicht doch irgendeine Grenze überschreitet. Damit können sie gar nicht anders, als den Druck an das Projekt (und damit die Gemeinden) weiterzugeben.

Die Idee, dass über eine Erfahrung guter Praxis das Projekt gleichsam im Schneeballsystem von immer mehr Kollegen rezipiert worden wäre, erscheint uns auf Grund der Situation, die nun nicht nur spezifisch die der Karl-Friedrich-Oberschule ist, im Nachhinein illusorisch. Ein Erfolg wäre an zu viele Voraussetzungen geknüpft gewesen. *Wenn* sich die Klientel der Gemeinde mit der der Schule überschnitten hätte; *wenn* das Bildungsangebot der Gemeinden auf Hauptschüler ausgerichtet gewesen wäre; *wenn* die Ressourcen der Gemeinden ausreichend gewesen wären, um ein Mentorenmodell zu stemmen – wäre ein Erfolg durchaus denkbar gewesen. Selbst dann hätte man noch mit Querschüssen von Kollegen rechnen müssen, die mit der Präsenz von Personen aus der Gemeinde prinzipiell Schwierigkeiten gehabt hätten.

Eine dritte Erfahrung war, dass der Einstieg über Schulen schlechthin problematisch war. Wenn man Akteure aus unterschiedlichen Bereichen zusammenbringen will, erfordert dies zum ersten grundlegende gemeinsame Interessen, zum zweiten persönliche Beziehungen, die auf Freiwilligkeit, gegenseitigem Vertrauen und Respekt beruhen, und zum dritten regelmäßige Gelegenheiten zum Austausch. Auf dieser Grundlage können in einer zweiten Phase gemeinsame Ziele formuliert und konkrete Schritte zur Zielerreichung festgelegt werden. Alle drei Voraussetzungen waren in dem Projekt nicht gegeben. Die Akteure verbindet zwar das abstrakte Interesse am »Wohl der Kinder«, allerdings gibt es durchaus konkurrierende Meinungen darüber, wie dieses Wohl definiert werden sollte. Von Freiwilligkeit, Vertrauen und Respekt konnte bei bestem Willen nicht die Rede sein. Im Gegenteil: Die beteiligten Akteursgruppen fühlten sich über die Restschule zwangsvergemeinschaftet. Die Lehrer hätten es am liebsten mit anderen Elternhäusern und Schülern, die Eltern und Schüler mit anderen Lehrern zu tun gehabt. Bei allen Akteursgruppen war darüber hinaus die Meinung verbreitet, dass die jeweils anderen Akteure das Wohl der Kinder beeinträchtigten. Es gab ein ausgeprägtes gegenseitiges Misstrauen hinsichtlich der guten Absichten und der Lösungswege der jeweils anderen. Die Kategorie »Wohl der Kinder« entpuppte sich als zu abstrakt und zu umstritten, um ein gemeinsames Interesse an einer Netzwerkbildung zu begründen. Außerdem erlebten sich Migranteneltern und migrantische Verbände als relativ machtlos gegenüber der staatlichen Institution Schule, während auf Seiten der Schule kein ausreichendes Bewusstsein für diese Machtdifferenz bestand. Schließlich gab es auch keinen Ort des regelmäßigen Austauschs. Das Elterncafé war, wenn überhaupt, von säkularen Eltern frequentiert, und die religiös orientierten Eltern blieben ihm fern.

Darüber ergab sich ein Zirkel: Die Parteien können ihr gegenseitiges Misstrauen nur durch die gemeinsame Arbeit an der Lösung praktischer Probleme abbauen. Gleichzeitig verhindert das gegenseitige Misstrauen (vor allem zwischen der Schule und den Migrantenorganisationen/Moscheevereinen) aber eine gemeinsame Arbeit. Zu beobachten sind vielmehr ein Anspruchsdenken sowie eine Vorwurfshaltung, die sich gegen den jeweils Anderen richtete.

Wir durchblickten den Zirkel am Anfang nicht und übernahmen die Problemdefinitionen der Lehrer – um überhaupt Zugang zur Schule zu erhalten. Mit der Wahl dieses ersten Ansprechpartners wurden aber die Projektziele auf eine spezifische Weise ausbuchstabiert und präzisiert. Sie wurden in Anfragen an die anderen Projektpartner übersetzt. Diese gerieten damit in eine Zwickmühle. Sie kamen in die Situation, auf etwas Gesetztes bejahend oder ablehnend reagieren zu müssen. Eine Bejahung hieße Fremdbestimmung hinzunehmen; Ablehnung hieße den Vorwurf der Verweigerung zu riskieren.

Werner Schiffauer

Akteur Islamische Gemeinden:
Identitäten und Ressourcen

Im Januar 2010 machten wir einen Neuanfang. Dabei bestand die eigentliche Wende darin, nicht mehr die Schulen als Ausgangspunkt zu nehmen, sondern die Eltern, die wir über die Gemeinden erreichten. Wir setzten damit bei denjenigen an, die am schwersten Zugang zur Schule haben. Die Veranstaltungen sollten in Moscheen stattfinden – also an Orten, die den Eltern vertraut waren, und im Rahmen von Organisationsstrukturen, zu denen die Eltern Vertrauen hatten. Mit der Wahl der Gemeinde als Ort bürgte ja sozusagen die Moscheegemeinde für das Projekt (ein Punkt, der den Moscheegemeinden sehr bewusst war). Damit war das Signal gesetzt, dass es nicht darum ging, die Eltern zu einem Verhalten zu bringen, dem sie skeptisch oder distanziert gegenüberstanden, oder sie mit Referenten zu konfrontieren, die im Islam und der muslimischen Kultur ein Problem sahen. Vielmehr sollten ihre Anliegen und Interessen der Fokus sein. Der zweite Unterschied bestand darin, dass wir die Veranstaltungen stärker vorstrukturierten: Wir schlugen als Format »Elternseminare« vor und damit Treffen zu thematischen Schwerpunkten. Diese wurden in Vorgesprächen mit den Eltern festgelegt. Wir vermittelten dann die Referenten, also Schulleiter und Lehrer der benachbarten Schulen sowie von Bildungsinitiativen aus dem Stadtteil. Tatsächlich schafften wir mit diesem Projektformat den Durchbruch – insgesamt wurden zwischen 2010 und 2013 38 Elternseminare in fünf unterschiedlichen Gemeinden angeboten. Gleichzeitig hatte dieses Format auch seine Grenzen, vor allem was die Vernetzung in den Stadtteil betraf. Aus dieser Begrenztheit erwuchsen dann die Brückengespräche.

In dieser zweiten und dritten Projektphase wurden wir mit den Grenzen und Möglichkeiten der Kooperation mit den islamischen Gemeinden konfrontiert. Sie liegen vor allem in den Stärken und Schwächen der Selbstorganisation und der ehrenamtlichen Strukturen. Bevor wir im nächsten Kapitel den weiteren Projektablauf schildern, soll darauf eingegangen werden.

Dieses Kapitel ist ähnlich aufgebaut wie das Kapitel über die Schule. Ich werde zunächst die islamischen Gemeinden kurz portätieren. Wie bei der Schule werde ich dabei historisch vorgehen. Allerdings wird die Darstellung etwas ausführlicher ausfallen, weil die Gemeinden oft als black boxes wahrgenommen werden. In einem zweiten Schritt werde ich dann herausarbeiten, welche Herausforderung das Projekt für die Identität und die Ressourcen der Gemeinden bedeutete.

Die islamischen Gemeinden in Deutschland: Ein Porträt

Anfang der 1970er Jahre schossen in deutschen Städten Hinterhofmoscheen wie Pilze aus dem Boden. Überall im Bundesgebiet konstituierten sich Gemeinden türkischer Arbeiter. Die Gründung korrespondierte mit einer bestimmten Phase der Arbeitsmigration. Es zeigte sich, dass die ursprünglichen Pläne nicht aufgegangen waren: Man war für drei bis fünf Jahre nach Deutschland gekommen, um dort genügend Geld zu akkumulieren und dann in die Heimat zurückzukehren. Die Rückkehr war aber schwieriger als ursprünglich gedacht: Dies lag daran, dass die Gewerbe, in die man in der Heimat hätte investieren wollen (Taxis, Transport, aber auch Läden), sehr schnell überfüllt waren. Hinzu kam die allgemeine Wirtschaftskrise 1973, die auch die Türkei betraf. Die Folge war, dass man die Rückkehr immer wieder aufschob. Mit der Zeit war die Trennung von den Familien, vor allem von den Kindern, immer schwerer zu ertragen. Immer mehr Migranten entschlossen sich deshalb, die Kinder nachzuholen. Damit aber stiegen die Kosten: Man musste aus den preisgünstigen Arbeiterwohnheimen ausziehen und eine Wohnung in der Innenstadt beziehen. So verschoben sich die Rückkehrpläne immer weiter. In dieser Situation wurden die Moscheen gegründet.

Die soziale Basis dieser Gemeinden waren in der Regel Arbeitsmigranten aus der ländlichen Türkei. Die Initiative ging oft von landsmannschaftlichen Gruppen aus, die sich in Deutschland über Kettenmigration zusammengefunden hatten. Sie bildeten oft den Kern der Moscheegemeinden, dem sich jedoch regelmäßig andere Migranten anschlossen. Diese Gruppen ergriffen die Initiative und richteten ihre Gebetsstätten in den Ritzen und Nischen der Mehrheitsgesellschaft ein – in leer stehenden Gewerberäumen in den Industrievierteln oder auch in Hinterhöfen. Die Räume wurden angemietet oder gekauft und für die religiösen Bedürfnisse hergerichtet.

Andere stießen hinzu: Man fand über den Auf- und Ausbau der Moschee zusammen, entwickelte Bindungen und wurde darüber zur Gemeinde.

Die Moscheen waren von Anfang an weit mehr als Gotteshäuser. Sie waren Gemeindezentren und Selbsthilfeorganisationen: Anlaufstellen für Neuankömmlinge, Versorgungskassen für Notfälle, soziale Clubs und Informationsbörsen. Hier wurden Wohnungen und Arbeitsplätze vermittelt und Autos verkauft. Nicht zuletzt sind es Orte, an denen die Normen und Werte der Religion an die nächste Generation weitervermittelt werden. Die Beziehungen, die hier wuchsen, wurden nicht selten durch Heiraten verstärkt und stabilisiert. Zur festen Einrichtung gehören neben Gebetsraum und Waschanlagen für die rituellen Waschungen immer auch eine Teestube, eine Kammer für Gäste, in der auch Bücher aufbewahrt werden, ein Lebensmittelgeschäft und häufig ein Friseursalon. Bis in die 1990er Jahre waren die Moscheen auch Orte, wo Hochzeiten stattfanden.

In diesen Einrichtungen kommt die Bedürfnislage der Migranten der ersten Generation zum Ausdruck. Es geht darum, sich in der *gurbet* – der Fremde – einzurichten. Die Erfahrung von *gurbet* hat mehrere Facetten. Eine erste ist die Angst vor Selbstverlust. Der Migrant bewegt sich, oft als Alleinstehender, in einem Raum, in dem ihn niemand kennt. Gewöhnt an ein hohes Ausmaß sozialer Kontrolle, findet er sich plötzlich in einem Feld, in dem soziale Kontrolle so gut wie nicht existiert. Mit der Redewendung: »Burası Almanya« – »hier ist Deutschland« – rechtfertigte man, wenn man Alkohol trank oder Prostituierte aufsuchte. Dies führte oft zu Gefühlen der Haltlosigkeit. Unter den Migranten der ersten Generation zirkulierten Erzählungen von türkischen Arbeitern, die in Deutschland »unter die Räder kamen« – Beziehungen zu fremden Frauen aufnahmen, Alkoholiker wurden und darüber ihre Lebensperspektive verloren. Der Islam bot einen gewissen Halt gegen diese Sinn bedrohenden Erfahrungen, weil man sich in einer Gemeinde von Gleichgesinnten aufhielt, die sich gegenseitig stützten – sich aber auch kontrollierten.

Eine zweite Facette der Fremdheitserfahrung war die Konfrontation mit einer Sinnkrise. Wohl jeder Migrant stellt sich irgendwann die Frage, was er eigentlich in der als leidvoll empfundenen Fremde verloren hat, ob er nicht besser zu Hause geblieben wäre. Die türkischen Migranten drücken dies oft mit der Metapher der Kälte aus. Eine religiöse Orientierung hilft, dieser Frage zumindest besser standzuhalten. Auch bietet eine Gemeinde eine gewisse »Wärme«.

Ein dritter und wohl der wesentlichste Aspekt des Erlebnisses von Fremdheit hing mit dem zu Beginn der 1970er Jahre einsetzenden Familiennachzug zusammen. Er bedeutete zum einen, dass man sich auf einen längeren Aufenthalt in Europa einrichtete, und zum anderen, dass man nun vor der Aufgabe stand, die Kinder in einer fremden Umgebung aufziehen zu müssen. Man konnte nicht mehr wie in der Türkei darauf vertrauen, dass die Kinder die eigenen Normen und Werte in der weiteren Umgebung aufgreifen würden. *Gurbet* stand hier für die Angst, die Kinder zu verlieren.

Die Moscheen wurden zur Ersatz-Heimat, zur Quasi-Heimat, zur Heimat in der unwirtlichen Fremde. Einerseits waren die Moscheen – Orte, an denen die Heimat sinnlich rekonstituiert und in Gerüchen, Umgangsformen und Einrichtungsstil präsent war – nur Erinnerung an die Heimat. Andererseits wurden sie zur besseren Heimat. In der Fremde bot die Moschee einen Schutzraum, wie er in der eigentlichen Heimat nur selten anzutreffen war.

Ein gesteigerter Kontrast zwischen innen und außen trug dazu bei. In Berlin waren die meisten Migrantenmoscheen in den Einwanderervierteln Kreuzberg, Neukölln und Wedding angesiedelt – Viertel, die zu der Zeit heruntergekommen und völlig verwahrlost waren.[1] Die Nachbarschaft bestätigt die massivsten Vorurteile über die Einwanderungsgesellschaft – Sittenzerfall, Drogenkonsum, Alkoholismus. Für die Gemeindeangehörigen waren die Moscheen Inseln in einem Meer der Sünde und der Ungläubigkeit – Orte Gottes in einer gott-verlassenen Umgebung. Die Kluft zwischen diesem Raum und der Umwelt liefert einen ersten Schlüssel für das Verständnis

---

1 Der Aufstieg dieser Viertel begann erst Anfang der 1980er Jahre. Er war der Hausbesetzerszene zu verdanken, die eine Abkehr von der bis dahin gültigen Politik der Kahlschlagsanierung einleitete, sowie der ersten Internationalen Bauausstellung (IBA), die zum ersten Mal Konzepte für die Altbausanierung vorlegte, und auch einer sich etablierenden Einwandererschicht, die in die Läden des mittlerweile eigenen Stadtteils investierte.

der Religiosität der ersten Generation. Es ist eine defensive Religiosität, die bestimmt ist von dem Wunsch, den Islam in dieser »feindlichen« Umgebung »zu bewahren«. Dieser defensiven Religion geht es um Behauptung und Erhaltung der eigenen Werte und Lebensentwürfe in einer fremden Umwelt. Man wendet der Mehrheitsgesellschaft den Rücken zu und begegnet ihr mit äußerstem Misstrauen. Dies führt oft zu einem Prozess der zirkulären Verstärkung: Man schottet sich ab – und je mehr man sich unter seinesgleichen befindet, desto weniger lässt man sich auf die Mehrheitsgesellschaft ein, desto grotesker erscheinen die Gefahren, bis man an jeder Ecke »Sex and Drugs and Rock 'n' Roll« wittert, wovor man insbesondere die Kinder schützen muss. Umgekehrt beobachtet auch die Mehrheitsgesellschaft mit Skepsis und Misstrauen die Fremden, die sich oft in fremdartiger Kleidung – schwarzen Kaftanen, grünen Turbanen – in den Hinterhöfen versammeln.

In diesem Milieu entwickelte sich eine wesentlich strengere Religiosität als bei vergleichbaren sozialen Gruppen in der Türkei. Der hohe Grad des Austauschs mit Gleichgesinnten bei gleichzeitig geringem Kontakt nach außen war der Nährboden für die Entfaltung einer konservativen, nicht selten rigorosen Religiosität, die zu Ritualismus und Regelfetischismus tendierte.[2] Sie erlebte einen Höhepunkt in einer religiö-

---

2 Dies ist durchaus bezeichnend für Migrantenreligiosität. So hielten die irischen Migranten in England an der Freitagsabstinenz fest, als die vom Vatikanischen Konzil reformierte katholische Kirche die Gläubigen längst ermahnte, den Freitag auf »sinnvollere« Weise zu begehen – etwa durch persönliche Akte der Wohltätigkeit und Nächstenliebe. Mary Douglas deutet wohl zu Recht Ritualismus und Regelfetischismus als Antwort auf das Gefühl des Verlassen- und Ausgestoßenseins. »Und von da an kann sich die Freitagsabstinenz mit einem neuen symbolischen Gehalt füllen, zum Ausdruck der Verbundenheit mit einem

sen Welle, die die türkischen Migranten Anfang der 1980er Jahre[3] in Deutschland ergriff – weitgehend unbemerkt von der deutschen Umwelt. Damals begannen viele Einwanderer, die westliche Kleidung durch einen bewusst islamischen Kleidungsstil zu ersetzen. Anzug und Krawatte galten als Attribute der Ungläubigen. Frauen begannen, das Kopftuch anzulegen. Zum Entsetzen der Kinder flogen in vielen Haushalten die Fernseher aus den Wohnungen.

Die Ärmlichkeit der Gotteshäuser hatte ihren Anteil an der Ausprägung einer nach innen gewandten und asketischen Spiritualität. Hier gedieh eine Religion ohne jeden ostentativen Charakter. Es war fast, als würde in diesen Häusern ein Exerzitium, also eine spirituelle Übung islamischer Mystik umgesetzt, die das Wandern in der Fremde – also den Aufenthalt in einer Umgebung, in der man keinen Status hat – als Übung der Gottessuche empfiehlt. Mit diesen Häusern konnte man vor den anderen »keinen Staat« machen, nichts darstellen, nicht repräsentieren – es waren Orte, die nur vom Innenverhältnis der Gemeinde und vom Bezug auf Gott lebten. Hier wuchs ein Islam, der sich auf das Wesentliche konzentrierte. Es ist bemerkenswert, dass sich diese migrationsbedingte Ausprägung einer spezifischen Spiritualität oft fast unmerklich vollzog. Manchmal wurde man sich der Entwicklungen, die man in der Fremde durchlebte, erst bewusst, wenn

---

ärmlichen Elternhaus in Irland und mit der großen Tradition der römisch-katholischen Kirche werden – Bindungen, die einem angesichts der Demütigungen, die die Existenz als ungelernter Arbeiter mit sich bringt, seinen Stolz bewahren helfen.« (1974: 59).

3 Anlass war das islamische Schicksalsjahr 1979. In diesem Jahr kam es zur islamischen Revolution im Iran; im gleichen Jahr marschierten die sowjetischen Truppen in Afghanistan ein, woraufhin sich ein islamischer Widerstand formierte. 1980 kam es dann zum Militärputsch in der Türkei.

man in die Türkei fuhr. Bei ihren Urlaubsreisen registrierten die Migranten oft mit Erstaunen, dass sich in der Fremde eine strengere Religiosität entfaltet hatte als im Herkunftsland (was umgekehrt von Neuankommenden in Deutschland bestätigt wurde, die berichteten, dass Kopftücher weit mehr das Straßenbild von Kreuzberg bestimmten als das von Istanbul): »Die Muslime dort beschränkten sich auf das Gebet. Sie denken, der Islam ist nur Gebet. Das haben wir im Urlaub gesehen. Wir haben ihnen gesagt: Nein, *Islam ist nicht nur Gebet. Islam ist Leben.*« Eine stärkere Auseinandersetzung mit der Bedeutung des Islam ging damit einher. »Wir haben nur über das Fasten Bescheid gewusst, mehr nicht. Hier haben wir in den Gemeinden die Gelegenheit erhalten, vielen Gelehrten und Hocas zuzuhören und gemerkt, dass der Islam noch weit mehr beinhaltet.«

Die Betonung familialer und häuslicher Werte spielt dabei eine zentrale Rolle, was anscheinend ein wesentliches Merkmal von Migrationsreligion schlechthin ist. Valenze registriert Ähnliches für die wesleyanischen Gemeinden, die in der ersten Hälfte des 19. Jahrhunderts unter den ländlichen Einwanderern in den nordenglischen Industriegebieten entstanden (Valenze 1985: 47). Hier wie dort wurde Sexualaskese gepredigt – wobei die Sorge vor allem den Töchtern galt, um die man wegen ihrer sexuellen Verletzlichkeit mehr fürchtete als um die Söhne. Diese Aufwertung von Familie hängt damit zusammen, dass viele Migranten angesichts der Zerrissenheit ihrer Lebenssituation in der Familie das einzige stabile Element in ihrem Leben sehen.

Vor diesem Hintergrund wird die Familienethik leicht zum symbolischen Ort der Auseinandersetzung mit der Mehrheitsgesellschaft. Die für viele demütigende Erfahrung, sich ökonomisch und sozial »ganz unten« in der Einwanderergesellschaft zu finden, wird mit einem Verweis auf die eigene moralische Überlegenheit – vor allem im Bereich der Familie, aber auch im Bereich der Umgangsformen – beantwortet. Die Betonung von geordneten Beziehungen zwischen Geschlechtern und Generationen lässt Einwandererreligionen auf den ersten Blick patriarchalisch erscheinen. Jedoch ist oft zu beobachten, dass die Frauen in Einwanderungssituationen anfangs unmerklich, dann aber umso nachhaltiger an Einfluss gewinnen. In einer Situation, die sich durch starke zentrifugale Kräfte auszeichnet, werden sie zunehmend zur integrierenden und nicht selten zur moralischen Instanz in der Familie. (Ich persönlich war zum Beispiel sehr von Fatma Eren beeindruckt, einer Migrantin der ersten Generation aus dem türkischen Dorf Subay, die in Berlin zur religiösen und moralischen Autorität wurde, auf die alle in der Familie hörten. Sie nahm damit den Platz ein, der in ihrem Heimatdorf ihrem Mann zugestanden hätte.[4]) Gerade Frauen haben in Situationen, wo eine geringere soziale Kontrolle es den Männern einfach macht, sich ihren Pflichten zu entziehen, ein erhebliches Interesse an der Wiedererrichtung von Strukturen, die diese einbinden und in die Familien zurückholen. Es ist nur konsequent, dass sie dann in vielen Einwanderergemeinden die Organisation und das Management von religiösen Pflichten übernehmen.

Die neue Funktion der Moscheen als Gemeindezentren trug dazu bei, dass sie zu einem Ort der Frauen wurden: In der Türkei war der Ort des Gebets für den Mann in erster Linie die Moschee, für die Frau das Haus. Die Moschee war ein Männerort: »Dort trafen sich die Männer an den Freitagen oder den Feiertagen und beteten zusammen. Aber in unserer Moschee hier ist es anders. Natürlich kommen auch die Männer, aber auch die Frauen kommen und machen ihre Sachen.

---

4 In »Migranten aus Subay« habe ich ihre Lebensgeschichte nachgezeichnet (Schiffauer 1991: 196-225).

Wir helfen den Neuen, ältere Frauen unterstützen sich gegenseitig, sie treffen sich an besonderen Tagen.« (Bozkurt 2007: 188). Über die Zeit führte diese Situation zu einer deutlichen Verschiebung der Geschlechterbalance. Heuten gelten bei den islamischen Gemeinden in Deutschland die Frauen als das aktivste Element – und es ist nur eine Frage der Zeit, bis sich dies auch in der Besetzung der Ämter niederschlagen wird. Auch dies hat, nur nebenbei bemerkt, Parallelen in anderen Einwanderergemeinden: so bei den protestantischen Fundamentalisten in England zu Beginn des 19. Jahrhunderts, wo das weibliche Predigeramt eine zentrale Rolle spielte (Valenze 1985), oder bei den hinduistischen Gemeinden ebenfalls in England (Vertovec 2002: 12).

Für die Entfaltung des Islam in Deutschland besonders wichtig war jedoch die Tatsache, dass es sich um eine von Laien getragene Bewegung handelte. Wie überall, wo Religion von unten wiedererrichtet wird, nahm der Islam der Migranten in diesem Prozess einen anderen Charakter an als der Islam in der alten Heimat. Die Disziplinierung und die Einbindung von Gemeindemitgliedern, die eine bürokratisch organisierte und zentralistisch geleitete Religion (durch die von dieser beschäftigte Predigerschaft) gewährleisten konnte, wurde im Kontext der Migration deutlich abgeschwächt. Es kommt zu einer Entsublimierung der religiösen Praxis. Die aus Selbstbehauptungsgefühlen und Erlösungshoffnungen gespeisten religiösen Energien entladen sich dann oft in einer Wucht, die nicht nur säkulare bürgerliche Schichten sprachlos macht. Es kommt zu »einem aus Verzweiflung geborenen und von wilder Begeisterung getragenen Ausbruch« (Bourdieu 2000: 105).[5] Unter den türkischen Migranten schlug sich dies in

5 Auch dies ist ein aus vielen Migrationskontexten wohlbekannter Prozess. Die Emotionalität und die Gruppenbegeisterung, die die Erwe-

einem aus Erlösungsträumen geborenen Islamismus nieder. Sie verbanden nämlich mit der Islamisierung der Türkei die Hoffnung, aus der *gurbet* befreit zu werden. Dies schrieb sich in die damals populären Theorien eines dritten autonomen Wegs ein, die auch von Linken vertreten wurden. Befreiung von westlicher Dominanz und Rückkehr zu den eigenen kulturellen und religiösen Wurzeln wurden als Voraussetzung für politische Emanzipation und ökonomische Entwicklung gesehen.

Damit schlug in Deutschland die Stunde der religiösen

---

ckungsreligiosität vieler amerikanischer Einwandererkirchen charakterisierten, sind bekannt. Aus dem Umkreis der jüdischen Einwanderer der zwanziger Jahre in Berlin findet sich eine wunderbare Beschreibung der Stimmung in einem Bethaus des Scheunenviertels bei Martin Beradt: Das gemeinsame Gebet wird immer emotionaler und mitreißender: »Auf einmal, als man erwartete, es müssten alle verzweifelt innehalten vor Erschöpfung, hoben sich zwei Männer in die zusammengenommenen Spitzen ihrer Füße, heulten mit aufgehobenen Händen und schleuderten den Gesang auf eine Art hinaus, als gelänge es jetzt, als liefe mit der heiser geschrienen Stimme die Seele aus dem Körper unmittelbar durch die Decke zum Firmament«. (Beradt 1981: 92) Richard Niebuhr beschreibt den Widerwillen, den der methodistische Gestus im England des 19. Jahrhunderts bei bürgerlichen Schichten hervorrief, »wegen seiner Tränen, Seufzer und liebevollen Ergüsse, wegen … seines unerschütterlichen Dogmatismus, mit dem er die heiligsten Themen behandelte, wegen seiner Enge … und seiner extremen Insensibilität gegenüber vielen Einflüssen, die das Leben erweitern und verschönern, wegen seiner synkretistischen Leichtgläubigkeit und des Selbstvertrauens, mit dem er sich vorstellte, dass der ganze Lauf der Natur sich so veränderte, wie es ihm passte.«(1987: 62). Aber – fährt Niebuhr fort – »die gleichen Eigenschaften, die seinen Einfluss in der einen Sphäre beeinträchtigten, förderten ihn in einer anderen. Seine leidenschaftlichen Gebete und Ermahnungen bewegten die Herzen von Zahlreichen, die eine dezentere Predigt völlig gefühllos ließ. Die übernatürliche Atmosphäre von Wundern, Urteilen und Eingebungen, in denen er sich bewegte, statteten das prosaischste Leben mit einer romantischen Glorie aus«. (19)

antikemalistischen Oppositionsbewegungen wie der reform-mystischen Gemeinden der Süleymancı, der Nurcu oder der Milli-Görüş-Bewegung des Necmettin Erbakan.[6] In der Türkei hatten viele dieser Organisationen bis in die 1980er Jahre im Untergrund gearbeitet und dort Formen der Selbstorganisation entwickelt, an die in der Migrationssituation angeknüpft werden konnte. Sie boten sich schließlich als Dachverbände für die Moscheegemeinden an, die ihrerseits kaum in der Lage waren, aus sich heraus eine religiöse Infrastruktur aufzubauen – also Prediger zu organisieren, Fragen bezüglich des Organisationsrechts zu klären usw. Die Bereitschaft, diesen Oppositionsstimmen Raum zu geben, resultierte nicht zuletzt aus dem Gefühl, von der Religionsbehörde des türkischen Staats, dem Amt für Glaubensangelegenheiten, bei der Organisation des Islam in der Fremde völlig im Stich gelassen worden zu sein.

Im Folgenden entwickelte sich die Landschaft des Islam in Europa aus dem Zusammenspiel zwischen der religiösen Bedürfnislage der Gläubigen und den expliziten Deutungsangeboten, die seitens der Gemeinden gemacht wurden. Die auf Alltagserfahrung beruhende – und in der Regel diffuse – Disposition wurde zu einem bewussten Selbstverhältnis, indem sie von den religiösen Organisationen ausgedrückt bzw. »repräsentiert« wurde – und zwar in dem Doppelsinn des Wortes sowohl »dargestellt« als auch politisch vertreten. Dies geschah manchmal »bottom up«, wenn die Gemeinden ein Bedürfnis aufgriffen und ihm Ausdruck verliehen. Genauso häufig erfolgte dieser Prozess aber auch »top down« – wenn also ein Deutungsangebot formuliert wurde, in dem die Migranten sich wiedererkannten.

Dieser Prozess erhielt seine spezifische Bedeutung dadurch, dass mehrere Dachverbände konkurrierende Deutungs-

---

6 Für eine nähere Darstellung siehe Schiffauer 2000: 17-154.

angebote vorlegten. Die Gemeinden unterschieden sich sowohl hinsichtlich der Traditionslinie, an die sie anknüpften, als auch bezüglich ihrer Vision einer islamischen Umgestaltung der Türkei. Die im Verband Islamischer Kulturzentren (VIKZ) zusammengeschlossenen Anhänger Süleyman Hilmi Tunahans, die »Süleymancı«, und die Nurcu etwa entstammen der sufistischen Bruderschaftsreligiosität. Sie waren schon in den ersten Jahren nach der kemalistischen Revolution in der Türkei gegründet worden, um dem, was sie als Verarmung des Islam empfanden, eine islamische Erziehung entgegenzusetzen. Seit dieser Zeit operierten sie im Untergrund. In Bezug auf die islamische Umgestaltung setzten sie auf *consciousness raising* durch ein islamisches Bildungswerk. Die Milli Görüş wurde in den 1960er Jahren mit dem Ziel gegründet, unter dem Stichwort »Gerechte Ordnung« (*adil düzen*) die Islamisierung der Türkei durchzusetzen. Aus ihr ist nacheinander eine Reihe islamisch-konservativer Parteien hervorgegangen (Nationale[7] Ordnungspartei, Nationale Heilspartei, Wohlfahrtspartei, Tugendpartei und schließlich die Wohlergehenspartei) – wobei die Abfolge der Namen die wechselhafte Geschichte der Partei reflektiert, die immer wieder verboten und neugegründet wurde. Diese Parteien standen letztlich für einen parlamentarischen Weg hin zu einer islamischen Gesellschaft.[8]

---

7 Die gängige Übersetzung von »Milli«, z. B. in Milli Görüş, mit »national« ist etwas missverständlich. Die Konnotationen sind eher Volk, Bevölkerung. Statt »nationaler Sicht« würde eher »Sicht des Volkes« die Konnotationen einfangen. Dabei war der Hintergrund die erst in den 1990er und frühen 2000er Jahren überwundene Spaltung der Türkei in eine säkular urbane Kultur und eine islamisch geprägte ländliche Kultur. »Milli« bezieht sich auf den Anspruch, Sprachrohr letzterer zu sein.

8 Ausführlich dazu Schiffauer 2010.

Nicht alle türkischstämmigen Muslime sahen jedoch in einer islamisierten Türkei den Ausweg. Die Idealistenvereine (bzw. Grauen Wölfe), der europäische Zweig der rechtsnationalistischen Nationalen Bewegungspartei, traten für eine nationalistische Erneuerung der Türkei und eine Synthese von Turkismus und Islam ein. Das staatliche Amt für Glaubensangelegenheiten wurde erst 1983 in der Diaspora aktiv (wenn auch Gläubige sich schon vorher bei der Moscheegründung an das Amt wenden konnten, um Hilfestellung zu erhalten). Die DİTİB wurde als europäische Niederlassung dieses Amtes gegründet. Sie steht für einen Islam, der die Rolle von Religion strikt auf den privaten Raum beschränkt wissen will – wenigstens offiziell, denn innerhalb des Amtes sind alle Strömungen vertreten.

Das Entscheidende an dieser Entwicklung war, dass der Islam in der Migrationssituation plötzlich vielstimmig wurde. Dies führte angesichts der wachsenden Bedeutung der Gemeinden in der Fremde zu Spannungen vor Ort. Es kam nämlich zu heftigen Auseinandersetzungen über die Frage, welchem Dachverband die Gemeinde sich anschließen sollte. In der Regel folgte auf die Zuordnung zu einem der Dachverbände eine Spaltung der Gemeinde. Versuche feindlicher Übernahmen oder auch Rückeroberungen von Moscheen, die in die Hände anderer Gemeinden gefallen waren, waren nicht selten. Bemerkenswerterweise waren sie auf die Großstädte beschränkt. Auf dem flachen Land konnte man sich diese Aufspaltungen mangels Masse nicht erlauben. Man blieb zusammen und schloss sich in den 1980er Jahren in der Regel der DİTİB an.

Mitte der 1980er Jahre hatte sich das Feld geklärt – nicht zuletzt deswegen, weil die einzelnen Gemeinden stärker an den jeweiligen Dachverband gebunden worden waren. An die Stelle der oft mit harten Bandagen ausgetragenen Konflikte trat ein geregelter Wettbewerb ortsübergreifender Gemeinden und Moscheeorganisationen. In diesem Zusammenhang wurden Angebote entwickelt, die die religiöse Bedürfnislage der Laien aufgriffen. Der übliche hierarchisch-autoritäre Stil, der den Islam in allen Herkunftsländern charakterisiert, ließ sich unter den Bedingungen eines freien religiösen Marktes in der Diaspora nur eingeschränkt aufrechterhalten. Die Definitionsmacht des nationalstaatlich eingebundenen Gelehrtenstandes war gebrochen. Anstatt die Gläubigen zurechtzuweisen, musste man nun um sie werben. Dabei beschränkten sich manche auf ein bestimmtes Marktsegment und boten etwa ein maßgeschneidertes Angebot für religiöse Virtuosen mit bestimmten Exerzitien an. Andere zielten auf Breitenwirksamkeit ab und boten Pilgerreisen »mittleren Strapazengrads« (so der Leiter eines großen islamischen Verbands in Deutschland) an. Es wurden religiöse Angebote für eine neue Klientel – für Frauen oder Jugendliche – entwickelt und neue religiöse Tätigkeitsfelder erschlossen: etwa die Seelsorge oder die Sozialarbeit.

Inhaltlich drehten sich die Auseinandersetzungen bis Mitte der 1990er Jahre um die Frage, welche Rolle der Islam in der Türkei spielen sollte. Dies änderte sich erst gegen Ende des Jahrzehnts. Die Gemeinden begannen sich zunehmend als Zusammenschluss von Einwanderern zu empfinden. Damit wurde die bis dahin fast ausschließliche Fokussierung auf die Türkei durch eine auf Deutschland komplementiert (und zum Teil auch ersetzt). Dies hing auch mit einem Generationenwechsel zusammen. Die Leitung der Gemeinden ging zunehmend in die Hand einer in Deutschland aufgewachsenen und sozialisierten Generation über. Sie sind Deutsche qua Geburtsrecht: Sie sind durch deutsche Gymnasien und Universitäten gegangen und haben vielfältige Beziehungen zur hiesigen Gesellschaft aufgebaut. Sie sind deutsche Muslime und nicht nur mehr Muslime in Deutschland. Dies ist nun keineswegs selbstverständlich, sondern bedeutet ein praktisches Verhältnis, eine Aufgabe, ein Projekt. Die Rückkehr in die Heimat ist kein Thema mehr für diese Generation – an die Stelle tritt die Etablierung des Islam in der Einwanderungsgesellschaft und der Kampf um seine Anerkennung. In diesem Zusammenhang haben all die genannten Gemeinden ein eigenes und neues Profil gefunden.

Die Islamische Gemeinschaft Milli Görüş ist vorwiegend an der Basis in den Einwanderervierteln aktiv: Die Moscheegemeinden sind Träger einer beachtlichen Jugendarbeit, deren Ziel es ist, die Jugendlichen von der Straße zu holen, ihnen eine Identität als Muslime in Deutschland zu vermitteln und sie darüber in die Lage zu versetzen, selbstbewusst in die Gesellschaft hinein zu wirken. Darüber hinaus hat sich die Gemeinschaft durch den Aufbau eines rechts- und sozialwissenschaftlichen Kompetenzzentrums profiliert, das Rechtsberatung durchführt und Strategien im Umgang mit der Mehrheitsgesellschaft durchdenkt.

Der Verband der Islamischen Kulturzentren, die Dachorganisation der Anhänger Süleyman Hilmi Tunahans (»Süleymancı«), ist der bedeutendste Anbieter für Korankurse.

Die Gülen-Gemeinde, ein Ableger der Nurcu-Bewegung hat inzwischen ein beachtliches weiterführendes Bildungswerk geschaffen, eigene Gymnasien aufgebaut und ein Netz von Studentenwohngemeinschaften errichtet.

Die Islamische Förderation ist der Träger des Religionsunterrichts in Berlin.

Die DİTİB profiliert sich vor allem im Bereich der Öffentlichkeitsarbeit als Ansprechpartner für die deutsche Öffentlichkeit.

An die Stelle des Wettbewerbs ist heute die Zusammenarbeit getreten: Die Angebote der einzelnen Gemeinden wer-

den weitgehend als komplementär betrachtet. »Wenn du Rechts-
beistand brauchst, gehst du zur Milli Görüş; wenn die Kinder
zum Korankurs sollen, gehen sie zu den Süleymancı (VIKZ);
wenn du ein Gymnasium brauchst, schickst du sie zur Gülen-
Gemeinde.« Ein Ausdruck für diese neue Art der Zusammenarbeit ist die Kooperation bei praktischen Projekten. Bei der
Islamischen Grundschule in Berlin kommen Mitglieder verschiedener Gemeinden zusammen; ebenso wurde die jüngste
Initiative für den Aufbau einer Gefängnisseelsorge in Berlin
von verschiedenen Organisationen getragen.

Stärken und Schwächen der Selbstorganisation

Viel stärker als von den Eigenheiten, die die Gemeinden über
die Jahre hin ausbildeten, war die Kooperation mit unserem
Projekt von der Tatsache bestimmt, dass es sich um auf Selbstorganisation beruhende Laienorganisationen handelte. Die
Stärken und Schwächen von Organisationen, die auf ehrenamtlichem Engagement basierten, prägten unsere Zusammenarbeit.

Zunächst zu den Stärken: Die Selbstorganisation führt zu
einer starken Identifikation der Mitglieder mit ihrer Gemeinde. Es geht immer um die ureigenen Angelegenheiten, die hier
verfolgt werden. Dabei hat jeder, der sich mit der Sache identifiziert, geradezu ein Recht, das Gemeindeleben mitzugestal-
ten. Jeder bringt sich mit seinen Fähigkeiten und Neigungen
ein und wird in seinem Bemühen anerkannt. Kurz, die Gemeinden sind für die meisten nicht Organisationen, denen
man beitritt oder die man verlässt, sondern sind fast wie ein
kollektiver Gemeinbesitz der Gläubigen. Am stärksten ist dies
bei der ersten Migrantengeneration zu beobachten, die, wie
oben erwähnt, in Eigeninitiative und Eigenleistung die Got-

teshäuser einrichtete und gestaltete. Auch bei der zweiten und dritten Generation trägt dieses Grundgefühl aber. Hier wird dann eine Verpflichtung deutlich, wie man sie gegenüber einem Familienbesitz empfindet, der von den Eltern und Großeltern aufgebaut wurde und schon aus Gründen der Pietät nicht leichtfertig verschleudert werden darf. Gerade diesen Generationen ist auch bewusst, dass die Gemeinschaftsleistung der Eltern- und Großelterngeneration ihnen Möglichkeiten erschlossen hat, die sie sonst nicht hätten. Immer wieder höre ich in den Interviews mit den Vertretern dieser Generation, dass man nur durch die Gemeinde das geworden ist, was man ist – dass man ihr die akademische Ausbildung verdankt oder gar die Tatsache, dass man nicht in die Delinquenz abgerutscht ist. In vielem zeigen die Gemeinden die Selbstverständlichkeit von Verwandtschaftsgruppen: Es gibt ein Recht auf Beistand und Hilfeleistung. Und man kann sich die anderen nicht aussuchen. Sie sind einfach da, und man muss mit ihnen auskommen. Wie bei Verwandtschaftsgruppen schließt all dies Konflikt und Streit nicht aus – es gibt aber die Gewissheit, dass man trotzdem dazugehört.

All dies bedingt ein hohes Mobilisierungspotenzial. Der Einsatz für die Gemeinde geht bei vielen fast bis zur Selbstverleugnung. Wenn es notwendig ist, ist man einfach da. Eine maßgebliche Rolle spielt dabei die religiöse Verankerung der Aktivitäten. Der Einsatz für die Gemeinde ist Gottes-Dienst. Indem man sich in und durch die Gemeinde für die Gesellschaft engagiert, erfüllt man seine religiösen Pflichten.

Und all dies war auch für das Projekt zentral. Es ist zunächst den genannten Stärken der Selbstorganisation geschuldet, dass es überhaupt möglich wurde. Gleichzeitig bedingt dieser Charakter der Selbstorganisation auch gewisse Schwächen: komplizierte und zeitraubende Abstimmungsverfahren, Knappheit der Ressourcen und einen geringen Grad an

Professionalisierung. Das Gegeneinander von Stärken und Schwächen der Selbstorganisation prägte den Projektverlauf.

Das Funktionieren der Gemeinden: Abstimmungszwänge und Abstimmungsbedürfnisse

Es gibt in selbstorganisierten Gemeinden einen erheblichen Abstimmungsbedarf. Dabei sind zwei Ebenen zu unterscheiden: der Abstimmungsbedarf zwischen der Gemeinde und der übergeordneten Organisation auf Bezirks- und nationaler Ebene und der Abstimmungsbedarf innerhalb der Gemeinde selbst.

Dabei scheint ein Abstimmungsbedarf mit der Bezirksoder auch der Bundesebene zunächst der starken Eigenständigkeit der Gemeinden zu widersprechen. Tatsächlich aber ergibt sich dieser Abstimmungsbedarf aus der Eigenständigkeit der Gemeinden. Die Gemeinden haben sich deshalb zu Dachverbänden zusammengeschlossen oder sind Dachverbänden beigetreten, weil sie die Aufgaben auf lokaler Ebene mit ihren beschränkten Ressourcen nicht mehr bewältigen konnten. Daraus hat sich über die Jahre hinweg eine Arbeitsteilung ergeben. Die Dachverbände organisieren die Auswahl der Imame (die allerdings nach wie vor durch die Ortsgemeinden bezahlt werden) und stellen gemeindeübergreifende religiöse Dienstleistungen zur Verfügung, wie etwa die Organisation der Pilgerfahrt, eine ordentliche Abwicklung der vorgeschriebenen Pflicht zum Almosengeben (etwa durch das Organisieren von Spendenaktionen für Länder der Dritten Welt), die Beratung der Gemeinden in rechtlichen Belangen (beispielsweise beim Erwerb von Immobilien) oder auch die Durchführung von gemeindeübergreifenden religiösen Veranstaltungen wie Koranrezitationen. Der Gesamtverband ist jedoch nicht nur eine Zweckgemeinschaft, sondern steht auch für die konzeptionelle Ausrichtung – d. h. für die Frage, welche Rolle der Islam in der Einwanderungsgesellschaft spielen sollte. Daraus ergeben sich die spezifischen Angebote und Dienstleistungen (hizmet) der in einem Dachverband zusammengeschlossenen Gemeinden. Kurz: Der Gesamtverband entwickelt über seine Zielsetzung und durch die von ihm angebotenen Dienstleistungen ein ganz spezifisches Profil. Die Dachverbände haben somit wesentlich zur Ausprägung der Gemeinden vor Ort beigetragen.[9] Eine Milli-Görüş-Gemeinde ist aus diesem Grund als solche vor Ort sofort zu erkennen und unterscheidet sich in ihrem Charakter wesentlich etwa von einer Nurcu-Gemeinde. Trotz aller Unterschiede ist das Abstimmungsprocedere bei allen sehr ähnlich.

All dies hat eine stark spirituelle Dimension, die man verstehen muss. Es geht bei der konzeptionellen Ausrichtung auch um religiöse Wahrheit, die in der Gesamtgemeinde verankert ist. Die Einheit der Gesamtgemeinde ist deshalb auch ein Wert in sich. Intellektuelle Gläubige, die an konzeptueller Arbeit Spaß haben, finden häufig eher auf Bezirksebene oder

---

9 Es gibt eine strukturelle Ähnlichkeit dieser Form der religiösen Organisation mit Einkaufsgenossenschaften. Wenn man so will, funktionieren die islamischen Gemeinden ähnlich wie die Einkaufsgenossenschaft Edeka, in der über 4500 selbständige Einzelhändler zusammengeschlossen sind. Edeka bildet auch deshalb eine faszinierende Parallele zu den islamischen Dachverbänden, weil sich zeigt, wie die enge Kooperation im Zusammenspiel mit der Abgrenzung von Konkurrenten über die Jahre zur Herausbildung eines eigenen Profils führt, das vergleichbar mit dem einer klassischen Mutterorganisation mit Filialen, also einer Kirche ist (Tengelmann etwa hat eine Kirchenstruktur). In besonders ausgeprägter Weise hat dieser Prozess bei der Gülen-Gemeinschaft zur Herausbildung eines Netzwerks weitgehend unabhängig operierender Institutionen geführt. (Agai 2007)

im Zentrum Aufgaben, die sie als Herausforderung empfinden – wobei auch hier das Gefühl einer religiösen Verpflichtung, der man nachkommen muss, wenn der Verband ruft, eine Rolle spielt. Hier findet ein gewisser »brain drain« der Einzelgemeinden statt.

Hat man also auf der Bezirks- oder Zentrumsebene gewissermaßen das große Ganze im Blick, so ist die Perspektive auf Gemeindeebene eher nach innen gerichtet. Es bleibt kaum Raum, Zeit oder auch nur Energie für konzeptionelles Denken. Auf eine fast humorvolle Art macht folgendes Zitat eines jungen Mannes die Imperative des Alltagshandelns deutlich:

»So ein 50-, 55-jähriges Gemeindemitglied aus Samsun hat seine Bedürfnisse. Der sagt: Hier sind meine Kinder, die müssen das und das lernen. Macht das! Der möchte am Freitag ein Gebet hören. Er möchte, dass hier in der Küche Essen gekocht wird. Er möchte, dass dieses und jenes im Laden verkauft wird und dass die Öffnungszeiten etwas gelockert werden … Mein Ding wäre jetzt nicht unbedingt, auf der Gemeindeebene dafür zu sorgen, wer jetzt im nächsten Monat wieder im Laden steht, weil der, der es bisher gemacht hat, krank ist. Oder warum die Fliesen nicht wirklich sauber sind und wer da unten die Gemeinderäume putzt. Das macht der Gemeindevorstand. Der andere guckt nach den Mitgliedsbeiträgen – ist jemand hinterher? Oder der Imam … Wer ist es? Wie lange ist er da? Brauchen wir noch einen für die Sommerkurse?« (Salim Bilekkaya, 29.7.2009 in Schiffauer 2010: 335)

Vor Ort ist man sich der Beschränkungen, die dies mit sich bringt, sehr bewusst:

»Also, die Agenda, die von der Zentrale verfolgt wird, ist dann tatsächlich viel bewusster, viel zielorientierter. Sie überlegen, welche Themen wichtig sind, und in den Gemeinden findet das viel weniger statt. Vor Ort übernehmen wir dann meist Sachen, die von der Zentrale angeboten werden«. (T., langjähriges Gemeindemitglied)

Auf Gemeindeebene lebt man also eher »von der Hand in den Mund«, während die Zentrale langfristiger plant und denkt.

Das Verhältnis von Gemeinde zum Gesamtverband wird von den Gemeindemitgliedern als eher komplementär denn hierarchisch beschrieben. In bestimmten Fragen – vor allem den hier angesprochenen des Außenkontakts – setzt man auf die Expertise, die sich auf der übergeordneten Ebene herausgebildet hat. Man traut es sich vor Ort nicht immer zu, zu entscheiden, welche Kooperation sinnvoll ist und welche womöglich schädlich. Die Zusammenarbeit mit außerreligiösen Einrichtungen, die nicht aus der eigenen Community kommen, stellt eine große Herausforderung dar. Tatsächlich hat man diesbezüglich negative Erfahrungen gemacht: Unvorsichtige Handlungen und Äußerungen von Gemeindemitgliedern haben nicht selten Schaden angerichtet.[10] Gerade das Grundgefühl, dass die Gemeinden unter ständiger kritischer Beobachtung der Mehrheitsgesellschaft stehen, führte zu dieser reservierten Haltung: Wenn sich jemand von außen an ein Gemeindemitglied wendet, ist die erste Reaktion oft ein freundliches Hinhalten, hinter welchem prinzipielle Skepsis

---

10 Dies war vor allem nach dem 11. September 2001 deutlich. Hier kam es immer wieder zu Situationen, bei denen einfache Gemeindemitglieder vor die Kameras gezogen wurden und Positionen einnahmen, die von der Gemeinde nicht vertreten wurden. Dabei war ein überführender Gestus bei den Journalisten gang und gäbe.

und Vorsicht stehen. Was will er? Worauf lassen wir uns da ein? Schadet die Kooperation nicht? Von wem wird der Partner finanziert?

Andererseits genügt das grüne Licht vom Dachverband nicht. Das Projekt muss dann auch in den Gemeinden mit den vorhandenen Ressourcen gestemmt werden. Wir erlebten, dass auf Landesebene die Kooperation befürwortet wurde – auch weil der Gesamtverband durchaus in der Bildungsarbeit engagiert war. Allerdings war der Landesvorsitzende oft nicht mit den Gegebenheiten vor Ort vertraut. Und die Reaktion auf Gemeindeebene war dann oft Hilflosigkeit.

Einen ähnlichen Abstimmungsbedarf gab es auch auf Gemeindeebene. Unser primärer Ansprechpartner war der Frauenvorstand, weil Frauen in Erziehungsfragen in der Regel aktiver sind als Männer. Der Frauenvorstand hatte das Bedürfnis, den Männervorstand mit einzubeziehen – ebenfalls aus dem Wunsch, Fehler zu vermeiden und die Gemeinde insgesamt zu beteiligen. Dabei waren wichtige Ansprechpartner oft nur indirekt über das Projekt informiert. Die Frauen berichteten über den Projektstand und mussten etwaigen skeptischen Einwände begegnen. Letztendlich bürgten sie gegenüber der Gesamtgemeinde für das Projekt. Sie vertraten also die Gemeinde gegenüber dem Projekt und das Projekt gegenüber der Gemeinde.

»Die Gemeinden müssen hundertprozentig sicher sein, dass es eine gute Sache ist, dass sie selber einen Überblick über das Ganze haben und wirklich der Sache vertrauen können. Die Fragen, die dabei auftauchen sind: ›Soll man das denn wirklich machen? Können wir das stemmen? Haben die einen Nutzen von uns? Verfolgen sie noch andere Interessen? Worauf müssen wir in der Zusammenarbeit achten?‹ All diese Fragen müssen immer irgendwie beantwortet werden. Es muss eine Auseinandersetzung darüber stattfinden.« (Protokoll Uçan)

Diejenigen, die das Projekt in den Gemeinden vertreten, müssen gegen skeptische Einwände den Nutzen für die Gemeinde betonen beziehungsweise die auftretenden Bedenken zerstreuen. Dabei ist die Unterstützung der Zentrale immer wieder ein entscheidendes Argument.

Der erhebliche Abstimmungsbedarf ist nicht nur zeitraubend – er bindet auch Zeit und Energie seitens des Projekts. Oft war es so, dass bestimmte Entscheidungen irgendwo hängenblieben und es Interventionen brauchte, um die Blockaden aufzulösen. Auch mussten unsere Kontaktpersonen die Möglichkeit haben, sich immer wieder rückzuversichern, wenn in den internen Debatten überraschende Argumente aufkamen, die sie ad hoc nicht beantworten konnten.

Die Knappheit der Ressourcen

In Gemeinden, in denen alles auf ehrenamtlichem Engagement beruht, herrscht eine systematische Knappheit an personellen Ressourcen. Gerade für ein anspruchsvolles Projekt wie unseres war es deshalb nicht leicht, geeignete Kontaktpersonen zu finden. Zunächst musste oder sollte es eine Frau sein, vor allem deshalb, weil die Verantwortung für Erziehungsfragen weitgehend bei den Frauen liegt. Diese Frau sollte zweitens das Projekt inhaltlich mittragen und vertreten können. Sie musste es sich kognitiv, aber auch emotional zu eigen machen, also sich mit ihm identifizieren. Und sie musste in der Gemeinde über genügend Ansehen verfügen.

In der Regel fanden wir diese innerliche Verbindung nur bei akademisch gebildeten Frauen, die das Projektinteresse mit einem Eigeninteresse verbinden konnten, weil sie selbst noch Kinder in der Schule hatten. Das Problem war, dass diese Personengruppe nur ausnahmsweise auch im Frauenvorstand vertreten war (was genügend Gewicht bei Abstimmungen in der Gemeinde garantiert hätte). Im Vorstand waren oft nur Frauen, deren Kinder schon aus der Schule waren und die deshalb mehr Zeit für das ehrenamtliche Engagement hatten.

Kurz: Gesucht wurde eine Frau, die jung, motiviert, im Vorstand eingebunden, bilingual und klug genug war, sich in ein ganz neues Projektformat einzudenken. Oft traf all dies nur auf eine einzige Person in der Gemeinde zu. Daraus ergab sich eine andere Schwierigkeit. Sie konnte nämlich praktisch nicht vertreten werden. Es blieb alles an ihr hängen.

Dabei gab es häufig Vertretungsbedarf, denn unser Projekt war ja nicht die einzige Instanz, die Interesse an derart hochqualifizierten Frauen hatte. Wir haben wichtige Kontaktpersonen verloren, weil sie eine Anstellung fanden und dann zeitlich nicht mehr in der Lage waren, an dem Projekt mitzuarbeiten. Bei anderen führte ein weiteres Kind dazu, dass sie sich aus dem Projekt zurückzogen. Oft war es nicht möglich, Ersatz zu finden. So brach nach mühevoller Aufbauarbeit die Kooperation mit einer Moschee zusammen, als das sehr aktive junge Gemeindemitglied das Projekt nicht weiter betreuen konnte. Gerade weil ehrenamtliche Mitarbeit per definitionem nicht auf einem bezahlten Anstellungsverhältnis beruht, ist es sehr schwer, neue Personen zu rekrutieren.

Hinzu kommt, dass aus der Gemeinde heraus immer wieder Erwartungen an engagierte und kompetente Mitglieder herangetragen wurden. Dies betraf vor allem die Bewältigung der Kernaufgaben: Gottesdienst und Koranunterricht müssen angeboten, die Hadsch organisiert, die religiösen Feiertage bewältigt werden (im Ramadan wird in den meisten Gemeinden regelmäßig Essen angeboten); Basare müssen abgehalten werden, um finanzielle Mittel aufzutreiben; Spenden-sammlungen – etwa im Zeichen des Opferfestes – müssen organisiert und ordentlich abgerechnet werden. Hinzu kommt die Aufrechterhaltung der Infrastruktur: Es muss geputzt werden, Reparaturaufgaben müssen erledigt werden. Diese klassischen Aufgaben sind in den 2000er Jahren um die Öffnung nach außen ergänzt worden. Tage der offenen Tür haben sich etabliert (regelmäßig am Tag der Deutschen Einheit). Web-Präsentationen wurden eingerichtet. So weit das Kerngeschäft: Darüber hinaus gibt es zahlreiche außergewöhnliche Belastungen, etwa durch Bauprojekte – Neu- oder Umbauten –, die dann weitere personale Ressourcen binden. All dies muss von Einzelpersonen neben den Belastungen durch Arbeit und Familie in der Freizeit erledigt werden. Allein den Alltagsbetrieb aufrecht zu erhalten, ist eine riesige Herausforderung.

Wie in vielen ehrenamtlich organisierten Strukturen sind es immer zu wenige, auf deren Schultern das Engagement ruht. So gibt es einen kleinen Kreis von Leuten, die sich Jahr für Jahr für den Tag der offenen Moschee verantwortlich und dieser Aufgabe gewachsen fühlen. Dabei hat man den Eindruck – wie es eine Projektmitarbeiterin formulierte –, dass man unter Zeitdruck eher reaktiv als pro-aktiv handelt und versucht, die Ereignisse, die auf einen zurollen, eben so gut wie möglich zu bewältigen.

Vor diesem Hintergrund steht jedes Engagement für einen neuen Bereich vor einem prinzipiellen Rechtfertigungsproblem. Hatice, die sich mit großem Engagement in das Projekt einbrachte, musste sich Vorwürfe aus dem Frauenvorstand anhören, weil viele der Meinung waren: »Unser Bereich ist eigentlich ein anderer …« – nämlich den Basar vorbereiten, um das für die Gemeindearbeit dringend gebrauchte Geld zu verdienen, und so weiter.

Dies verlangt Kraft und Durchsetzungsfähigkeit:

»Die Gemeinden haben eine feste Agenda, mehr oder weniger, ein gefülltes Programm, und wenn da Versammlungen stattfinden oder so, dann wird das alles durchgearbeitet. Ein Projekt wie das eure ist erst mal gar nicht auf dieser Agenda, also müsste man erst einmal dafür einen Raum besetzen, erkämpfen, Überzeugungsarbeit leisten. Es würde vieles auf mich fallen, da die anderen schon beschäftigt sind und sich mit dem Projekt auch nicht auskennen. Und ich hätte Schwierigkeiten, immer wieder von neuem das Projekt zu vermitteln.« (Bericht einer ehrenamtlich Tätigen, die wir als Ansprechperson gewinnen wollten)

Die Knappheit an Personal wird durch zwei Faktoren verschärft. Zum einen durch das Interesse an qualifizierten Personen auf Regional- und Bundesebene, die in der Lage sind, die Gemeinden überzeugend nach außen zu vertreten. Ein zweiter Faktor, der einem Engagement in der Gemeinde abträglich ist – zumindest bei Gemeinden, die vom Verfassungsschutz dem Islamismus zugerechnet werden –, sind die gesellschaftlichen Sanktionen. Das Engagement in einer Milli-Görüş-Gemeinde beispielsweise reicht aus, um die Einbürgerung in der Bundesrepublik verweigert zu bekommen oder für die Verhängung eines Berufsverbots. Es ist bekannt, dass viele sich aus diesem Grund aus dem Einsatz in der Gemeinde zurückgezogen haben.[11]

---

11 Eine Dokumentation der Konsequenzen der Überwachung wurde von dem von Kerem Öktem geleiteten Forschungsprojekt »Signale aus der Mehrheitsgesellschaft – Auswirkungen der Beschneidungsdebatte und staatlicher Überwachung islamischer Organisationen auf Identitätsbildung und Integration in Deutschland« vorgelegt. (Öktem 2013)

Ein Ehrenamt wird per definitionem von jemandem ausgeübt, der die Tätigkeit in der Freizeit, neben seinem eigentlichen Beruf betreibt. Ehrenamtliche Strukturen sind – von ihrem Wesen her – nicht-professionell. Dies fällt in vielen Bereichen nicht auf, weil – etwa in Kirchen – die ehrenamtliche Tätigkeit in professionelle Strukturen eingebettet ist und mit ehrenamtlichen Tätigkeiten Lücken geschlossen werden. Es ist aber etwas anderes, wenn die Strukturen selbst durch das Ehrenamt getragen werden. Hier möchte ich auf die Konsequenzen hinweisen, die dies für Kommunikationsstrukturen und die Aufgabenbewältigung hat.

Zum ersten: Die Gemeinden haben keine Mittel, um ein Sekretariat zu unterhalten, über das die Kommunikation untereinander und nach außen professionell abgewickelt werden könnte. Die Kommunikation findet sozusagen nebenher, in der Regel bilateral, meist über Handy, statt.

Die Erreichbarkeit der Gesprächspartner ist dadurch eingeschränkt, dass sie neben der Gemeindearbeit in Berufsstrukturen eingebunden sind. Damit sind sie zu den üblichen Geschäftszeiten oft nicht zu erreichen. So versickert manches, anderes wird schlicht vergessen. Es kommt nicht selten vor, dass Kooperationspartner nicht – und wenn dann zufällig – über Ereignisse informiert werden, die projektrelevant sind. Gelegentlich verlässt man sich auf andere, um wichtige Personen zu informieren. Bei diesen Strukturen ist es durchaus keine Ausnahme, wenn die eine Hand nicht weiß, was die andere tut.

Eine zweite, damit zusammenhängende Folge ist die mangelnde Trennung von Organisation und Person. Das Wissen ist sehr stark an Personen gebunden: Der Vorstand mag zwar den Überblick haben, der Stellvertreter dagegen nicht. Eine Archivierung von Vorgängen, die eine personenunabhängige

Weitergabe von Wissen erlauben würde, existiert nicht. Eine Vertretung wird damit zum Problem. Ein Krankheitsfall oder ein Urlaub kann zum Zusammenbrechen der Kommunikation führen. Damit ergibt sich das Risiko, dass das, was zugesagt wird, nicht eingehalten wird – entweder weil es von einem Vorsitzenden zugesagt wird, der dann nicht anwesend ist, wenn die Umsetzung ansteht, oder weil es vom Stellvertreter zugesagt wird, der nicht den Überblick über das hat, was sonst noch anfällt. Bestenfalls ergibt sich daraus eine Verschleppung der Geschäfte. Diese kann erheblich sein: Als der Moscheevorstand einer Kreuzberger Moschee, ein Rentner, für drei Monate in die Türkei gereist war, blieb alles, was eine autoritative Entscheidung erfordert hätte, liegen.

Damit hängt, drittens, ein »nicht-professioneller Auftritt« zusammen.

> »Ich glaube man kann vielleicht eher sagen, dass in den Funktionsstellen der Gemeinden, weniger in der Landeszentrale, deutlich Menschen überrepräsentiert sind, die keine formale Bildung haben. Sie verfügen einfach nicht über die Ressourcen, die es ihnen erlauben würden, professionell zu handeln, zum Beispiel: Wie stellt man Verbindlichkeit her? Wie meldet man sich am Telefon? Das sind ja auch ganz so viele super blöde kleine Geschichten …« (Schwalgin; Interview mit Werner Schiffauer)

Nicht zuletzt kommt es zu erheblichen Reibungsverlusten bei der täglichen Arbeit. Sie fallen vor allem denjenigen auf, die die deutschen Schulen und Universitäten durchlaufen und die dort vermittelten Effizienzkriterien verinnerlicht haben. Sie haben es manchmal einfach satt, sich an den oft schwerfälligen Gemeindestrukturen abzuarbeiten. Wie es ein ehemaliges Vorstandsmitglied aus einer Gemeinde formulierte:

»Man muss schon sagen, dass so Leute wie ich dann, wenn wir zum Beispiel mit den älteren Mitgliedern im Vorstand der Moschee zusammensitzen, auch ein Problem haben. Also wir haben ein Kommunikationsproblem. Das ist ein Riesenunterschied, die Art und Weise, wie sie diskutieren, wie sie Sachen zu Entscheidungen bringen, oder dass es gar nicht zu Entscheidungen kommt. Als ich noch tätig war, habe ich gemerkt, dass ich da andauernd so gegen Wände renne, aber auch vorsichtig sein muss, um nicht arrogant zu wirken, weil ich immer alles besser weiß und eigentlich immer sagen wollte: ›Nee, eigentlich sollte man jetzt anders diskutieren. Haben wir denn jetzt bei dem anderen Thema einen Schlussstrich gezogen? Warum springen wir jetzt wieder?‹ Da fühlt man sich nach einer gewissen Zeit nicht mehr wohl, weil man sich auch nicht entfalten kann, aber man möchte auch gleichzeitig nicht seinen Glaubensbrüdern arrogant gegenübertreten oder sie kränken, weil sie auch nur nach ihrem besten Wissen und Gewissen handeln.«

Der Schutt der Jahre:
Die Geschichte eines schwierigen Verhältnisses

Wie bei den Schulen war auch auf Seiten der Gemeinden die Fragen der zur Verfügung stehenden Ressourcen ein Faktor, der die Zusammenarbeit bestimmte. Der andere waren Sorgen und Ängste, die sich auf die Identität der Institution bezogen. In Bezug auf die Schule betraf dies das Selbstverständnis als staatliche, nationale und säkulare Institution; in Bezug auf die Gemeinde betraf dies das Selbstverständnis als Glaubensgemeinschaft. Bei Letzterer gründen die Sorgen und Ängste in der Geschichte der Gemeinde, in strukturellen

Zwängen der Einwanderung und drittens in Erfahrungen mit der Mehrheitsgesellschaft. Alle drei Aspekte spielen ineinander.

Auf den ersten Punkt sind wir im ersten Teil dieses Kapitels eingegangen. Die Gemeinden haben sich ja bis in die 1990er Jahre durchaus als Organisationen gesehen, die es den Gläubigen erlaubten, dem drohenden Einfluss der Mehrheitsgesellschaft etwas entgegenzusetzen. Die Moscheen waren Inseln der Selbstbehauptung in einer als feindlich empfundenen Umwelt, der man nicht zu Unrecht unterstellte, dass sie eine starke islamische Identität als problematisches Integrationshindernis betrachtete und dass sie durch Druck oder Manipulation versuchte, zumindest die Kinder aus der Gemeinde zu lösen.

Mit dem Aufwachsen der zweiten Generation, die ihre Schulbildung in Deutschland absolvierte und deren Zukunft in Deutschland lag, hat sich dies nun geändert. Eine Rückkehr in die Türkei hätte die Familien vor neue Zerreißproben gestellt. Die Tatsache der Zuwanderung wurde nun von allen akzeptiert. »Biz artık buralı olduk« – »Wir sind schließlich Einheimische geworden.« Die weitgehende Isolierung ließ sich nicht mehr aufrecht erhalten. Es wäre aber eine Illusion zu meinen, dass sich mit dieser Wendung die Ängste im Umgang mit der Mehrheitsgesellschaft aufgelöst hätten. In manchem ist das Leben sogar noch komplizierter geworden.

Was nämlich wegfiel, war die identitätsverbürgende Perspektive der Rückkehr. Solange man an dem Projekt Rückkehr festgehalten hatte, hatte man gewusst, wer man war und wohin man (letztendlich) gehörte. Der Diskurs der Rückkehr hatte es erlaubt, gleichsam eine selbstverständliche Kontinuität zwischen Vergangenheit, Gegenwart und Zukunft herzustellen. Das Bekenntnis zur Rückkehr war als Bekenntnis zur »Community« gewertet worden. (Mıhçıyazgan 1991) Jetzt musste man sozusagen definieren, was es bedeutete, Muslim in Deutschland – und zwar auf Dauer – zu sein. Der Aufenthalt verlor seinen Status als vorübergehende (wenn auch lange andauernde) Ausnahme. Man war Teil der deutschen Gesellschaft geworden. Dies war einerseits eine produktive Herausforderung – löste aber andererseits neue Ängste aus. In dem Bemühen, den Islam auf Europa zu beziehen, ist es zum einen notwendig, ihn neu zu befragen, um neue und andere Antworten zu erhalten, die sich auf die Situation hier beziehen; zum zweiten gilt es zu vermeiden, wichtige und zentrale Positionen zu verwässern oder gar aufzulösen. Es ist im Konkreten sehr schwer zu entscheiden (und deshalb Gegenstand von Auseinandersetzungen), ob eine ins Auge gefasste Veränderung der Erfordernis von Kontinuität durch Wandel entspricht oder ob sie einfach eine beliebige Anpassung an die Mehrheitsgesellschaft darstellt. Anders formuliert: Während das »Projekt Rückkehr« definierte, wohin die Reise gehen sollte – und es reichte, die Tradition zu bewahren –, bedeutete das »Projekt Ankunft«, sich auf eine Reise ins Ungewisse einzulassen.

Diese Fragen sind nicht nur theoretischer oder kognitiver Natur. Gerade wegen der Bedeutung der Religion als Halt und Selbstvergewisserung in der Migrationssituation hat diese Herausforderung auch eine emotionale Seite. Sie geht mit wenig greifbaren, aber umso tiefer sitzenden Ängsten vor dem Verlust des Selbst einher. Wir kennen keine bessere Beschreibung dieser Ängste als die von Zadie Smith in ihrem Roman »Zähne zeigen«:

»Dieses Jahrhundert ist das Jahrhundert der Fremden, der braunen, gelben und weißen. Es ist das Experiment des großen Immigrantenexperiments … Dennoch, trotz der ganzen Vermischung … fällt es noch immer schwer zuzugeben, dass keiner englischer ist als der Inder und keiner indischer ist als der Engländer. Es gibt noch immer junge weiße Männer, die darüber *zornig* sind, die nach Kneipenschluss durch

schlecht beleuchtete Straßen ziehen, mit einem Küchen-
messer fest in der geballten Faust. Doch der Immigrant muss
lachen, wenn er die Ängste des Nationalisten hört, der sich
vor verderblichem Einfluss, Überfremdung, Rassenmi-
schung fürchtet, wo das doch Lappalien sind, *Peanuts*, verglichen mit dem, was der Immigrant fürchtet – Auflösung,
Verschwinden. Selbst die unerschütterliche Alsana Iqbal
wachte regelmäßig schweißgebadet auf, wenn sie nachts
von Visionen heimgesucht worden war, in denen Millat
(genetisch *BB*, wobei *B* für Bengali-tum steht) jemanden
heiratet, der Sarah heißt (aa, wobei »a« für arisch steht),
eine Verbindung aus der ein Junge nahmens Michael (*Ba*)
hervorgeht, der wiederum jemanden namens Lucy (aa) heiratet, so dass Alsana am Ende ein Vermächtnis von uner-
kennbaren Urenkeln (Aaaaaaa!) hat, deren Bengalitum
völlig verwässert ist … Es ist sowohl das irrationalste als
auch natürlichste Gefühl der Welt.« (Smith 2000: 388/89)

Bei den praktizierenden Muslimen geht es dabei nicht – wie in
der ironischen Beschreibung von Zadie Smith – um Erbgut,
sondern um religiöse und kulturelle Positionen. Würde man
um der Bequemlichkeit willen sich in Fragen des Kopftuchs,
des Schwimmunterrichts, des Fastens, der Speiseregeln usw.
an die Mehrheitsgesellschaft anpassen, hätte man bald einen
Islam ohne Ecken und Kanten, einen Islam, der nicht mehr
Sand, sondern Öl im Getriebe der Welt wäre. Dies mobilisiert
insofern Ängste, als damit Selbstaufgabe assoziiert wird: Es
würde den Verlust eines festen Standpunkts und damit der
Bodenhaftung, der Urteilsfähigkeit bedeuten.[12] Es sind Ängs-

---

12 Meryem Uçan hat diesen Abschnitt aus der Sicht einer gläubigen Muslima kommentiert:
   »Ich denke, das ist eine starke soziologische Außenbetrachtung. Sie

te vor Auflösung, weil sie die Selbst- und Realitätskontrolle tangieren – alles also, was (ontologische) Sicherheit verbürgt. Selbstverständlich sind diese Ängste bei den Einzelnen sehr unterschiedlich stark ausgeprägt. Während sie bei einigen sehr stark sind – und sie sich von ihnen bestimmen lassen –, treten sie bei anderen zurück und nehmen eher den Charakter von Sorgen an. Während erstere zu großer Vorsicht neigen – und von anderen Gemeindemitgliedern dasselbe einfordern –, sehen andere Schritte in die Mehrheitsgesellschaft als weniger problematisch an. Wir wagen jedoch zu behaupten, dass solche Ängste bei den meisten durchaus spürbar sind. Zum Beispiel wunderte sich ein Bekannter von uns über sich selber, weil ihn die (von ihm andererseits begrüßte) Einrichtung von Ganztagsschulen befürchten ließ, weniger Zeit mit den Kindern zu Hause würde auch bedeuten, dass man weniger Einfluss auf die Erziehung der Kinder würde nehmen können.

Diese Ängste beziehen sich in der Regel weniger auf einen selbst, sondern auf die Kinder. Man selbst sieht sich als gefestigt – aber nicht selten fürchtet man die Verlockungen der Mehrheitsgesellschaft für die weniger gefestigten Kinder und Jugendlichen. Gleichzeitig fürchtet man den Gruppendruck, dem sie ausgesetzt sein könnten. Sie haben natürlich die Sehnsucht dazuzugehören und auch Angst davor, als jemand dazustehen, der altmodisch und traditional zurückgeblieben ist. Es ist deshalb nicht verwunderlich, dass die-

---

erschließt sich erst durch die Innenbetrachtung und Deutung von religiösen Personen, weil sie ein Empfinden beschreibt. Es geht nicht um Verlustängste, Sicherheitsbedürfnis o. ä., es geht auch religiösen Menschen nicht darum, in Abgrenzung extra an Ecken und Kanten festzuhalten. Das ist eine Zuschreibung, Interpretation, die von außen gemacht wird. Für einen Gläubigen sind es absolut harmonische Abläufe. Man glaubt an Gott, man liebt diesen Gott und sieht in allen Sachen einen Sinn und auch einen Nutzen für den Gläubigen darin.«

se Ängste in Bezug auf die Schule eine besondere Rolle spielen.

Die erste und fast natürlich wirkende Reaktion in dieser Situation ist daher Distanz, Vorsicht, Skepsis – sowie eine Tendenz zu »Overprotection« in Bezug auf die eigenen Kinder. Andererseits folgt auf diese erste Reaktion bei den meisten ein Ruck: Es ist vielen klar, dass man – wenn man sich von den Ängsten leiten lässt – es seinen Kindern schwer macht und letztendlich auch dem Islam einen schlechten Dienst erweist.

Ein strukturelles Problem dieser Ängste ist, dass sie sich auf Phänomene beziehen, die einerseits sehr real, andererseits Angehörigen der Mehrheitsgesellschaft schwer zu vermitteln sind.

»Muslime spüren sehr deutlich Veränderungen bei ihren Kindern und dem großen Ganzen, wo man mit seiner Meinung ziemlich alleine steht. Medien, Politik, Mainstream, eigentlich fast alles, was Menschen umwirbt, wird sehr einseitig von einem bestimmten Blick geprägt und auch so beeinflusst. Es wird einem suggeriert, dass alles, was man macht, eigentlich nicht normal, nicht modern, nicht zeitgemäß ist. Wenn man als Mitglied der Mehrheitsgesellschaft jedoch selber den meisten dieser Vorstellungen zustimmt, wenn sie für einen selbstverständlich sind, dann wird es einem auch nicht auffallen, wie sehr sich das als Druck und Beeinflussung bei Muslimen auswirkt.« (Uçan, Kommentar zu dem Text)

Dies liegt auch daran, dass der gefürchtete Identitätsverlust nicht mit einem klaren Leiden einhergeht. Im Gegenteil: Diejenigen, die die Fesseln der Religion los sind, empfinden dies oft als Befreiung. Die Ängste der Eltern lassen sich deshalb denjenigen kaum vermitteln, die nicht dieselben Normen und Werte teilen.

Die Haltung der deutschen Mehrheitsgesellschaft ist nicht geeignet, diese Ängste zu relativieren. Sie besteht zunächst in schlichtem Unverständnis. Die Vorsicht der Muslime wird in der Regel auf einen borniertem Wertekonservativismus zurückgeführt. Man versucht, Druck aufzubauen und die Gemeinden dahin zu bringen, sich in Richtung eines von der deutschen Seite definierten »europäischen Islam« zu bewegen. Anstatt den Leuten ihre Ängste und Sorgen zu nehmen, belegt diese Politik in den Augen vieler Muslime gerade das Berechtigtsein dieser Ängste. Setzt die Mehrheitsgesellschaft nicht alles daran, um eine Version des Islam durchzusetzen, die mit ihr konform ist?

Dabei werden sanfte Verführung und Manipulation eher gefürchtet als massiver Druck. Auf Letzteren kann man relativ einfach mit Beharrung und Trotz reagieren; die Manipulation durch Versuchung macht dagegen komplexere Antworten erforderlich.

Gerade derartige Ängste bezogen sich auf unser Projekt, wurden aber auch laut, als es um die Teilnahme an der Bürgerplattform Neukölln ging. Hier speiste sich das Misstrauen vor allem daraus, dass das Projekt von der von George Soros gegründeten Open Society Foundation finanziert wurde. Was ist das Interesse einer von einem jüdischen Geschäftsmann gegründeten Stiftung an islamischen Gemeinden? Läuft dies nicht auch auf die Position eines blässlichen Religionsverständnisses à la »Wir glauben halt alle an einen Gott« und sogar auf das Einschwören auf einen Islam hinaus, der nicht mehr wiederzuerkennen ist, weil er sich völlig angepasst hat? »Dann wollen sie gar nicht so recht glauben, dass es da Menschen oder Bewegungen gibt, die sie wirklich in ihrem positiven Bestreben unterstützen möchten. Warum sollten sie eigentlich auch? Welcher Nutzen steckt dahinter? Warum wollen die uns unterstützen?« (ein Gemeindemitglied)

Wir haben versucht, diese Probleme offen anzusprechen:

»Weil ich von diesen Ängsten wusste, habe ich bei dieser Versammlung die Fragen und die Sorgen von mir aus angesprochen. Ich habe gefragt, ob es da bestimmte rote Linien gibt und bis wann wir zusammenarbeiten können. Dann hat der Gemeindevorsteher immer darauf sehr schlüssige und gute Antworten gegeben, die dann andere wieder befriedigt haben, die gesagt haben: ›O.k., vielleicht verkriechen wir uns wirklich in unserer Ecke und es ist alles gar nicht so gefährlich.‹ Der hat dann auch gesagt: ›Das geht nicht mehr, nur immer unter sich zu sein und uns abzuschotten.‹ Und so konnten wir nach und nach die Knoten lösen.« (Kontaktperson aus der Gemeinde)

Die Passage zeigt einerseits die Bereitschaft zur Reflexion der Sorgen. Sie zeigt aber ebenfalls die Energie, die in den Aufbau von Strukuren des Vertrauens investiert werden muss, um dem dominanten Diskurs etwas entgegensetzen zu können.

Gemeindeprofile

So weit die Faktoren, die die Zusammenarbeit mit den Gemeinden allgemein strukturierten. Bei der konkreten Zusammenarbeit kamen dann gemeindespezifische Gesichtspunkte hinzu. Derartige Gesichtspunkte waren z. B. die Verankerung im Stadtteil; die Zielgruppen und inhaltlichen Schwerpunkte der Gemeindearbeit; der Stand der Gemeindeentwicklung oder auch die Bindung durch andere Projekte (etwa Bauvorhaben). Diese Konkretion führt dazu, dass sich von der Zusammenarbeit mit den Gemeinden, die wir diesbezüglich angesprochen hatten, zunächst nur die Kooperation mit einer einzigen, nämlich der Milli-Görüş-Gemeinde so realisieren ließ, wie es den Projektzielen entsprach. Diese konkrete Kooperation war dann die Voraussetzung dafür, dass andere Gemeinden hinzustießen. Am Beispiel von vier Moscheegemeinden soll verdeutlicht werden, welche konkreten Faktoren die Zusammenarbeit strukturierten.

Die alevitische Gemeinde zu Berlin[13]

Als ich Mitte der 1970er Jahre mich zu Feldforschungszwecken in alevitischen Dörfern in Tunceli aufhielt, schien das Alevitentum kurz vor seinem Ende zu stehen. Man hatte ein Generationenproblem: Während die Älteren (über Vierzigjährigen) noch an den religiösen Ritualen festhielten, verurteilten die Jüngeren die Religion in Bausch und Bogen als Opium für das Volk und kritisierten die Geistlichen als Ausbeuter, die ihr Geschäft mit der Armut machten. Alles deutete darauf hin, dass eine radikale Säkularisierung nur eine Frage der Zeit war. Die jungen Leute sahen in den verschiedenen Fraktionen der Linken die legitimen und einzig zeitgemäßen Erben einer über die Jahrhunderte als häretisch betrachteten und verfolgten Religion. Überraschenderweise setzte in den 1990er Jahren eine Wiederentdeckung des Alevitismus und eine Neubesinnung auf die religiösen Wurzeln ein. Die auslösenden Ereignisse waren die Pogrome in Maraş im Dezember 1978, bei dem ca. 100 Menschen ums Leben kamen, und – vielleicht noch wichtiger[14] – der Brandanschlag auf ein Hotel in Sivas

---

13 Zu dem hier nachgezeichneten Prozess siehe vor allem Sökefeld 2008.
14 Trotz der weitaus höheren Zahl an Toten in Maraş stach dieses Po-

1993, in dem ein alevitisches Kulturfestival stattfand und bei dem 36 Schriftsteller und Künstler ums Leben kamen. Ein aufgebrachter Mob von zwanzigtausend Menschen hatte das Hotel eingeschlossen und Löscharbeiten blockiert. Der Anlass dieser Ausschreitungen waren Äußerungen des als Herausgeber der türkischen Übersetzung von Salman Rushdies »Satanischen Versen« in islamisch konservativen Kreisen verhassten Aziz Nesin, die Mehrheit der türkischen Bevölkerung sei »feige und dumm«, weil sie nicht den Mut finde, für die Demokratie einzutreten.[15] Die Wiedererweckung des Alevitismus war eine Antwort auf die erlittene Gewalt. Die Rekonstruktion einer Religion, nachdem es (fast) zum Zerreißen der Traditionsfäden gekommen ist, wirft erhebliche Probleme auf: Soll man sich primär als islamische Glaubensrichtung verstehen? Ist man eine eigene Religion? Oder ist man eine ethnische Gruppe? Alle drei Positionen werden im Alevitismus heute vertreten. Dabei zeigt ein Blick auf den Internetauftritt der Gemeinden, wie sehr das Gedenken an die Pogrome eine einigende Klammer darstellt.

Trotz dieser Probleme war der Versuch, das Alevitentum in Deutschland wieder aufzubauen, sehr erfolgreich. Die Berliner Gemeinde spielte dabei eine wichtige Rolle. 2002 wurden die Aleviten als Religionsgemeinschaft durch den Berliner Senat anerkannt und dadurch in die Lage versetzt, Religions-

---

grom in einer Zeit, in der die Situation in der Türkei durch bürgerkriegsähnliche Auseinandersetzungen vor allem der studentischen Linken und Rechten bestimmt war, weniger heraus als das Massaker von Sivas, das verübt wurde, nachdem die Situation vom Militär befriedet worden war.

15 Vertreter sunnitischer Gemeinden bestreiten eine Beteiligung. Der türkische Staat hat das Hotel 2011 gekauft und dort ein Kulturzentrum mit Gedenkstätte eingerichtet.

unterricht anzubieten. Das Zentrum ist das Gemeinschaftshaus (cem evi) in Berlin-Kreuzberg.

Mit dieser Grundausrichtung ist das Anliegen der Gemeinde eher religionspolitischer Natur; der Wirkungsbereich der Gemeinde erstreckt sich dementsprechend auf das gesamte Stadtgebiet. Was die Zusammenarbeit mit dem Projekt betraf, bedeutete dies, dass die Gemeinde im Stadtteil selbst kaum aktiv wurde – und deshalb auch kein Interesse am Aufbau von Vernetzungsstrukturen vor Ort hatte. Dabei trat ebenfalls lähmend hinzu, dass die Aleviten im Kontakt zu den anderen Gemeinden sehr zurückhaltend sind. Die Verfolgungsgeschichte wirkt sich auch in der Diaspora belastend auf die Zusammenarbeit aus. Dies gilt besonders für die Milli Görüş, denn die türkische Milli-Görüş-Bewegung wird als Urheber der Vorfälle in Sivas angesehen.

Aus der räumlichen Streuung der Gemeinde ergab sich ebenfalls, dass ihr Programm auf die Wochenenden ausgerichtet war. Nur dann konnte die Gemeinde zusammenkommen. Man hätte gemeinschaftliche Veranstaltungen also sinnvollerweise dann anbieten müssen. Sie wären dann allerdings in Konkurrenz zu anderen Veranstaltungen getreten, die sich sämtlich auf den Samstag und Sonntag konzentrierten.

Wenn es dennoch zu einer – begrenzten – Zusammenarbeit kam, dann deshalb, weil die Aleviten, auch wenn sie manchmal von deutscher Seite als mustergültige Muslime gesehen werden, von den diskriminierenden Zuschreibungen der Mehrheitsgesellschaft selbstverständlich nicht verschont bleiben. Die Entfremdung zwischen Schule und Elternhaus war auch für sie belastend. Hinzu trat, dass die Zusammenarbeit mit einer renommierten Stiftung aus gesamtpolitischen Gründen sinnvoll war und sich mit der Hoffnung verband, zusätzliche Ressourcen einwerben zu können. Aus diesen Gründen wurden zehn Veranstaltungen im Rahmen der Elternakademie der alevitischen Gemeinde organisiert. Es war allerdings – im Nachhinein gesehen – kein Zufall, dass diese Veranstaltungen nicht zündeten.

Zu Anfang schien mit der Elternakademie ein hervorragender Anknüpfungspunkt gegeben; und was die Kooperation mit sunnitischen Gemeinden betraf, schien es, als würden die spezifischen Chancen einer Diasporasituation – nämlich dass man sich auf die gemeinsamen Interessen gegenüber der Mehrheitsgesellschaft verständigt und die Konflikte des Heimatlands erst mal beiseitestellt – greifen. Die Folgen der Ausrichtung auf Gesamtberlin wurden uns erst deutlich, als das Projekt praktisch umgesetzt werden sollte – sie zeigten sich etwa, als sich die Terminsuche sehr mühsam gestaltete.

Letztlich blieb es bei den zehn Elternseminaren. Von Seiten des Projekts wurde es als zu aufwendig eingeschätzt, Wochenendveranstaltungen anzubieten – zumal das ursprüngliche Projektziel, nämlich die Vernetzung in das Viertel, nicht realisierbar schien. Was die Gemeinde betrifft, gab es einen Vorstandswechsel, und man hätte mit der Überzeugungsarbeit von vorne beginnen müssen. Hinzu kam ein Umbauprojekt, das die Ressourcen noch weiter band.

DİTİB

Die *DİTİB* vertritt in Europa die Staatliche Religionsbehörde der Türkei.[16] Die Gemeinden unterscheiden sich von den anderen Gemeinden dadurch, dass die Gebäude und die Imame vom türkischen Staat finanziert werden. Damit ist ein Rahmen gesetzt, in den sich die – auch hier sehr wichtigen – ehrenamtlichen Tätigkeiten einfügen können.

---

16 Zur Arbeit der Staatlichen Religionsbehörde in der Türkei siehe Tezcan 2003.

Die Gemeinden sehen ihre Aufgabe darin, ein religiöses Grundangebot zur Verfügung zu stellen. Gleichzeitig findet in den DİTİB-Gemeinden weniger an Gemeindeleben statt als in den anderen Gemeinden. Sie werden primär von individuierten Gläubigen aufgesucht, die ein ausschließliches Interesse an der Religion haben, jedoch keine starke Bindung an die Gemeinde entwickeln wollen. Die Şehitlik-Moschee am Columbiadamm in Berlin-Neukölln wird zwar viel von Menschen besucht, aber sie ist kein soziales Zentrum. Sie hat im Prinzip ihre Funktion darin, eine repräsentative Gebetsstätte zu sein, die man auch deshalb gern aufsucht, weil es ein großes Erlebnis ist. Für das Projekt bedeutet dies, dass es kaum möglich ist, über die Moschee die Eltern von Schülern bestimmter Schulen zu identifizieren und anzusprechen.

Der Schwerpunkt der Agenda der Berliner Gemeinde liegt nicht auf der konkreten Gemeindearbeit, sondern auf der allgemeinen Öffentlichkeitsarbeit und der politischen Bildung: Moscheeführungen, ein neuer Web-Auftritt, die Beteiligung am neuen interreligiösen Zentrum am Flughafen Tempelhof. In diesem Zusammenhang ist die Moschee stark in verschiedensten Netzwerken involviert. Sie ist dabei ein gesuchter Ansprechpartner für die Bundeszentrale für politische Bildung. Sie kommt den Nachfragen kaum hinterher. Die konkrete Vernetzungsarbeit in den Stadtteil hinein tritt hinter diesen Prioritäten zurück.

Der Kontakt mit »Brücken im Kiez« kam zustande, weil in der Wiener Straße eine neue Moschee eingerichtet worden war, die sich stärker auf die Nachbarschaftsarbeit konzentrieren wollte. Ein stellvertretendes Mitglied des Landesvorstands hatte bei einer Veranstaltung des Projekts Interesse angemeldet. Auf Grund einer Serie von Missverständnissen verschleppte sich die Kooperation mit DİTİB bis ins Jahr 2014. Bei den ersten Gesprächen war auf Seite der Vertreter der

DİTİB der (falsche) Eindruck entstanden, dass die DİTİB lediglich Räume zur Verfügung stellen sollte, die inhaltliche Ausgestaltung aber ausschließlich Sache des Projekts bleiben würde. Es schien so, als würde das Projekt nur Ansprüche auf ohnehin knappe Ressourcen erheben, ohne dass die Gemeinde sich würde einbringen können. Dieser Eindruck war nicht dazu angetan, die bei DİTİB (wie bei allen Gemeinden existierende) Vorsicht, ja Skepsis zu beseitigen. Man sah von Seiten der DİTİB danach keinen Anlass mehr, das Projekt voranzutreiben. Erst als wir später noch einmal über den Landesvorstand einen Vorstoß machten, ließen sich diese Missverständnisse aufklären und die DİTİB in die Brückengespräche einbeziehen.

Al-Nur-Moschee

Die Islamische Gemeinde Berlin e. V. Al-Nur-Moschee wurde 1983 gegründet und befindet sich seit dem Jahr 2000 am S-Bahnhof Köllnische Heide im Bezirk Neukölln. Die Moschee ist in einem ehemaligen Fabrikgebäude eingerichtet und besteht aus einem größeren Moschee-Bereich im Erdgeschoss, einem Laden im Innenbereich, einigen Büros, einer Cafeteria im Garten und weiteren Kantinenbereichen im 1. Obergeschoss. Abgesehen von der Kantine, die alle nutzen, sind die anderen Räume im 1. Obergeschoss nur für Frauen zugänglich. Hier befinden sich der Gebetsraum der Frauen, das Frauenvorstandsbüro und ein Spielzimmer für Kinder.

Die Al-Nur-Moschee ist in jeglicher Hinsicht eine sehr heterogene Gemeinde. Sie hat viele Besucher; zur Freitagspredigt erscheinen bis zu 1200 Gläubige.

Die Gemeinde wird vorwiegend von Besuchern aus der Umgebung Neuköllns frequentiert, aber auch von solchen, die aus ganz anderen Bezirken kommen. Auch das Generationengefälle ist groß. Es gibt Gläubige aus der ersten Generation (überwiegend arabischer/afrikanischer Herkunft), die insbesondere für das Freitagsgebet, an Feiertagen und während des Ramadans die Moschee besuchen, aber auch Jüngere, die regelmäßig die Angebote am Wochenende wahrnehmen. Das Freitagsgebet und die darauffolgende khutba (Predigt) finden in Arabisch statt, man kann der Predigt aber in deutscher Übersetzung mit Kopfhörern folgen. Besondere Aufmerksamkeit genießen größere Veranstaltungen von bekannten Predigern oder prominenten Gelehrten (meistens sonntags), die aus anderen Städten oder aus den Herkunftsländern der Gläubigen kommen und zu unterschiedlichen Themen referieren. Diese Einladungen haben die Kritik des Verfassungsschutzes auf sich gezogen: es hieß, die Al-Nur-Gemeinde würde auch salafistischen Predigern ein Forum bieten. In der Gemeinde kann man diese Vorwürfe nicht nachvollziehen.[17]

In diesem Fall waren gemeindeinterne Absprachen nicht das Problem. Die Frauenabteilung arbeitet weitgehend autonom. Die beiden Frauen, die hier aktiv sind, sind seit Jahren in der Gemeinde engagiert und in der Wahl ihrer Angebote relativ unabhängig. Meist reicht es aus, einen der verantwortlichen Männer zu informieren; nur bei größeren Veranstaltun-

---

17 Im Verfassungsschutzbericht werden keine Namen genannt. Im Verfassungsschutzbericht Berlin (Senatsverwaltung für Inneres und Sport 2012: 197) ist nur die Rede von »zwei« salafistischen Predigern. In der Gemeinde spekuliert man, wer damit gemeint sein könnte. Einer der Prediger scheint Abdu Aldhim Kamoos zu sein. Dieser gilt aber in der Szene als moderat und kooperiert im Dialog der Religionen. Mir persönlich erscheint es rechtsstaatlich problematisch und undemokratisch, ohne Nennung von Namen Vorwürfe zu verbreiten, die nicht überprüft werden können.

gen oder bei der Kooperation mit auswärtigen Partnern muss eine Absprache mit dem Vorstand getroffen werden.

Erste Kontakte zeigten ein erhebliches Interesse seitens der Gemeinde an den Elternseminaren. Wie in der alevitischen Gemeinde gestaltete sich die Suche nach einem Termin jedoch auffallend schwierig. Dabei lag es in diesem Fall weniger an der Ausdehnung des Einzugsbereichs auf das ganze Stadtgebiet als an der zufälligen Tatsache, dass ausgerechnet unsere Kontaktpersonen weit weg lebten. Ihnen wäre das Wochenende am liebsten gewesen; dies schied aber deswegen aus, weil eine Vernetzung mit den Bildungsträgern im Stadtteil illusorisch gewesen wäre. Der Freitag seinerseits war sehr vollgepackt. Der Abend wäre zwar noch möglich gewesen – es wurde aber als unrealistisch eingeschätzt, dass die Frauen nach dem Mittagsgebet so lange dableiben würden … usw. Andererseits ermutigte uns der sehr positiv und angeregte Verlauf eines exploratorischen Treffens zur Themenfindung dann doch eine Veranstaltung anzubieten. Die Eltern waren sichtbar davon angetan und motiviert.

Gerade angesichts dieses positiven Abends war die erste Veranstaltung, die in Kooperation mit dem arabischen Medienprojekt des Arbeitskreises Neue Erziehung zum Thema Übergang Grundschule Sekundarschule stattfand, enttäuschend schlecht besucht. Dennoch wurde ein zweiter Termin zu »Elternrechte und Elternbeteiligung« angesetzt. Hierzu sollte die Rektorin einer Schule aus der Nachbarschaft der Moscheegemeinde eingeladen werden. Der Kontakt zur Schulleitung war mit einer E-Mail hergestellt und positiv beantwortet; in einem ausführlichen Telefonat wurden offene Fragen beantwortet und ein Vorgespräch mit den Projektverantwortlichen vereinbart. Auch innerhalb der Gemeinde war alles abgesprochen. Die Aufgaben wurden verteilt und die Plakate angefertigt. Eine Woche vor dem Elternseminar sagte die als Referentin vorgesehene Schulleiterin ab. Sie begründete ihre Absage damit, dass die offenbar von ihr konsultierte Arbeitsgruppe Integration und Migration der Polizei wie auch der Integrationsbeauftragte des Bezirks Neukölln ihr dies nahegelegt hätten.

Die Absage wurde in der Gemeinde als deutliches Zeichen verstanden, dass seitens des Bezirksamts keinerlei Kooperation erwünscht ist. Es wurde im Folgenden deutlich, dass die Absage auf direkte Anordnung des Bezirksbürgermeisters Buschkowsky erfolgte.[18] Die Absurdität der Absage liegt darin, dass man einer Gemeinde, der man staatlicherweise vorwirft, parallelgesellschaftliche Tendenzen zu verfolgen, in dem Moment eine Absage erteilt, wo sie sich zur Gesellschaft hin öffnet. Es war damit deutlich, dass es fast unmöglich sein würde, Referenten aus dem schulischen Bereich oder der Verwaltung zu gewinnen. Damit war die Vernetzung in den Stadtteil unmöglich gemacht.

Angesichts der ohnehin schwierigen Arbeitsbedingungen sah sich das Projekt außerstande, weiter an der Kooperation mit der Al-Nur-Moschee festzuhalten.

Islamische Gemeinde Milli Görüş

Tatsächlich war es die Islamische Gemeinschaft Milli Görüş, mit der die Kooperation letztendlich nachhaltig realisiert werden konnte. Dies lag daran, dass sie im Stadtteil verankert war und in ihrem Profil die Sozialarbeit stark machte, sowie daran, dass das Bezirksamt Kreuzberg-Friedrichshain eine offenere Politik verfolgte als Neukölln. In gewissem Sinn profitierten

---

18 Er geht darauf in seinem Buch »Neukölln ist überall« ein. Buschkowsky 2012: 100ff.

wir auch davon, dass über Jahre hinweg seitens der Zentrale der bewusste Versuch gemacht worden war, die Gemeindeentwicklung über Fortbildungsmaßnahmen voranzutreiben. Die Milli Görüş hatte über die Jahre Strukturen ausgebildet, die es erlaubten, die Anforderungen aus dem Projekt aufzugreifen und praktisch umzusetzen. Aber auch hier stellte sich die Lage von Moschee zu Moschee unterschiedlich dar. In einer der Moscheen endete die Kooperation, weil unsere Kontaktperson in den Beruf einstieg und nicht mehr zur Verfügung stand. Ein Ersatz konnte nicht gefunden werden – auch weil ein Bauprojekt die Kräfte band. Andererseits sprach sich die erfolgreiche Kooperation innerhalb der Gemeinde herum.

Es kam also zu einer von uns nicht beabsichtigten Beschränkung der Kooperation auf Gemeinden der Milli Görüş. Erst als die Kooperation nach zwei Jahren auf stabilen Füßen stand, kamen andere Gemeinden, nämlich die DİTİB und die VIKZ, hinzu.

Zeitlogik der Improvisation

Strukturen, die auf ehrenamtlicher Arbeit basieren, sind zur Improvisation gezwungen. Sie müssen mit den Ressourcen an Personen und Zeit arbeiten, die vorhanden sind. Während formale Organisationen (freilich nur idealerweise) von ihrem Ziel her Aufgaben- und Personalplan ableiten, die Stellen mit Personen besetzen, die von ihrer Qualifikation und ihrer Berufserfahrung dafür genau geeignet sind und sie schließlich so bezahlen, dass sie ihre Arbeitszeit voll und ganz dem Unternehmensziel widmen, kann von alldem in selbstorganisierten Gemeinden keine Rede sein. Bei letzteren muss man vielmehr ständig Abstriche vom Wünschbaren machen, weil die Personen für ganz andere Zwecke qualifiziert sind und die Tätigkeit für die Gemeinde immer nebenher erbringen müssen. Man kann dies schön am Gegensatz von Ingenieur und Bastler verdeutlichen, den Lévi-Strauss eingeführt hat. Anders als der Ingenieur, der seine Materialien und Bauteile für den Zweck, den er im Auge hat, erst herstellt (man denke an den Stahlbetonkonstrukteur) geht der Bastler (Lévi-Strauss denkt dabei ganz konkret an den Dada-Künstler Kurt Schwitters) kreativ und lebendig mit dem Vorhandenen um. Er steigt sozusagen in den Dialog mit dem Vorgefundenen ein. Die Gebilde, die aus dieser Arbeit hervorgehen, erhalten ihre Lebendigkeit und ihren ästhetischen Reiz aus diesem Dialog.

»Der Bastler ist in der Lage, eine große Anzahl verschiedenartigster Arbeiten auszuführen; doch im Unterschied zum Ingenieur macht er seine Arbeiten nicht davon abhängig, ob ihm die Rohstoffe oder Werkzeuge erreichbar sind, die je nach Projekt geplant und beschafft werden müssten: die Welt seiner Mittel ist begrenzt, und die Regel seines Spiels besteht immer darin, jederzeit mit dem, was ihm zur Hand ist, auszukommen, d. h. mit einer stets begrenzten Auswahl an Werkzeugen und Materialien, die überdies noch heterogen sind, weil ihre Zusammensetzung in keinem Zusammenhang zu dem augenblicklichen Projekt steht ... Die Mittel des Bastlers sind also nicht im Hinblick auf ein Projekt bestimmbar ... sie lassen sich nur durch ihren Werkzeugcharakter bestimmen.« (Lévi-Strauss 1962/1968: 30)

Der Vorteil der Improvisation ist, dass die Einzelnen in ihrem Beitrag gesehen und gewürdigt werden – und ein umfassendes Gefühl von Stolz und Anerkennung daraus ableiten können.

Der Nachteil der Improvisation liegt darin, dass diesem Verfahren eine bestimmte Zeitlichkeit innewohnt. Improvisation bedeutet, zu ständigen Kompromissen von Kompetenzen und Verfügbarkeiten angesichts der angestrebten Ziele gezwungen zu sein. Der faktische Zeitablauf ergibt sich aus einem Kräfteparallelogramm von Ressourcen und dem Zeitaufwand, der erforderlich wäre, wenn eine qualifizierte Person sich ausschließlich dieser Arbeit widmen würde.

Alles dauert länger. Was bei einer formalen Organisation eines halben Tages bedarf, braucht bei einer auf Ehrenamt basierenden Organisation eine Woche oder mehr. Üblich ist etwa folgende Sequenz: Man nimmt Kontakt zu einem Mitglied des Gemeindevorstands auf und erhält eine freundliche, durchaus interessierte Antwort. Manchmal bekommt man einen Ansprechpartner genannt. Dann passiert meistens gar nichts. Man ruft an und erhält eine hinhaltende Antwort. Oder man erreicht den ursprünglichen Ansprechpartner nicht, bittet um Rückruf, der dann nicht erfolgt. Wenn dann ein Treffen zustande kommt, ist es immer sehr freundlich, bleibt aber oft in der Schwebe. Nicht selten wird signalisiert, dass noch eine innergemeindliche Abstimmung ansteht. Kurzum: Über lange Zeit erhält man widersprüchliche Signale, die schwer zu interpretieren sind. Will die Gemeinde nun eine Kooperation oder nicht? Aber auch wenn die Kooperation dann läuft, geht es oft ziemlich langsam voran. Es war unserem Projektträger, der Stiftung Brandenburger Tor, immer wieder schwer zu vermitteln, warum manche, scheinbar einfache Schritte relativ viel Zeit benötigten und einen erheblichen Aufwand an Arbeitsstunden – um Rückrufe zu tätigen, nachzuhaken, Missverständnisse auszuräumen – erforderten.

Dies führt besonders dann zu Problemen, wenn formale Organisationen – also Kirchen, Institutionen sozialer Arbeit usw. – Kontakt zu Moscheegemeinden suchen.

Susanne Schwalgin hat diese Asymmetrie lebendig beschrieben:

»Das Interesse der Bildungsträger an einer Zusammenarbeit hat ja zugenommen, und die Gemeinden sind, wie sie eben sind. Da ist eben ein Gemeindevorstand, der ist Dreher und soll jetzt mit einem Bildungsträger verhandeln und sich ein tolles Nachhilfeprogramm ausdenken. Das würde man von jemand anderem auch nicht verlangen. Und ein normaler Sozialarbeiter von der AWO begreift das alles ja nicht. Das ist das, was wir immer gehört haben: ›Ja wir waren mal da, und die wollten halt nicht.‹ Und das ist echt Gift in der jetzigen gesellschaftlichen Situation, eigentlich total traurig. Und dabei müsste man großen Respekt vor denen haben für das, was sie unter schwierigen Bedingungen geschaffen haben.« (Schwalgin-Interview)

Es ist allerdings auch festzuhalten, dass es immer wieder großartige Initiativen von Einzelnen gibt. Ihnen sind etwa der Aufbau der islamischen Telefonseelsorge oder auch von Frauentelefonen zu verdanken. Auch da existiert jedoch ein Problem mit der Verstetigung – also der Loslösung eines Projekts von seinem Initiator. Letztendlich muss immer wieder ein Freiwilliger gefunden werden, der die Kompetenz und den Willen hat, ein Initiative aufzugreifen und fortzuführen.

Anstatt dies zu beklagen sollte man sich darüber im Klaren sein, dass gerade in diesen Formen der Selbstorganisation Zivilgesellschaft und Demokratie praktisch gelebt werden. Die amerikanische Gesellschaft hat dies, anders als die deutsche, deutlich gesehen und sieht in derartig selbstorganisierten Gemeinden Grundsteine der Gesellschaft. Die deutsche Gesell-

schaft, deren Ideal von Gemeinden mehr an den staatsanalo-
gen Strukturen der Kirchen ausgerichtet ist, tut sich dagegen
schwer damit.

Neslihan Kurt, Werner Schiffauer, Meryem Uçan

Die Arbeit an der Vernetzung.
Ein Projektbericht

Dieses Kapitel widmet sich der Dynamik, die dadurch ausgelöst wurde, dass wir Moscheegemeinden, Eltern und Schulleiter im Rahmen der Elternseminare und Brückengespräche zusammenbrachten. Im Zentrum steht eine Beschreibung des Versuchs, ein tragfähiges Netzwerk zwischen den Akteuren aufzubauen – und der Grenzen, an die wir immer wieder gestoßen sind. Die Absicht ist es, die Leser an diesem tastenden Vorgehen teilhaben zu lassen, also einen Eindruck davon zu vermitteln, wie die Akteure, die wir oben eingeführt haben, in der Praxis miteinander umgegangen sind.

Die Elternseminare

Die Verankerung in den Gemeinden

Es gab eine Reihe von Schwierigkeiten, die bei der Etablierung der Elternseminare zu überwinden waren. Unsere Annahme, dass wir dabei an vorhandene Strukturen in den Gemeinden andocken könnten, erwies sich als problematisch. Obwohl für alle Gemeinden, mit denen wir kooperierten, Bildung ein wichtiges Thema war, zeigte es sich, dass wir mit den Elternseminaren Neuland betraten. In den meisten Gemeinden wurden groß angelegte Veranstaltungen zu Erziehungs- und Bildungsthemen organisiert, zu denen Experten eingeladen wurden. Diese Experten kamen jedoch in der Regel aus den eigenen Gemeinden und erläuterten die Themen aus einer religiösen Perspektive; Experten von außen waren praktisch nicht vorgesehen. Entsprechend hatten die Gemeinden kaum Kontakt zu den benachbarten Schulen oder zu pädagogischen Institutionen in der Nachbarschaft. Wir standen also vor der Aufgabe, erst einmal Strukturen in den Gemeinden aufbauen zu müssen.

Dies bedeutete de facto das Finden von Kontaktpersonen, die das Projekt in die Gemeinden einbringen und es dort vertreten würden. Ihre Aufgabe war das Ansprechen von weiteren Teilnehmerinnen für die Veranstaltungen und – gemeinsam mit uns – die Koordination der Vorbereitungsgespräche, die Besprechung der Themen mit den Referenten und die organisatorische Vorbereitung, d. h. die Bereitstellung und Vorbereitung der Veranstaltungsräume. Ihre Aufgabe war es darüber hinaus, die Elternseminare gegenüber dem Gemeindevorstand zu vertreten. Und schließlich sollten sie die Werbung für die Veranstaltung in den Gemeinden koordinieren. Sie mussten bilingual und in der Lage sein, das Projekt nachzuvollziehen – schließlich sollten sie auch etwaigen Zweifeln oder Einwänden begegnen können. Nachdem wir derartige Personen gefunden hatten, mussten wir sicherstellen, dass diese dem Projekt zur Verfügung standen und von anderen Aufgaben freigestellt wurden. Die damit verbundenen Herausforderungen für die Gemeinden haben uns im vorigen Kapitel beschäftigt.

Die praktische Umsetzung der Elternseminare

Der erste Schritt zur praktischen Umsetzung war die Themenfindung. In jeder Gemeinde wurden vorerst Treffen mit Eltern aus der Gemeinde organisiert, in denen die Bedürfnisse der Eltern in Bezug auf Bildung erfragt wurden, um anschließend in die inhaltliche Planung überzugehen. Es sollte sichergestellt werden, dass die Elternseminare den Problemen der Eltern gerecht werden würden.

Ein Protokoll von Neslihan Kurt über das Planungstreffen in der Al-Nur-Gemeinde gibt einen guten Eindruck von dem Ablauf dieser Veranstaltungen.

Zum Planungstreffen hatte unsere Kontaktperson aus dem Frauenvorstand eingeladen. Es waren acht Frauen erschienen. Sie hatten einen sehr heterogenen Hintergrund. Eine deutsche Konvertitin hatte das deutsche Schulsystem durchlaufen und vier Kinder im Alter von drei bis elf Jahren. Ein syrische Mutter hatte das deutsche Schulsystem nicht durchlaufen, sprach aber ausgezeichnet deutsch. Sie hatte zwei Kinder im Oberschulalter. Eine palästinensische Mutter verfügte über nur geringe Schulerfahrung und konnte kaum Deutsch. Sie hatte jedoch vier Kinder in Oberschule, Ausbildung und Universität. Eine arabischstämmige Mutter hatte das deutsche Schulsystem durchlaufen und arbeitete als Stadtteilmutter im Kiez. Sie hatte zwei schulpflichtige Kinder. Ein ältere Dame mit rudimentären Deutschkenntnissen und geringer Schulbildung interessierte sich vor allem wegen ihrer Enkel für das Thema Bildung. Eine palästinensische Mutter wiederum hatte nur geringe Schulausbildung, aber gute Deutschkenntnisse und vier Kinder in Grund- und Oberschule. Kurz: Es waren alle denkbaren Kombinationen gegeben.

Das Gespräch kreiste um die Schwierigkeiten, sich als praktizierende Muslima in die Schule einzubringen. »Ich habe seit Jahren versucht, mich aktiv einzubringen und bin seit einiger Zeit in der Gesamtelternvertretung. Ich habe auch gute Erfahrungen gemacht. Mir ist aber aufgefallen, dass, wenn ich einen Vorschlag mache und sich auch einige andere dafür interessieren, die Lehrer blocken. Einerseits wollen sie, dass wir uns einbringen, aber wenn wir das versuchen, passt es ihnen doch nicht.«

Alle waren darin einig, nicht so akzeptiert zu werden, wie sie sind. Ihnen würden immer wieder die Fähigkeiten zur Erziehung abgesprochen. Wenn sie ein Anliegen hätten, würden sie zum Teil brüsk abgelehnt. Eine Mutter erzählte aus der Kita ihrer Tochter, dass ein Kind sich immer nackt auf ihre Tochter und andere Kinder gelegt hätte. Es seien eindeutig sexuell orientierte Spiele gewesen. Als sie die Erzieherin daraufhin ansprach, reagierte diese sehr schroff und erwiderte nur, dass sie nicht so prüde sein solle. Es seien doch nur Kinder. Die Tatsache, dass ihr Kind sich davon gestört gefühlt und es als Grenzverletzung betrachtet hätte, schien die Erzieherin nicht zu interessieren. Eine andere Mutter knüpfte daran an und erzählte, dass sie ihre Tochter nicht auf Klassenfahrt hatte schicken wollen. Sie hätte Sorge gehabt, weil ihre Tochter noch nie von der Familie weg gewesen und recht unselbständig sei. »Niemand hat sich die Mühe gemacht, mit mir ein offenes Gespräch zu führen. Es hat immer nur geheißen: ›Sie vertrauen ihrem Kind wohl nicht.‹« Entscheidend war dann aber ein Gespräch mit der Elternvertreterin. Erst durch dieses Gespräch sei ihr klar geworden, was so eine Klassenfahrt für das Selbstbewusstsein und die Zusammengehörigkeit einer Klasse bedeute – und auch was es für ihr Kind bedeutet hätte, wenn es als einziges nicht mitgefahren wäre.

Einen breiten Raum nahmen in dem Gespräch auch Diskriminierungserlebnisse ein. »Es hängt alles immer nur am Kopftuch. Man erkennt es an den Blicken der Leute. Ich kann das sehr gut einschätzen. Es gab ja auch eine Zeit, in der ich kein Kopftuch trug. Als meine Tochter eingeschult wurde, sollten wir einen Vertrag unterschreiben, dass sie kein Kopftuch tragen wird, obwohl die Schule das eigentlich nicht darf. Das war eine sehr schwere Zeit für uns, im Endeffekt haben wir sie dann woanders einschulen lassen.« Eine andere Mutter erzählte: »Einmal hat mich die Lehrerin meines Sohnes eingeladen. Ich hatte schon Angst, dass er etwas Falsches gemacht hat. Als ich bei ihr war, sagte sie mir, dass sie sich durch meinen Sohn bedroht fühle. Ich fragte sie, was er gesagt oder gemacht hätte. Sie antwortete nur, dass er nichts gemacht oder gesagt hätte, aber wie er schon dasäße und gucke, würde sie verunsichern. Also als ich das gehört habe, war ich wirklich baff. Ich konnte nur sagen, dass ich leider nichts dafür könne und er auch nicht. Er sieht nun mal so aus, wie er aussieht, und guckt auch so und ist ein respektvoller Junge. Mein Sohn hat später die Schule abgebrochen.«

Bei dem Gespräch gab ein Wort das andere. Die Mütter wollten wissen, wie man besser mit Konflikten in der Schule umgeht: Wie hätten sie bei den geschilderten Fällen besser reagieren können? Außerdem artikulierten sie den Wunsch, über Themen wie koedukativen Schwimm- und Sportunterricht, das Kopftuch bei Schülerinnen, Klassenfahrten usw. zu sprechen. Alles in allem waren diese Frauen sehr engagiert und leidenschaftlich bei der Sache. Sie wollten ihre Rechte besser kennen, um sich für ihre Kinder mehr einsetzen zu können.

In einem Auswertungsgespräch wurde von einer Mutter die Bedeutung einer derartigen gemeinsamen Themenerarbeitung hervorgehoben. Dies bilde einen Kontrast zu ähnlich gelagerten Angeboten an der Schule.

»Gerade dass es keine vorgegebenen Themen waren, sondern die Eltern die Inhalte bestimmen konnten, fand ich sehr gut. Es kamen immer Fragen von den Eltern zur Schule und zu anderen Bildungsthemen, und da merkte ich, dass ich noch viel zu lernen habe.«

Typische Themen, die sich aus derartigen Treffen ergaben, waren dann etwa:

»Wie lernen Kinder heute?«

»Wie können Eltern sie dabei unterstützen?«

»Welche Rechte haben Eltern in den Schulen?«

»Wie kann ich mein Kind in der Schule unterstützen?«

»Mein Kind hat einen ›Förderbedarf‹? Was kann das bedeuten? Was kann ich tun?«

»Von der Grundschule zur weiterführenden Schule: Wie können Eltern den Übergang für ihre Kinder erfolgreich gestalten?«

»Von der Grundschule zur weiterführenden Schule: Informationen und Checkliste für die Eltern.«

»Wie kann ich mein Kind zum Lernen motivieren?«

»Hausaufgaben – Was soll mein Kind dabei lernen und wie kann ich es unterstützen?«

»Wie können Eltern ihre Kinder bei der richtigen Berufswahl unterstützen?«

Der zweite Schritt bestand darin, für die angesprochenen Themen passende Experten zu finden. Eine Präferenz waren Vertreter der Schulen, die es ermöglichen würden, den Eltern Informationen aus erster Hand zu geben. Gerade dies wurde von einer der Kontaktpartnerinnen aus den Moscheegemeinden als besonderer Reiz des Projekts beschrieben. »Wir hatten schon vorher in der Elternarbeit Veranstaltungen zu gleichen Themen angeboten, aber durch den Kontakt zu den Schulen hat das eine ganz andere Wirkung erhalten.« Wenn wir – etwa in Fragen der Suchtprävention – die Bildungseinrichtungen im Kiez einluden, hatten wir eine Präferenz für Experten aus der türkischen oder arabischen community, die ebenfalls Migrationserfahrungen hatten. Sie konnten direkter an den Problemen der Eltern anknüpfen, als es bei Experten mit rein deutschem Hintergrund der Fall gewesen wäre.

Der dritte Schritt bestand dann in der Durchführung der Vorgespräche, bei denen die Kontaktpersonen aus den Gemeinden mit den Vertretern der Schule oder der Bildungseinrichtungen in Kontakt traten, um die Details der Veranstaltungen zu besprechen.

Der vierte Schritt war die Bewerbung der Veranstaltung selbst. Auch dies war aufwendiger als zunächst gedacht. Fatma Bıyıklı beschrieb den Prozess in der von ihrer Gemeinde ausgerichteten Veranstaltung:

»Wir haben die Veranstaltung über Flyer und große Plakate bekannt gemacht. Die Plakate wurden dann in der Schule angebracht und die Flyer den Kindern mitgegeben. Nicht ganz zufrieden war ich damit, dass die deutschstämmigen Eltern kein Interesse zeigten und nicht zu den Veranstaltungen kamen, und das bei Themen, die eigentlich alle Eltern interessieren müssten. Ich hatte sogar einige Eltern persönlich angesprochen. So blieben dann die Eltern der Gemeinde weitgehend unter sich. Innerhalb der Gemeinde wurde über das Projekt und die Elternseminare auch auf den Frauentreffen und im Koranunterricht für die Frauen gesprochen. Nach dem Freitagsgebet hat sich der Imam an die Gläubigen gewandt und über die Veranstaltungen informiert. Er hat auch die Männer aufgefordert teilzunehmen. Die Mehrheit in den Seminaren waren immer Frauen, die Männer müssen wir noch weiter informieren. Aber wir arbeiten daran.« (Bıyıklı in Lubig-Fohsel 2012a: 5)

Der letzte Schritt bestand dann in der Durchführung der Seminare. Sie wurden mit thematischen Kurzvorträgen der Referenten eingeleitet. Das jeweilige Thema wurde erläutert und Handlungsperspektiven für Eltern entwickelt. Im Anschluss an das Input hatten die Eltern die Möglichkeit, sich einzubringen und Fragen zu stellen. Die Veranstaltungen waren stets zweisprachig. Dabei traten regelmäßig drei praktische Probleme auf: die Steuerung der Diskussion, die Heterogenität der Teilnehmerinnen und das sehr unterschiedliche Geschick der Dozenten, mit derartigen Situationen umzugehen.

Zum ersten. Vielen Teilnehmerinnen war das durch die Abfolge von Vortrag und themenzentrierter Diskussion doch eher akademische Format unvertraut. Hinzu trat ein großer Problemdruck bei den Eltern. Dies führte oft dazu, dass die Diskussion erratisch verlief. Ein Beispiel liefert das Protokoll zur Veranstaltung »*Hausaufgaben – Was soll mein Kind dabei lernen und wie kann ich es unterstützen?*«

Referent war ein Schulleiter aus einer nahegelegenen Grundschule.

»Nach einem etwa 40 Minuten langen Einführungsvortrag des Schulleiters wurde die Diskussion eingeläutet. Einige Eltern berichteten von der Schwierigkeit, dass ihre Kinder immer wieder ermahnt und aufgefordert werden müssten, ihre Schulaufgaben zu erledigen. Die Darstellung der Einzelfälle von den Müttern war sehr detailliert. Es war deutlich, dass sie gerne Ratschläge und Lösungen von dem Schulleiter hören wollten.

Trotz mehrfacher Erklärungen einer Projektmitarbeiterin, dass das Treffen nicht die Lösung von Einzelfällen beabsichtige und dieses auch im Rahmen der Veranstaltung nicht geleistet werden könne, waren die Eltern nicht davon abzubringen. Fast eine Stunde lang wurden solche Fragen gestellt: Warum das jahrgangsübergreifende Lernen wichtig ist, warum es in der dritten Klasse einen Lehrerwechsel gibt, was der Bildungsgutschein beinhaltet, wie Anträge zum Berliner Pass gestellt werden können, Übergewicht des Kindes, Möglichkeit zur Teilnahme an AG's der Schule, Vergesslichkeit der Tochter, die schlechte bzw. als ungerecht empfundene Benotung des Kindes … bis hin zu Streitgesprächen mit Lehrern. Die Moderatorin versuchte mit wenig Erfolg auf das eigentliche Thema des Abends, also Hausaufgaben zurückzukommen.« (Schwalgin; Interview mit Werner Schiffauer)

Die Bewältigung dieses Diskussionsverlaufs erforderte einen erheblichen Balanceakt. Einerseits galt es, den konkreten Bedürfnissen gerecht zu werden; andererseits sollte das eigentliche Thema, zu dem eingeladen worden war, nicht unter den Tisch fallen, um nicht bei denjenigen Frustrationen zu erzeugen, die extra deswegen gekommen waren. Sobald die Referenten oder die Projektmitarbeiterinnen anfingen, für ein konkretes Problem Offenheit zu zeigen und auf die Erzählungen einzugehen, wurde man mit weiteren schwierigen Situationen der Familien überhäuft, für die sie keine Lösung finden konnten. Ein erfahrener Schulleiter brachte seine Erfahrungen mit dem Elternseminar im Nachgespräch so ein, dass er sagte, er könne sich gar nicht mehr an das Thema seiner Veranstaltung erinnern. Er habe zu sehr verschiedenen, von den Eltern angesprochenen Themen gesprochen. Irgendwann habe er beschlossen, das vorher festgelegte Thema als einen Aufhänger zu betrachten, um ins Gespräch mit den Eltern zu kommen.

Bei diesen Veranstaltungen trat das große Informations- und Kommunikationsdefizit der Eltern hervor. Viele Eltern finden die Auskünfte der Lehrer über ihre Kinder sowie schulbezogene Informationen wenig hilfreich. Sie wissen oft nur grob Bescheid und sind auf Vermutungen und Gerüchte angewiesen. Das Interesse an konkreten Lösungen war enorm, wodurch gleichzeitig auch die diversen Problemlagen, in denen sich Eltern befinden, deutlich wurden. In den Schilderungen der Eltern kamen vor allem die Überforderung und Belastung bildungsferner, sozioökonomisch schwacher Familien zum Ausdruck.

Eine zweite Herausforderung ergab sich aus der Heterogenität der Teilnehmer. Der klassenübergreifende Charakter der Gemeinden ist eine ihrer großen Stärken. Sie gibt den Gemeindemitgliedern aus den unteren Schichten Zugang zu Ressourcen und Informationen, die sie anderswo nicht bekommen. Gleichzeitig erschwert dieser Charakter die Durchführung von Veranstaltungen wie den Elternseminaren. Es galt, Diskrepanzen in der Erwartungshaltung aufzufangen und ein Niveau zu finden, das allen gerecht wurde. Gerade Eltern mit hohem Bildungsabschluss hatten gezielte Fragen und wurden unruhig und unzufrieden, wenn die anderen Eltern mit den ausführlichen Schilderungen ihres Problems die Veranstaltung vereinnahmten. Auch das permanente Wechseln der Themen empfanden sie als störend.

Nicht nur die Fragen, die bildungsunerfahrene Eltern stellten, waren für die Bildungserfahrenen weniger relevant, auch die Art und Weise der Kommunikation war für sie nicht immer anschlussfähig. Bemerkenswert war indessen die Rücksicht, mit der sie ihre Themen einbrachten. Sie vermieden es, die anderen Eltern offen zu belehren oder sie zu kritisieren. Allerdings blieben viele von vornherein weg und waren durch diese Veranstaltungsform nicht zu erreichen.

Meryem Uçan stellte die Herausforderungen, die durch die Moderation aufzufangen waren, plastisch dar:

»[…] Die unterschiedlichen Ansprüche und Erwartungen an die Kommunikation [stellten] ein großes Problem dar:

Was ist das angemessene Tempo der Kommunikation, um möglichst alle zu erreichen? Ist die Tonlage angemessen? Ist der Beitrag zu voraussetzungsstark? Wie wird der richtige Zeitpunkt gefunden, um etwas [Kritisches] zu sagen? Diese Aspekte zu berücksichtigen, bedeutet über Kommunikationskompetenz zu verfügen. Hier brauchen vor allem Eltern aus sozial schwachen Milieus Unterstützung und Übung. Aber auch für uns und das pädagogische Personal der Schule stellt die Kommunikation mit den Eltern eine Herausforderung dar.« (Lubig-Fohsel 2012a: 15)

Eine dritte Herausforderung entstand dadurch, dass nicht alle Referenten willens und fähig waren, sich auf die Klientel einzustellen. Es lohnt sich, eine bestimmte Veranstaltung ausführlicher wiederzugeben, weil sie die problematische Interaktion zwischen Schule und muslimischem Elternhaus tendenziell reproduzierte und diese nicht aufbrach. Ich beziehe mich dabei auf das Gedächtnisprotokoll, das Meryem Uçan anfertigte.

Der Referent war der Schulleiter einer Schule in der Nachbarschaft. Er sprach zum Thema: »Wie kann ich mein Kind in der Schule unterstützen?« Schon der erste Satz wirkte auf die muslimischen Eltern wie eine Ohrfeige: »Wir haben viele Schüler, die kommen sehr gerne zu uns, weil sie zuhause nichts haben.« Anschließend ging er auf die seiner Meinung nach völlig illusorischen Erwartungen vieler Eltern ein. »Ich werde Ihnen Dinge sagen, die Ihnen nicht gefallen werden und einige Sachen direkt ansprechen, möchte Sie bitten, mir trotzdem weiter zuzuhören, und möchte mit zwei Provokationen beginnen. Erstens: Viele von Ihnen haben ganz falsche Vorstellungen von den beruflichen Perspektiven ihrer Kinder. Ich erlebe viele Eltern von Kindern mit Migrationshintergrund, die davon ausgehen, dass ihr Kind ein Studium macht, dass ihr Kind Arzt wird, ihr Kind Ingenieur wird, obwohl im Endeffekt es doch nur ein Hauptschulabschluss wird. In bestimmten Kreisen gibt es falsche Vorstellungen darüber, was man werden kann. Zweitens: Alle Ihre Kinder haben, egal mit welchen Voraussetzungen, prinzipiell die Möglichkeit, einen ordentlichen Beruf zu ergreifen.« Der belehrende Ton, der den Vortrag von vornherein bestimmte, zog sich durch die ganze Darstellung. »Ich habe eine Bitte. Auch wenn die eigene Sprache wichtig ist, ist es unbedingt erforderlich, dass die Mütter die deutsche Sprache beherrschen. Die Väter drücken sich oft vor der Erziehung. Die Mütter interessieren sich, meiner Erfahrung nach, größtenteils für die Kinder, können aber auf Grund ihrer schlechten Deutschkenntnisse nicht den Kontakt zur Schule pflegen. Wenn ich die Familien anrufe, erlebe ich immer wieder, dass die Mütter ihre Männer zum Telefon rufen müssen. Das ist eine Katastrophe. Es ist erwiesen, dass der Schulabschluss schlechter ausfällt, wenn zu Hause nur Türkisch gesprochen wird.« Irritierend war für die Zuhörer ebenfalls, mit verallgemeinernden Zuschreibungen konfrontiert zu werden: »Jungen mit Migrationshintergrund werden zu kleinen Paschas erzogen. Sie fallen später dann regelmäßig auf die Schnauze. Warum soll ein Junge nicht auch mal den Müll herunterbringen.« »Sie sollten ihre Töchter nicht dazu erziehen, dass sie später heiraten und beruflich nichts machen.«

Bei der ganzen Veranstaltung war deutlich, dass der Schulleiter die Möglichkeit in der Moschee zu referieren dazu benutzen wollte, um, wie man sagt, »ein paar Sachen klarzustellen«, über die sich die Eltern seiner Meinung nach Illusionen hingäben. In der Konstruktion der imaginären Zuhörerschaft reproduzierte er alle Klischees, die in der Schule über das muslimische Elternhaus existieren. Probleme, die den Eltern sehr bewusst waren – etwa die Schwierigkeiten von eingeheirateten Frauen, sich auf deutsch auszudrücken – wurden ihnen noch einmal vorgeworfen. Anstatt nach Problemlösungen zu suchen wurden unrealistische Forderungen erhoben – zu Hause deutsch zu radebrechen ist nicht gerade hilfreich. Das bereits durch die Teilnahme an der Veranstaltung ausgedrückte Interesse wurde an keiner Stelle honoriert. Den Vortrag durchzog die feste Meinung, dass die Probleme mit der Schule ausschließlich durch das Elternhaus verursacht würden. Der ganze Vortrag war in höchstem Maße demotivierend. Es war dann nur noch konsequent, wenn er eine in der Diskussion formulierte Kritik an den Lehrern seiner Schule zurückwies:

Zwei Mütter erzählten, dass ihren Kindern bereits in der achten Klasse von ihrem Lehrer gesagt wurde, dass sie es mit ihren Leistungen allenfalls schaffen würden, bei der BSR (Berliner Straßenreinigung) zu arbeiten. Sie regten sich darüber auf, dass ein Lehrer sich schon so frühzeitig festlege und das Kind somit demotiviere. Die Erwartungshaltung sei doch von großer Bedeutung für ihren Schulerfolg. Der Schulleiter sagte, er könne den Vorfall so nicht nachvollziehen und wolle das Thema nicht in diesem Rahmen besprechen. Die Eltern sollten doch zu ihm in die Schullaufbahnberatung kommen.

In diesem Fall war die Moderation überfordert. Die Eltern reagierten mit Rückzug, sie verstummten. Eine anwesende Studentin konnte ihren Ärger nur mühsam unterdrücken; alle kritisierten danach, dass Migration nur als Problem wahrgenommen wurde. Der vom Schulleiter gewählte Gestus ist an Hauptschulen nicht selten zu beobachten – im Verlauf der Brückengespräche blieb er die Ausnahme.

Trotz aller Schwierigkeiten bei der praktischen Umsetzung der Elternseminare wurden drei Dinge erreicht.

Mit den Elternseminaren wurde erstens das Thema Schule in seiner ganzen Komplexität in der Gemeinde verankert – und darüber auch die Interessenlage der Eltern geklärt. Das Thema Schule war ja, wie wir oben festgehalten haben, keineswegs in der Bildungsarbeit der Gemeinde präsent – vor allem deshalb, weil keine Vorstellung über eine realistische Elternbeteiligung existierte. Die Schule erschien als eine Welt für sich, auf die man allenfalls durch eine Abstimmung mit den Füßen Einfluss hatte. »Die Haltung ›Ich schicke mein Kind in die Schule, und für alles Weitere ist die Schule zuständig‹ ist für manche Eltern eine Grundeinstellung, die sowohl Kooperation als auch Einmischung überflüssig erscheinen lässt.« (Kurt in Lubig-Fohsel 2012a: 15). Wenn das Thema »Schule« angesprochen wurde, dann beschränkte es sich auf die »harten« Themen – also Klagen über islamophobe Einstellungen und über den Druck der Schule, der auf Mädchen mit Kopftuch sowie im Zusammenhang mit Schwimmunterricht und Klassenreisen ausgeübt wurde. Dieser Diskurs zentrierte sich auf Rechte, die missachtet wurden. Er war im Prinzip stark politisch. Harte Themen sind aber wenig geeignet, um in einen Dialog einzusteigen: Sie polarisieren und produzieren in der Regel Fronten. In Debatten wird tendenziell Gegensätzliches unterstrichen und der große Bereich der Gemeinsamkeiten, der sich aus der gemeinsamen Sorge um die Kinder ergibt, gerät aus dem Blick. Eine Kooperation erscheint dann oft als Ding der Unmöglichkeit. Die Seminare dienten also auch dazu, die Perspektive zu weiten und zu zeigen, dass es auch andere Themen gibt. Damit sollten die politischen Forderungen nicht relativiert – sie sollten aber eingebettet werden. Die Hoffnung war, sie auf eine neue Weise verhandelbar zu machen. Wenn sie als Teil eines größeren Ganzen sichtbar würden, ergäben sich u. U. neue Wege des Umgangs.

Durch die Elternseminare wurde zweitens der Kontakt zwischen Schulleitern und Eltern begründet. Die Eltern erlebten die Schulleiter in vielen Fällen zum ersten Mal nicht als Gegenüber, sondern in ihrer Sorge um die Kinder.

»Ich bin überrascht und begeistert. Da ist ein Schulleiter in unsere Gemeinde gekommen, mit dem kann man ganz entspannt und offen reden«, sagte eine Mutter. Eine andere ergänzte: »Ich sehe die Lehrer jetzt ganz anders. Vorher hätte ich mich nie getraut, einfach einen Lehrer oder Schulleiter so direkt anzusprechen und meine Meinung zu sagen oder seiner zu widersprechen. Jetzt kann ich das, versuche aber auch seine Seite zu sehen.« »Wir haben auch Lehrkräfte und Schulleiter kennen gelernt, die hinter unseren Kindern stehen und sehr viel für sie tun. Wir haben erfahren, dass sie Interesse an der Kooperation haben und sie wichtig finden. Das hat uns bestärkt und uns Mut gemacht. Das war für alle Eltern wichtig. Da hat sich auch etwas entkrampft, ist etwas aufgebrochen, und das macht Hoffnung.« (Gülbeyaz Karaağaç in Lubig-Fohsel 2012b: 6)

»[…] die Eltern haben nicht nur viel Neues gelernt, sie haben ihre Angst und ihre Scheu verloren und sind selbstbewusster geworden. Viele Eltern wussten gar nicht, wie man mit einem Schulleiter spricht, sie hätten sich nicht getraut, einen Schulleiter anzusprechen und mit ihm über das Problem ihres Kindes zu reden. Sie haben erfahren, dass ihre Sorge unbegründet ist und haben ihre Berührungsängste verloren. Sie haben auch erfahren, wie sie die Elternabende benutzen können, um das anzusprechen, was sie auf der

Seele haben, was ihnen unter den Nägeln brennt, und auch, wie sie das angemessen ausdrücken können.« (Fatma Bıyıklı in Lubig-Fohsel 2012b: 6)

Während die Seminare es den Eltern erlaubten, »Schwellen-ängste zu überwinden«, gewannen die Schulleiter (und die an-deren Referenten) zum ersten Mal Zugang zu einer Gruppe von Eltern, die sie bislang als sehr unzugänglich empfunden hatten. Gerade durch die Elterngespräche sei sie für die Prob-lemlagen der muslimischen Eltern sensibilisiert worden, sagte eine Schulleiterin im Evaluationsgespräch mit uns.

> »In den Gemeinden wurden auch Veranstaltungen zu Er-ziehungsfragen angeboten, z. B. über die Folgen übermä-ßigen Medienkonsums. Ich war als Gast auf einer Veran-staltung, auf der eine Psychologin den ca. 50 anwesenden Müttern anhand eines guten Beispiels grundlegende Hal-tungen bezüglich der Erziehung vorstellte: Ein Kind deckt den Tisch, will helfen, und dann fällt der Teller auf den Fuß-boden und zerbricht. Die spontane Reaktion ist Ärger. In der Diskussion ging es um die Frage: Wie kann man in einer solchen Situation reagieren? Wie vermittelt man dem Kind, dass man sich über seine Hilfe freut und der zerbrochene Teller nicht so schlimm ist? Das war ein sehr spannendes Gespräch. Ich konnte mich als Schulleiter, aber auch als interessierter Zuhörer einbringen und bekannt machen sowie meine Kontakte vertiefen.« (Lubig-Fohsel 2012a: 8)

Beide Gruppen erlebten einander somit zum ersten Mal »von einer anderen Seite«.

Hier – wie auch in späteren Projektphasen – merkten wir, dass die Lokalität eine entscheidende Rolle für die Herstellung einer Interaktion auf Augenhöhe spielte. Dadurch, dass die Elternseminare in den Gemeinderäumen stattfanden, wurde das strukturelle Machtungleichgewicht, das zwischen den etablierten Institutionen der Mehrheitsgesellschaft und den Gemeinden der Einwanderer existiert, etwas relativiert. Es war sehr wichtig, die Gastgeberrolle zu haben. Es ergab sich gleichsam ein »Heimvorteil«. In einer späteren Projektphase war es dann wichtig, dass die Gastgeberrolle getauscht wurde und die Schule die Rolle des Einladenden übernahm. Wie es ein Gesprächspartner explizit formulierte:

> »Wir sind natürlich stolz auf unsere neue Moschee und wollen sie auch zeigen. Es ist anstrengend, Gastgeber zu sein, wir wollen aber nicht immer hören, dass wir verschlossen sind und unsere Räume z. B. nur für den Koranunterricht genutzt werden, der die Kinder von ihrem Lernen für die Schule abhält. Durch die Gastgeberrolle und auch die Erfahrungen mit ›Brücken im Kiez‹ ist auf jeden Fall mein Selbstbewusstsein gewachsen, und ich möchte viel mehr auch mit anderen Trägern aus dem Kiez machen. Ich habe ein ganz anderes Verständnis für Gemeindetätigkeit und für meine Rolle bekommen. Wir sind jetzt besser mit dem Quartiersmanagement im Kontakt und haben noch einiges vor.«

Durch die Elternseminare wurde damit drittens der Grundstein für ein Netzwerk gelegt. Eine besondere Bedeutung hatten dabei die Vorgespräche zwischen den Verantwortlichen aus den Moscheen und den Referenten. Hier kam es zu ersten Kontakten auf Augenhöhe zwischen Schulleitern und Vertretern der Gemeinde.

Markus Schega, der Schulleiter der Nürtingen-Grundschule, hob die Bedeutung dieser Vorgespräche hervor.

»Ich habe zunächst Vorgespräche mit dem Team geführt
und dann den Vorstand einer Moschee-Gemeinde in die
Schule eingeladen, ihm das Haus gezeigt und unser Schulkonzept vorgestellt. So sind wir uns nähergekommen. In
der Mevlana-Moschee haben wir dann zum Thema »Lese-
Förderung« eine Veranstaltung durchgeführt, das ist ein
Gebiet, mit dem ich mich intensiver beschäftigt habe. Der
Bibliothekar meiner Schule und ich haben einen kleinen
Vortrag gehalten. Auch die Fatih-Gemeinde haben wir besucht. Daraus ergab sich die Einladung an die Gemeinde,
an einem Lesefest in unserer Schule teilzunehmen. Kinder
aus der Mevlana- und der Fatih- Gemeinde gehen in unsere Schule und haben, über ihre Eltern vermittelt, unmittelbar von dem Kontakt profitiert … Mit dem Projekt
›Brücken im Kiez‹ haben wir Kontakte zu den islamischen
Gemeinden aufgebaut, die uns wichtig sind und die wir
auch weiter pflegen wollen. Es ist eine Grundstruktur
geschaffen worden, die wir auch weiterhin durch Begegnungen und Veranstaltungen am Leben erhalten wollen.
Wir können auf die Gemeinden zugehen, und diese wissen, dass sie sich an uns wenden können.« (Lubig-Fohsel
2012a: 8)

Der Erfolg der Elternseminare führte dazu, dass weitere Gemeinden ihr Interesse bekundeten. Die Elternseminare wurden in drei türkisch-sunnitischen Gemeinden, in der alevitischen und der arabischen Gemeinde ausgerichtet. Allerdings
ist die erstrebte Vernetzung der Gemeinden untereinander
mit dem Ziel, gemeinsame Interessen zu identifizieren, an
den strukturellen Gründen gescheitert, die wir im letzten Kapitel erörtert haben. Die Zusammenarbeit mit der alevitischen
Gemeinde und der Al-Nur-Moschee endete aus unterschiedlichen Gründen. Eine weitere Gemeinde brach weg, weil die

Projektverantwortliche aus beruflichen Gründen sich nicht weiter am Projekt beteiligen konnte und kein Ersatz in Sicht war.

Ebenso wurde deutlich, dass die Elternseminare einen Rahmen boten, in dem erste Kontakte entstehen konnten, aber dass sie nicht ausreichten, um ihn zu vertiefen. Sie boten einen Rahmen, in dem Vertreter der Schulen mit Eltern zusammenkommen konnten. Sie boten aber keinen Rahmen, in dem auch Probleme muslimischer Eltern mit der Schule thematisiert werden konnten. Außerdem war der Vernetzungseffekt gering: Zwar trafen die Schulleiter bzw. Vertreter pädagogischer Initiativen vor allem bei den Vorbereitungstreffen mit den einschlägig interessierten und engagierten Vertretern der Gemeinde zusammen. Es blieb aber oft bei diesem einen Mal. Ein stabiles Netz konnte so nicht geschaffen werden.

Die Brückengespräche

Aus den Elternseminaren hat sich die Idee zu Brückengesprächen entwickelt. Im Gegensatz zu den Brückenseminaren sollte das Ziel der Brückengespräche nicht die Vermittlung von Information, sondern primär der Austausch und die gemeinsame Suche auf Augenhöhe sein. Schwerpunkt der Brückengespräche ist die Fragestellung: Wie kann ein konstruktiver Umgang mit kulturell-religiöser Diversität in Schule und Familie gelingen? Neben dem Ziel, Beziehungen zu vertiefen, sollen die Brückengespräche Eltern, Moscheegemeinden und Schulen handlungspraktisches Wissen für einen konstruktiven Umgang mit religiös-kultureller und sprachlicher Vielfalt in Schule und Familie vermitteln. Dazu sollten ausgewählte Personen aus den Gemeinden mit Vertretern der Schulen und der Bildungsinstitutionen im Viertel zusammentreffen. In den Gesprächen sollten kritische Punkte in der Zusammenarbeit angesprochen, neue Wege im Umgang erschlossen und die Sichtweisen des jeweils anderen vermittelt werden. Angesichts der Belastung des Verhältnisses von Elternhaus und Schule erschien es uns wichtig, einen Kreis mit relativ fester Teilnehmerzahl zu bilden. Ein derart geschützter Raum schien uns notwendig, um offen miteinander umzugehen. Wir hofften so, über die Zeit hinweg die Grundlage für den Aufbau von gegenseitigem Vertrauen zu bilden.

Dabei entwickelte sich über die Zeit ein spezifisches Format: Am Anfang stand ein inhaltlicher Input. Dabei wurden exemplarische Projekte vorgestellt (z. B. das Projekt »Die Wille«), Best Practice Beispiele eingeführt (z. B. der Elterninformationsordner) oder auch aus einer Forschungsarbeit referiert (etwa aus der Arbeit von Meryem Uçan zu Elternbeteiligung oder aus der Forschung von Nurten Karakaş über Lehrer mit Migrationshintergrund). Nach Vortrag und Nachfragerunde wurde gemeinsam gegessen – was atmosphärisch wichtig war und die Möglichkeit zu informellen Gesprächen bot. Tatsächlich fanden die intensivsten Begegnungen bei dieser Gelegenheit statt. Im Anschluss wurden Arbeitsgruppen gebildet, bei denen in der Regel das Wissen und die Erfahrung der Teilnehmer zum Thema der Veranstaltung zusammengetragen wurden. Wir achteten darauf, dass in diesen Gruppen jeweils Vertreter der Schulen, der Gemeinden und des Teams vertreten waren. Zum Abschluss wurden die Ergebnisse aus den Arbeitsgruppen in das Plenum eingebracht. Im ersten Jahr fanden die Gespräche in der Fatih-Gemeinde statt; danach traten die verschiedenen Schulen nacheinander als Einladende auf. Ab diesem Zeitpunkt wurde noch eine Vorstellung der einladenden Institution vorgeschaltet. Dies bot die Möglichkeit, die Profile der verschiedenen Bildungseinrichtungen im Kiez kennenzulernen; auch gab es den Gesprächsteilnehmern die

Möglichkeit, sich mit den je eigenen Schwerpunkten in die Gespräche einzubringen.

Bei diesen Gesprächen kamen regelmäßig sechs bis sieben Vertreter von Schulen, meist die Schulleiter, mit acht bis zehn Vertretern aus den Gemeinden, Projektmitarbeitern und geladenen Gästen zusammen, um sich über schulische Fragen auszutauschen. Es waren also immer zwischen 15 und 20 Personen anwesend. Der Prozess in den Brückengesprächen zeigte, wie schwierig der Aufbau des Vertrauens ist – wie er aber trotzdem gelingen kann.

Die ersten beiden Brückengespräche: Suche nach einem Einstieg

Bei der inhaltlichen Vorbereitung hatten wir uns vorgenommen, zunächst mit Themen einzusteigen, die zwar einen Perspektivwechsel erlauben, aber nicht mit einer Konfliktgeschichte belastet sind wie etwa die politisierten Fragen nach der Teilnahme an Schwimmunterricht und Klassenfahrten. Wir befürchteten bei letzteren Fragen, dass es vorzeitig zu Frontbildungen kommen könnte und das Hinhören darunter leiden würde. Das Anliegen war es, über die Zeit eine Atmosphäre bzw. eine Gesprächskultur aufzubauen, die dann auch die Behandlung schwieriger Themen ermöglichen würde. Uns war bewusst, dass die ersten Brückengespräche ausschlaggebend für die weitere Entwicklung der Beziehungen der Teilnehmer zueinander, aber auch dem Projekt gegenüber sein würden. Hier würde sich zeigen, ob die Anwesenden die Zusammensetzung der Gruppe interessant genug finden würden, um wiederzukommen, aber auch in der Themenauswahl einen Mehrwert für sich und ihre Arbeit entdecken würden.

Für die erste Sitzung wurde deshalb das Thema »Interkulturelle Kommunikation« gewählt. Im Zentrum stand das gegenseitige Kennenlernen, aber auch das Ausloten potenzieller Themen für die weiteren Gespräche. Sehr deutlich war eine hohe Bereitschaft aufeinander zuzugehen, aber auch eine hohe Vorsicht und Befangenheit. Die beiden Seiten fassten sich sozusagen mit Fingerspitzen an. Mit bemerkenswerter Klarheit brachte eine Mutter die Stimmung zum Ausdruck.

> »Das ist ja alles schön und gut, es herrschte eine angenehme Atmosphäre. Ich habe aber das Gefühl, dass auch die Lehrer/Schulleiter nicht immer ganz das sagten, was sie denken. Mittlerweile glaube ich, dass sie genauso verunsichert waren wie wir und nichts Falsches sagen wollten und dann manchmal halt nichts sagten!«

Hier deutet sich bereits ein gewisses Unbehagen an der zu starken Betonung der Beziehungsebene an, ein Gefühl, dass man zu den inhaltlichen – und damit auch kontroversen – Punkten kommen möchte. Dies brach sich dann in der zweiten Sitzung Bahn. Auch bei der Wahl des zweiten Themas war das Team eher vorsichtig gewesen. Von Nurten Karataş wurde eine unter Leitung von Viola Georgi entstandene Studie zu Lehrern mit Migrationshintergrund an Berliner Schulen vorgestellt. Die Idee war es gewesen, darüber einen Einstieg in die Debatten um strukturelle Diskriminierung zu finden. Dies funktionierte nur teilweise. Die Diskussion verlief etwas schwerfällig, vor allem, weil die Situation von *Lehrern* mit Migrationshintergrund nicht mit der Lage von *Eltern* mit Migrationshintergrund vergleichbar ist. Es kam gegen Ende der Aussprache zur Intervention eines Teilnehmers aus den Gemeinden. Er nahm Bezug auf die Bildung einer fast ausschließlich aus deutschstämmigen Schülern bestehenden Klasse an der Lenau-Schule – korrespondierend der Bildung einer »Ausländerklasse«, wie er sagte – zu Beginn des Schuljahrs. Eine türkischstämmige Mutter hatte Anstoß an dieser ethnischen Sortierung genommen und sich schließlich an die Presse gewandt. Der Vorfall hatte in der islamischen community, aber auch in der Presse ziemliches Aufsehen erregt (siehe unten).

> »Ich finde, wir sollten auch darüber sprechen, dass jetzt wieder reine Ausländerklassen gebildet werden. Wie sollen unsere Kinder denn gleiche Chancen haben wie die deutschen Kinder, wenn solche rassistischen Praktiken stattfinden?« (Gedächtnisprotokoll Werner Schiffauer)

Diese Äußerung führte gleich zu der gereizten Antwort eines Schulleiters:

> »Ich kenne die Leiterin der Lenau-Schule gut und habe mich ausführlich mit ihr über den Vorgang unterhalten. Sie hatte sich etwas dabei gedacht. Es ist falsch, sie als Rassistin zu bezeichnen.« (Gedächtnisprotokoll Werner Schiffauer)

Ich selbst erinnere mich, wie ich in diesem Moment gespalten war. Auf der einen Seite hatte ich das Gefühl, dass die bislang schleppend verlaufene Diskussion hier an einen Punkt gelangt war, an dem sie – endlich – relevant wurde. Auf der anderen Seite teilte sich in der Reaktion des Schulleiters erheblicher Ärger mit. Bei den anderen Teilnehmern spürte ich Betroffenheit und Anspannung. Ich fürchtete, dass es zu einem Zusammenstoß und dann zum Gesprächsabbruch kommen würde – also genau zu der Frontbildung, die wir in dieser ersten Phase zu vermeiden suchten. Diese Stimmung spürte auch das

Team-Mitglied, das an diesem Abend die Diskussion moderierte. Sie brach das Gespräch mit dem Hinweis ab, man sei schon über der Zeit, solle zum Abendessen übergehen und anschließend in den Arbeitsgruppen zum eigentlichen Thema des Abends zurückkehren.

Wir hatten in der anschließenden Teamsitzung das Gefühl, dass es wichtig wäre, das Thema Lenau-Schule weiter zu verfolgen und es für die Diskussion am nächsten Abend vorzuschlagen. Tatsächlich eignet sich der Fall in besonderer Weise, um die Komplexität des Verhältnisses von muslimischer Elternschaft, deutsch-deutscher Elternschaft und Schule in Kreuzberg zu erörtern.

Das dritte Brückengespräch: Der Fall Lenau-Schule

Die Vorgeschichte war, dass eine Gruppe deutschstämmiger Eltern ihre Kinder gemeinsam an der Lenau-Schule angemeldet hatte. Gruppenanmeldungen von Kindern, die sich aus der Kindertagesstätte kennen, werden seit einiger Zeit akzeptiert, weil der pädagogische Wert von gewachsenen sozialen Bindungen geschätzt wird. Für deutsche Eltern aus der Mittelschicht öffnet diese Möglichkeit einen Weg, die Kinder auch an Kreuzberger Schulen einzuschulen. Eine gemeinsame Einschulung war für sie der Weg, mit Ängsten und Vorbehalten umzugehen, die bisher dazu geführt hatten, dass man zum Zeitpunkt der Einschulung in einen anderen Bezirk umziehen beziehungsweise sich ummelden musste. Sie betrafen die Sorge, das Kind könnte das einzige deutschstämmige Kind in der Klasse und entsprechend isoliert sein. Sie betrafen ebenfalls die Sorgen um die Ausbildung der Kinder. Was diese Eltern umtreibe, sei die Angst, die Ausbildung der Kinder zu vermasseln, wie es in einem Bericht im Tagesspiegel hieß: »Denn sie wissen, dass es nicht alle Lehrer schaffen, leistungsstarken Kindern Lesen und Schreiben und einiges mehr beizubringen, wenn die übrigen Klassenkameraden weder richtig deutsch sprechen noch eine Schere oder einen Buntstift halten können, wie es die Einschulungsuntersuchungen offenbaren. Ganz zu schweigen von den Verhaltensauffälligkeiten, die mit Bildungsferne, sozialer Randständigkeit und übermäßigem Medienkonsum einhergehen.« (Susanne Vieth-Entus im Tagesspiegel 22. 8. 2012)

Für die Schulen waren diese Vorstöße von deutschstämmigen Eltern eine Chance, endlich den Teufelskreis der ethnischen Segregation zu durchbrechen. Wie die Karl-Friedrich-Oberschule, die wir im dritten Kapitel diskutiert haben, war auch die Lenau-Schule als »Ausländerschule« markiert. Besonders Eltern aus bürgerlichen Schichten vermieden es, die Kinder dort anzumelden. Dabei ist es einfach die ethnische Zusammensetzung, auf der der Ruf der Schule beruht. Eine Schule kann einen noch so hervorragenden Unterricht anbieten – wenn sie mehrheitlich von türkisch- und arabischstämmigen Kindern frequentiert wird, ist sie abgeschrieben. Über die gemeinsame Einschulung war es der Lenau-Schule tatsächlich gelungen, den Anteil von Schülern mit nicht-deutscher Herkunftssprache deutlich zu senken. Im Fall der Lenau-Schule gingen die Eltern weiter als sonst. Sie wandten sich an die Schulleiterin mit der Bitte, die eingeschulten Kinder in Klassen nach deutschen und nicht-deutschen Muttersprachlern aufzuteilen.

Die Schulleiterin sah über die Gewinnung dieser deutschstämmigen Klientel die Möglichkeit, der Zuschreibungsfalle zu entkommen. Sie war deshalb bereit, den Wünschen der deutsch-deutschen Eltern entgegenzukommen. Es

wurde eine Klasse (A3) ausschließlich mit Muttersprachlern eingerichtet. Entsprechend kam es zur Bildung von
zwei Klassen (A1 und A6), die aus Kindern aus Migrantenfamilien stammen.

Die gewachsene Durchmischung der Schule war der An-
reiz für Frau E., eine praktizierende Muslima, gewesen,
ihr Kind dorthin zu senden. Als sie nun ihr Kind in der
Schule anmeldete, zeigte sich, dass es in einer der »Ausländerklassen« eingeschult wurde. Hinzu kam, was Frau E.
zusätzlich erbitterte, dass die Klasse der deutschen Mutter-
sprachler in Bezug auf das Angebot an Arbeitsgruppen
besser ausgestattet war als die »Ausländerklassen«.

Das Problem war, dass Frau E. den Termin, an dem die Zusammensetzung der Schulklassen besprochen worden war,
wegen eines Arzttermins nicht hatte wahrnehmen können.
Als sie nun ihr Anliegen vorbrachte, hieß es von der Schulleiterin, jetzt sei es zu spät, noch Änderungen vorzunehmen. Es ginge nicht, alles wieder in Frage zu stellen. Frau
E. ließ sich nicht einschüchtern, was auch daran liegen mag,
dass sie aus einer bürgerlichen Familie kommt und Aka-
demikerin ist. Ihr Vater ist Inhaber eines Restaurants am
Kottbusser Damm. Sie informierte die BZ und wandte sich
an Dilek Kolat, Senatorin für Arbeit, Frauen und Integration, und die Schulrätin. Über Facebook mobilisierte sie
weitere Personen, die ihr Anliegen unterstützten. Als die
Dinge sich so weit entwickelt hatten, wurde ihr von der Lenau-Schule angeboten, dass ihr Kind in die »deutsche«
Klasse kommen könne. Sie lehnte ab, weil ihr, wie sie uns
bei dem Vorbereitungstreffen zur dritten Sitzung sagte,
dieses Angebot unethisch erschienen sei. Es sei ihr nicht
nur um die eigene Sache gegangen, sondern um die ethnische Segregation an sich. Sie fuhr fort, dass sie keine
Möglichkeit mehr für sich sehe, an dieser Schule zu bleiben.

Nachdem sie sich an die Öffentlichkeit gewandt habe, sei sie schulbekannt. Sie habe das Gefühl, als Querulantin angesehen zu werden, und fürchte Konsequenzen für ihre Tochter. Dieses Gefühl mag auch darin begründet sein, dass der Fall zu Demonstrationen der betroffenen Eltern führte, in denen der Rassismusvorwurf erhoben wurde, der nun wiederum von der Schule als verletzend wahrgenommen wird. (Interview mit Frau E. 12.10.2012)

Der Widerstand der Schulleiterin mag auch daran liegen, dass sie sich mit einer Korrektur sicher Probleme mit den deutsch-deutschen Eltern eingefangen hätte. Ich halte es jedoch auch für fraglich, ob ein deutsch-deutsches Elternteil ähnlich brüsk abgewiesen worden wäre, wie es Frau E. passiert ist (sie benutzte das Wort »abblitzen«). Meine eigenen Erfahrungen als Vater von zwei schulpflichtigen Kindern zeigen, dass ein geteilter ethnischer und Klassenhintergrund es wesentlich erleichtert, ein Problem zu kommunizieren und die Bereitschaft zu wecken, nach Auswegen zu suchen, anstatt sich auf eine formalrechtliche Position zurückzuziehen.

Frau E. sagte eine Teilnahme an der Veranstaltung zu. Die Schulleitung der Lenau-Schule sagte aus terminlichen Gründen ab und sah auch keine Möglichkeit, einen Stellvertreter zu schicken.

Werner Schiffauer, der die Gesprächsleitung übernahm, hielt seine Gefühle vor der Veranstaltung folgendermaßen fest:

»Ich erinnere mich an meine Nervosität. Ich wollte in dem Gespräch deutlich machen, dass alle drei Parteien, nämlich die deutsch-deutschen Eltern, die Eltern mit Migrationshintergrund und die Schulleitung in diesem Fall jeweils nachvollziehbare Interessen haben. Auch wenn Fehler gemacht worden sind, waren diese dennoch aus verständlichen Gründen geschehen. Es sollte also um problem-sharing gehen. Ich wollte darüber hinaus herausarbeiten, dass es angesichts der eigentlich günstigen Ausgangslage – allen Beteiligten liegt daran, dass sich die kiezspezifische Mischung von Milieus, Klassenlagen und ethnischem Hintergrund auch im Klassenzimmer spiegeln sollte – eigentlich möglich sein müsste, zu einer Einigung zu kommen.«

Das lief im Großen und Ganzen auch so wie geplant. Der Einstieg wurde von Frau E. mit einer betont sachlichen Beschreibung ihrer Erlebnisse gemacht. Die Schulleiter folgten dem Vortrag aufmerksam; ihre Reaktion war zurückhaltend. Werner Schiffauer strukturierte das Gespräch wie geplant. Dennoch blieb auf der Seite der Projektmitarbeiter das Gefühl, dass der Gesichtspunkt der Schulleiter (also die Frage, wie kommt man von dem Ruf der »Ausländerschule« weg) von ihm zu sehr unterstrichen wurde, während das eigentlich skandalöse einer erneuten Segregation nicht zur Sprache kam. In seinem Bericht räumt Werner Schiffauer dies ein:

»Mir wurde beim Nachdenken auch deutlich, dass ich (wohl auf Grund der oben geschilderten Intervention) eher Sorge hatte, die Schulleiter blieben weg, während ich höheres Vertrauen in die Geduld der Gemeindeangehörigen hatte. Was auch zu wenig Gegenstand war, war die Machtbalance in derartigen Auseinandersetzungen. Sie führt dazu, dass Eltern Angst um die Behandlung ihrer Kinder haben, wenn sie in einen Konflikt mit der Schule eintreten. Diese Angst mag gerechtfertigt oder nicht gerechtfertigt sein – sie reflektiert aber die Tatsache, dass die Eltern strukturell auf der schwächeren Seite stehen.«

In dem Gespräch betonten die Schulleiter, dass sie sich um eine ethnische und soziale Ausgewogenheit in jeder einzelnen Klasse bemühten. Von einem Schulleiter wurde das Dilemma angesprochen, dass man einerseits über die ethnischen Klassifizierungen hinausgehen möchte, also ohne Ansehen von Herkunft jeden gleich behandeln möchte, dass man aber dennoch immer wieder den sogenannten Migrationshintergrund beachten (und deshalb auch erheben) müsse, weil man angesichts der realen Zuschreibungs- und Machtprozesse gegen die Diskriminierung sonst nicht angehen könne.

Das vierte Brückengespräch: Religion in der Schule

Das vierte Brückengespräch fand zum Thema »Präsenz von Religion an der Schule« statt. Der Religionsdidaktiker Joachim Willems (Humboldt-Universität Berlin) diskutierte die Auseinandersetzung um das öffentliche Gebet an einem Gymnasium in Berlin-Wedding. Ich lehne mich bei der folgenden Darstellung des Vorfalls an die Schilderung im Verwaltungsgerichtsurteil[1] an.

Einige Schüler hatten am 1.11.2007 in der Pause nach der sechsten Unterrichtsstunde in einem Flur des Schulgebäudes gebetet – offenbar in einem abgelegenen, nicht weiter einsehbaren Bereich. Ein Lehrer informierte die Schulleiterin darüber. Diese wies die Schüler am nächsten Tag darauf hin, dass das Beten auf dem Schulgelände nicht geduldet werden könne »und äußerte dabei nach Darstellung des Klägers: ›Ihr könnt auch von der Schule fliegen!‹« (Verwaltungsgericht 2009: 2). Am gleichen Tag schrieb die Schul-

---

1 Verwaltungsgericht Berlin, Urteil Az.3 A 984.07, 29.9.2009

leiterin die Eltern an und informierte sie, dass das Verhalten ihrer Söhne auf Grund des Neutralitätsgebots des Staates in der Schule nicht gestattet sei. Ein Elterngespräch blieb ergebnislos. Darauf klagte der Schüler mit Verweis auf sein Grundrecht auf Religionsfreiheit. Die Schule argumentierte in dem Verfahren, dass ein Gebet auf dem Schulflur vorhandene Konflikte zwischen Schülern unterschiedlicher Religionen schüren und damit den Schulfrieden gefährden könne. Das Gericht gab dem Schüler in der ersten Instanz recht. Es wurde daraufhin ein Raum für das Gebet zur Verfügung gestellt. In der zweiten Instanz wurde dann der Schule recht gegeben.[2] Im Gegensatz zur ersten Instanz sah das Oberverwaltungsgericht tatsächlich ein Risiko für den Schulfrieden (Oberverwaltungsgericht 2010: 17) und folgte auch der Argumentation, die darauf hinauslief, dass die Kapazität der Schule an eine Grenze stoßen würde, wenn nun jede Religionsgemeinschaft das Recht auf einen Raum in Anspruch nehmen würde. Auch habe die Schule dargelegt, dass in der Vergangenheit schon einmal ein Gebetsraum hätte geschlossen werden müssen, »nachdem es zu verbalen Auseinandersetzungen zwischen Schülerinnen, die ein Kopftuch trugen, und solchen, die dies nicht tun, gekommen sei und nachdem die Jungen es abgelehnt hätten, gemeinsam mit den Mädchen zu beten«. (ebenda: 21) Das Gericht legte in seinem Urteil die *potenziellen* Folgen, die die Einrichtung des Gebetsraums haben könnte, zu Grunde und berücksichtigte bemerkenswerterweise nicht die *faktischen* Folgen, die die Einrichtung des Gebetsraums tatsächlich hatte. Diese waren nämlich denkbar undramatisch, wie das Gericht selber feststellt, wenn es in der Urteilsbegründung heißt, dass der »auf Anordnung

---

2 Oberverwaltungsgericht Berlin, Urteil Az. B 29.09 vom 27. 5. 2010

des Verwaltungsgerichts zur Verfügung gestellte Raum auch während der Winterzeit nur an relativ wenigen Tagen benutzt« wurde, also eher irrelevant blieb (ebenda: 13). Die mit dem soziologischen Begriff der Veralltäglichung beschriebene Tatsache, dass Praxen, wenn sie einmal eingeführt sind, schnell zum Alltag, d. h. zu selbstverständlichen Routinen werden und damit ihren polarisierenden Charakter verlieren, war für das Gericht offenbar nicht entscheidungsrelevant.

Bei der Präsentation des Falls hob Joachim Willems vor allem auf Multiperspektivität ab. Eine Situation wie diese Auseinandersetzung um das Schulgebet wird von den beteiligten Akteuren unterschiedlich gedeutet – also etwa als selbstverständliches Wahrnehmen eines zustehenden Rechts oder als Provokation (anderer religiöser Gruppen oder der Schulleitung). Die jeweilige Deutung wird dann wieder unter bestimmten Perspektiven (also unter pädagogischen, politischen, religiösen, juristischen) bewertet und bearbeitet. Wenn die Deutungen nicht übereinstimmen, kann auch keine Einigung über die Gesichtspunkte der Bewertung erzielt werden. Einvernehmen kann nur hergestellt werden, wenn die zu Grunde liegenden Deutungen wahrgenommen, verstanden und auch als gerechtfertigt anerkannt werden. Die Herausforderung besteht also darin, Umgangsformen zu finden, die die unterschiedlichen Sichtweisen zu ihrem Recht kommen lassen und dem institutionellen Kontext (hier also der Schule) angemessen sind.

Die Diskussion war vor allem deshalb fruchtbar, weil einer der Schulleiter von einem Antrag auf die Einrichtung eines Gebetsraums an seinem Gymnasium berichtete. Er benannte zwei konkrete Befürchtungen. Die erste betraf die Aufrechterhaltung des Schulbetriebs: Wenn nur zehn bis zwanzig

Schüler beten wollten, sei dies ja unproblematisch – aber wenn jetzt auf einmal hundert kommen würden, würden sie nicht mehr in den Gebetsraum passen. Man müsste dann nacheinander beten; die Zeit, die dies dann in Anspruch nähme, würde die Pausenzeiten sprengen. Die zweite Befürchtung, die der Schulleiter äußerte, war, dass damit der Ruf der Schule als »muslimischer Schule« zementiert werde. Dies könnte zu einem verstärkten Zulauf von muslimischen Kindern auch aus anderen Stadtteilen führen; dies könnte aber auch die nicht-muslimischen Eltern in der Nachbarschaft fernhalten. Damit würde der Ruf der Schule als »Ausländerschule« zementiert – und die gewünschte Durchmischung in Frage gestellt. Dennoch: Er wolle die Frage der Einrichtung des Gebetsraums in einem demokratischen Prozess mit der Schülervertretung lösen und nicht von Seiten der Schulleitung einen Entscheidungsprozess oktroyieren.

Die anschließende Diskussion kreiste dann um die Ängste, die der Schulleiter angesprochen hatte – und um die Rolle, die Ängste (also Antizipationen) für die Situationsdefinition spielen. Hatte nicht die Diskussion über die Lenau-Schule gezeigt, dass auch den muslimischen Eltern an einer Schule gelegen ist, die die Mischung des Stadtteils widerspiegelt? Ist es wirklich realistisch zu meinen, dass die Einrichtung eines Gebetsraums von mehr als einigen wenigen sehr religiösen Schülern wahrgenommen wird? Von einigen der Eltern wurde auch eingebracht, dass religiöse Praxen von vornherein in Spannung zu den schulischen Pflichten gesetzt würden. Es wäre doch durchaus auch denkbar, von einer Komplementarität, also einem Ergänzungsverhältnis, auszugehen. Gerade das rituelle Gebet sei eine Form der Meditation, in dem man immer wieder zu sich finde. Als Konsens kam heraus, dass man die Einrichtung eines Gebetsraums einfach ausprobieren sollte, um zu sehen, was dann passiert – und sich nicht von angstbesetzten Szenarien (wie sie etwa in dem Urteil des Oberlandesgerichts zum Ausdruck kamen) leiten lassen sollte.

Das fünfte Brückengespräch: Eine erste Bilanz

Die fünfte Sitzung war der Evaluation gewidmet. Der Prozess lief nun ein Jahr. Bei der Sitzung wurde deutlich, dass viele Teilnehmer das Gefühl hatten, dass es zwar gelungen war, einen Gesprächsfaden zu knüpfen; dieser sei aber noch so dünn gesponnen, dass er immer wieder zu reißen drohe.

Einige Teilnehmer sagten, dass sie sich nach wie vor gehemmt fühlten, wenn es darum gehe, die eigenen Wahrnehmungen und Sichtweisen »unzensiert« zu äußern, aus Angst, mit diesen bei anderen Teilnehmern anzuecken. Dies offenbart einerseits das Bedürfnis der Gruppe, gute Beziehungen untereinander aufzubauen, aber auch eine gewissen Besorgnis, dass dieses Anliegen durch unterschiedliche Sichtweisen und Bewertungen gefährdet sein könnte. Gleichzeitig verweist es auf das Bedürfnis, zu einer offenen, ehrlichen und respektvollen Auseinandersetzung über unterschiedliche Perspektiven, Empfindungen und Gefühle sowie Werte zu kommen. Eine teilnehmende Mutter brachte es auf den Punkt:

> »Wir haben uns kennengelernt. Aber dieses Kennenlernen ist meinem Gefühl nach auf der Oberfläche. Ich bin mir noch unsicher, ob die Schulleiter nicht aufstehen und gehen werden, wenn ich ein grundsätzliches Problem anspreche. Wir brauchen Vertrauen, dass dieser Prozess weitergeht.«

Tatsächlich kam es schon in dieser Sitzung (und auch in den weiteren) immer wieder zu Einbrüchen, bei denen Empfindsamkeiten und Verletzlichkeiten eine große Rolle spielten –

und zwar sowohl auf der Seite der Schulen wie der Eltern. Es mag sinnvoll sein, drei Fälle genauer zu betrachten:

1. Während der Evaluationssitzung sagte eine Mutter relativ impulsiv: »Man hört nie was Positives von den Schulen.« Ich (Werner Schiffauer) selbst hatte diese Äußerung als Aussage zur Gerüchtelandschaft genommen – als eine empirische Beschreibung der Tatsache, dass die Schulen in der Meinung der Muslime keinen guten Ruf haben. Eine andere Mitarbeiterin im Team hatte diese Rede als einen »sehr emotionalen und offenen Gefühlsausbruch auf der Grundlage eigener Erfahrungen als Mutter« verstanden. Die Mutter habe offenbar über ihre Kinder, die immerhin relativ erfolgreich sind, wenig Positives aus den Schulen erfahren.

Wir waren deshalb überrascht, als wir im Anschluss eine Mail erhielten, aus der deutlich wurde, dass einer der anwesenden Schulleiter diese Äußerung ganz anders – nämlich als persönliche Einschätzung der Schulen – gewertet und sie als »undifferenzierte Hetzrede« verstanden hatte. Nachdem man viel über die Anforderungen und Veränderungswünsche an die Schule gesprochen hätte und auch die Vertreter der Schulen ihre Visionen von einer Schule mit sensibler, vorurteilsbewusster, demokratischer, antidiskriminierender Erziehung mitgeteilt hätten, habe »eine Dame von Milli Görüş« eine »undifferenzierte Hetzrede« gegen die Schulen gerichtet. Bei ihm habe es das Gefühl erzeugt, dass die Bemühungen der Schule überhaupt nicht wahrgenommen werden. »›Man hört nie etwas Positives von den Schulen‹ ist eine diffamierende Äußerung, die weder etwas mit der Realität zu tun hat, noch erkennen lässt, dass es eine Bereitschaft gibt, eine Brücke überhaupt zu betreten.« Es wäre die Aufgabe der Moderatorinnen gewesen, Differenzierung einzufordern.

Dabei war die unterschiedliche Wahrnehmung auf Seiten des Teams auch dadurch bestimmt, dass wir die Mutter, um die es ging, aus ganz anderen Zusammenhängen kennengelernt hatten. So hatte sie in dem Interview mit Evelin Lubig-Fohsel sich sehr differenziert und ausgewogen geäußert:

>Oft hängt das Klima an einer Schule entscheidend vom Schulleiter ab. An der Schule einer meiner Töchter war der Schulleiter sehr engagiert und hat sein Kollegium mitgerissen und motiviert, sich besonders für die Jugendlichen mit Migrationshintergrund einzusetzen. Da gab es keine Probleme, im Gegenteil, die Grundstimmung war positiv und offen.< (Lubig-Fohsel 2012b: 4)

Das war dem Schulleiter nicht bekannt. Er nahm die Äußerung, die auf der Veranstaltung fiel, für sich und bewertete sie entsprechend.

2. Eine derartige Situation ergab sich noch einmal in derselben Sitzung. Ein Vater hatte geäußert: >Ich habe gehört, dass in Kreuzberg sowieso nur schlechte Lehrer eingesetzt werden.< Ich (Werner Schiffauer) hatte diese Äußerung als Artikula­tion eines Gerüchts gelesen, das in der muslimischen Commu­nity zirkuliert und sich aus der Tatsache speist, dass in der Tat Lehrer aus anderen Bezirken nach Kreuzberg >strafversetzt< wurden. In diesem Fall hatte ich die Aussage allerdings fehl­gedeutet. Für den Sprecher war der Satz, wie sich später he­rausstellte, keine Aussage, sondern eher eine ungeschickt for­mulierte Frage: >Ich habe *gehört*, dass …< Wir fanden im Nachhinein heraus, dass er die Tatsache, dass keiner auf den Satz einging, als Bestätigung des Sachverhalts nahm. Auch dieser Satz wurde von einem Schulleiter als Kränkung empfunden: Er habe den Eindruck, dass auf der Seite der Schule sehr viel getan werde, um Migranten eine Teilhabe am Leben in Deutschland umfassend zu ermöglichen. Auf der anderen Seite sehe er diesen Vater, der >böswilligen und offenkundi-

gen Unsinn« öffentlich von sich gebe. Er frage sich, was noch passieren müsse, damit Menschen, die sich in der Opferrolle sähen, aus ihr herausfinden.

3. Diese Empfindlichkeit existierte auch auf Seiten der Eltern. Dies wurde freilich nicht bei dieser Sitzung, sondern bei späteren Sitzungen deutlich. Ein Schulleiter sagte beim Vorstellen seiner Schule, die zu 85% aus Schülern türkischer und arabischer Herkunft besteht, dass er die Schülerschaft mit der Zeit heterogener machen wolle. Er wolle deshalb Spanischkurse einrichten. Er sei sich bewusst, dass dies ein sehr sensibler Prozess sei, an dem die Elternschaft beteiligt werden müsse, weil sehr leicht das Gefühl aufkommen würde, dass man nicht erwünscht sei. Trotz des Nachsatzes war die Äußerung des Schulleiters missverständlich – ein anderer Schulleiter, der neben mir saß, flüsterte mir zu, hier komme doch ein falscher Ton rein. Laut sagte er:

> »Ich kenne eine französische Community in Berlin, deren Mitglieder nicht besser als viele unserer Eltern deutsch sprechen, aber die berichten nicht von negativen Erfahrungen bezüglich ihrer Sprachkenntnisse. Im Gegenteil: sie sind eher stolz auf sich und reden so, wie es gerade geht.«

Trotz dieser Intervention blieb bei den Eltern das Gefühl, der andere Schulleiter hätte gesagt, die Kinder an seiner Schule seien nicht die richtigen. Sollte man nicht lieber mit der Elternschaft arbeiten, so wie sie ist? Warum sei es immer die türkische und arabische Seite, die als Problem thematisiert wird? Einer der Teilnehmer flüsterte einem Teammitglied zu, er sei empört, aber als sie ihn aufforderte sich zu melden, lehnte er es ab: Er sei zum ersten Mal hier und möchte deshalb nicht gleich negativ auffallen und die Atmosphäre kaputt machen.

Was ergibt sich daraus?

Erstens: Die Empfindlichkeiten auf der Seite der Schulleiter und der Eltern sind spiegelbildlich. Ihnen liegt zunächst auf beiden Seiten eine Wir-Ihr-Konfiguration zugrunde: Wir, die Schulleiter – ihr die Eltern oder umgekehrt. Diese Konfiguration ergab sich natürlich auch aus der Konzeption der Brückengespräche, deren Absicht ja darin bestand, eine Brücke zwischen der Seite der Schule und der Seite der Eltern zu schlagen. Das Bild suggeriert, dass sich die Parteien gleichsam auf beiden Seiten eines Flusses gegenüberstehen. Die Folge derartiger Wir-Ihr-Konfigurationen ist eine Wahrnehmungsasymmetrie: Man sieht die eigenen Schritte deutlicher als die Schritte der Gegenseite. Es ergibt sich leicht das Bild, dass man sich selbst bewegt, während der andere praktisch am Ort verharrt. Sehr deutlich tritt dieses Bild aus folgender Mail eines Schulleiters hervor:

>Gerade auch in den Brückengesprächen haben die vertretenen Schulen klar eingeräumt, dass es unerträgliche Diskriminierungen von Lehrern, Erziehern und der Institution selbst gegenüber Schülern und Eltern gibt. Wir haben das als Handlungsfeld und in einzelnen Schulen als Entwicklungsschwerpunkt erkannt. Es gibt zahlreiche Maßnahmen zum Abbau von Diskriminierung und zur vorurteilsbewussten Bildung und Erziehung. Zu wenig ist dagegen thematisiert worden, wie und ob die Gemeinden und die Schulen gemeinsam etwas zu den Problemen beitragen könnten, die die Schulleiter besorgt machen.«

Die Tatsache, dass die Gemeinden ebenfalls beanspruchen, über die Einbindung von Schülern zum Abbau etwa von Gewalt an Schulen beizutragen, wird von Seiten des Schulleiters nicht gesehen.

Zweitens: Einen Einfluss hat auch eine gewisse Macht-asymmetrie, die durch die Brückenmetaphorik eher verdeckt wird: Auf der einen Seite der Brücke steht eine durch den Nationalstaat wesentlich geprägte staatliche Institution. Sie hat einerseits einen Bildungsauftrag (und ist zu seiner Erfüllung mit Ressourcen ausgestattet), der sie verpflichtet und an dem sie sich messen lassen muss. Sie sieht sich andererseits als Vertreterin der staatlichen Autorität, die das gesellschaftliche Allgemeininteresse gegenüber Partikularinteressen vertritt – und in diesem Zusammenhang sieht sie sich als Institution, die den Bildungsauftrag nicht nur *wahrnimmt*, sondern ihn auch *definiert*: Gerade Letzteres wurde von den Schulen herkömmlicherweise oft mit Selbstbewusstsein gerade gegenüber Migranten vertreten: »Wir bestimmen, wo es lang geht« – »hier ist Deutschland«, »hier gelten deutsche Regeln«. Die Schulleiter, die sich auf die Brückengespräche eingelassen haben, sind von dieser (weit verbreiteten) sicheren Position abgerückt. Sie haben also erste Schritte unternommen und sich damit von ihren Kollegen abgesetzt. Sie haben sich freiwillig der Kritik geöffnet und sich damit auch verwundbar gemacht. Es ist verständlich, wenn sie wollen, dass dies von den Eltern wahrgenommen und gewürdigt wird. So hieß es in einer kritischen Mail des bereits zitierten Schulleiters weiter:

»Zu wenig wurde gesehen, dass Schule als staatliche Institution seit Jahren mit der Herausforderung befasst ist, alle Ebenen des schulischen Handelns und ihren Bildungsauftrag den Realitäten einer pluralistischen, durch Einwanderung geprägten Gesellschaft anzupassen. Dies ist eine Mammutaufgabe für die gegenwärtigen Schulleiter, gerade vor dem Hintergrund teils widersprüchlicher gesetzlicher Regelungen und gesellschaftlicher Erwartungen bei knappen Ressourcen. Die positiven Entwicklungen, die sich gerade in den beteiligten Schulen vollziehen, haben in den Brückengesprächen zu wenig Raum bekommen.«

Die Machtasymmetrie belastete ebenfalls den Gesprächs-ablauf. Tatsächlich war zu beobachten, dass die Eltern deut-licher und expliziter die Schule kritisierten als umgekehrt. Die Verletzlichkeit der Schulleiter wurde tatsächlich von den Eltern zu wenig gesehen. Die prinzipielle Machtasymmetrie führt offenbar leicht dazu, dass der Mächtigere als weitgehend unverwundbar wahrgenommen wird. Andererseits zeigt die letzte Episode, wie umgekehrt eine Position der Schwäche auch wiederum eine Steigerung des Gefühls von Verwund-barkeit nach sich ziehen kann.

Drittens: Die Empfindlichkeit sowohl von muslimischen Eltern als auch von Schulleitern hängt auch damit zusammen, dass beide Seiten sich in ihrem Beitrag zur Gesellschaft nicht gewürdigt sehen. Die Schulleiter sehen sich bei der Erfüllung ihrer Aufgaben alleine gelassen und sehen gerade ihr Engage-ment in den Problemvierteln von der Öffentlichkeit nicht hin-reichend gewürdigt. Die Eltern wiederum haben das Gefühl, dass ausschließlich auf das muslimische Elternhaus gezeigt wird, wenn das Scheitern des Schulsystems thematisiert wird. Die mangelnde gesellschaftliche Anerkennung schlägt auch auf die Gespräche durch.

Viertens: Sowohl auf Seiten der Eltern als auch der Schul-leiter existierte das Gefühl, dass aus Vorsicht konfliktgelade-ne Themen nicht angesprochen wurden. In der bereits zitier-ten Mail nannte der Schulleiter Themen, die er gerne anspre-chen würde:

– Rassismus gegenüber deutschen Kindern
– starker Rassismus gegenüber afrodeutschen Kindern

- Ablehnung oder Herabsetzung von Lehrerinnen durch Väter
- hohe verbale und körperliche Aggressivität
- Rechtfertigung und Bagatellisierung aggressiven Verhaltens durch Eltern
- Selbstjustiz von Eltern und Geschwistern auf Schulhöfen
- Bedrohung von Kindern durch Eltern
- Beleidigungen von Lehrerinnen und Erzieherinnen

Es gab aber auch Themen, die in der muslimischen Community zirkulierten, aber noch nicht angesprochen wurden, offenbar weil sie als »zu heiß« erachtet wurden.

»Auf einer Klassenfahrt, die von einer der beteiligten Schulen durchgeführt wurde, wurde in einer Gaststätte dem Jugendschutzgesetz entsprechend kein harter Alkohol an Jugendliche unter 18 Jahren ausgeschenkt. Ein Lehrer bot den Schülern unter 18 an (oder erklärte sich bereit), für sie den Schnaps zu besorgen. In Gesprächen mit Eltern wurde uns mitgeteilt, dass einer der Jugendlichen danach im Schlafsaal in Tränen ausgebrochen sei und darüber geklagt habe, dass er sich habe verleiten lassen.« (Mündliche Mitteilung einer Verwandten eines der Betroffenen)

Ein großes Unbehagen von Eltern macht sich an der Tatsache fest, dass sie durch Schulverträge in Bezug auf das Tragen von Kopftuch oder auch die Teilnahme an Klassenfahrten unter Druck gesetzt werden, ohne dass dafür eine gesetzliche Grundlage existiert. So sei an einer der beteiligten Grundschulen per Schulvertrag durchgesetzt worden, dass das Tragen von Kopfbedeckung aller Art verboten sei. Damit seien sowohl Kopftücher als auch Baseballkäppis untersagt worden. Die Eltern fanden dies eine formalistische und scheindemokratische Lösung. Letztlich seien Äpfel mit Birnen verglichen worden. Eine genuin religiös motivierte Handlung sei mit einer völlig weltlichen gleichgesetzt worden.

Um zusammenzufassen: Das Evaluationsgespräch machte deutlich, dass es durchaus zu ersten Annäherungen gekommen war. Diese waren jedoch fragil: In der Wahrnehmung der Teilnehmer standen immer noch »die Schulleiter« und die »Gemeindeangehörigen« einander gegenüber. Damit war auch eine Sensibilität gegenüber der Frage verbunden, welche Seite sich wie weit bewegt. Dies wurde durch zu Grunde liegende Machtasymmetrien verschärft. Beide Seiten hatten Punkte, die als zu heiß empfunden wurden, um angesprochen zu werden. Es war bemerkenswert, dass die empfundenen Verletzungen zwar gegenüber dem Team, nicht aber in den Sitzungen angesprochen wurden. Positiv kann man dem entnehmen, dass den Teilnehmern an der Fortsetzung der Gespräche lag; negativ, dass sie nicht das Gefühl der Sicherheit hatten, das es ihnen erlaubt hätte, den Punkt in der Sitzung selbst zu thematisieren.

Das zweite Jahr der Brückengespräche

Am Anfang des zweiten Jahrs der Brückengespräche fand ein weiteres Auswertungsgespräch ausschließlich mit den Schulleitern statt. Die oben angeführten Mails hatten unsere Annahme verstärkt, dass die Schulen eventuell zu kurz gekommen waren bzw. zu sehr das Gefühl vermittelt bekommen hatten, nur bei ihnen würde etwas schieflaufen. Tatsächlich pflegten wir einen kontinuierlicheren Kontakt zu den Gemeindemitgliedern als zu den Schulleitern. Dies war der zeitlichen Kapazität der Teilnehmer geschuldet und nicht beabsichtigt. Wir hatten den oben referierten Unmut einiger Schulleiter nicht rechtzeitig erkannt. Dies wollten wir durch das Treffen wiedergutmachen.

Ein Ergebnis dieses Gesprächs war es nun, die Brückengespräche im Wechsel auch in den Schulen zu veranstalten. Seit diesem Zeitpunkt wurde – wie oben schon erwähnt – die Vorstellung der betreffenden Schule als ein fester erster Programmpunkt eingeplant. Dies machte es den Schulleitern möglich, die an den Schulen geleistete Integrationsarbeit darzustellen und damit die positiven Entwicklungen, die von ihnen an ihren Schulen angestoßen wurden, zu vermitteln. Insgesamt ergab sich daraus für die Eltern und die Projektmitarbeiter ein faszinierender Einblick in die Kreuzberger Schullandschaft. Deutlich wurde ebenfalls der entscheidende Einfluss, den Schulleiter auf die Profilbildung der Schulen haben – ein Einfluss, der uns zu Beginn des Projekts (siehe oben Seite 130ff.) überhaupt nicht klar war. Uns wurde deutlich, dass ihre Rolle derjenigen von Dirigenten in einem Orchester entspricht.

Die Themen des zweiten Jahres waren »Kulturbedingte Konflikte an der Schule – das Problem von Strafen«, »Beteiligung von muslimischen Eltern an der Schule«, »Das Projekt Elterninformationsordner« und »Klassenfahrten«.

Das sechste Brückengespräch:
Kulturbedingte Konflikte an der Schule –
das Problem von Strafen

Zum ersten Thema wurde das interkulturelle Trainerteam »Die Wille GmbH« (Forum für interreligiöse Bildung) eingeladen. Die Trainer brachten einen Konflikt ein, den sie einem Text von Aladin El-Mafaalani (2012) entnahmen. Der Fall lässt sich folgendermaßen zusammenfassen:

Ein siebenjähriger türkischstämmiger Schüler der zweiten Klasse hatte einen mit rotgefärbtem Wasser gefüllten Luftballon in der Turnhalle zerplatzen lassen. Der Sachschaden war erheblich gewesen. Als er von der Lehrerin zur Rede gestellt wurde, schwieg er beharrlich und sah auf den Boden. Die Lehrerin verlangte wiederholt, dass er sie ansehen solle. Als die Lehrerin drohte, mit den Eltern zu reden, begann er heftig zu weinen und sagte, dass er nicht gewollt habe, dass der Ballon platzt. Die Lehrerin nahm ihn darauf in den Arm und tröstete ihn. Kurze Zeit später fiel der Schüler allerdings schon wieder auf.

Auch hier wurde an der Multiperspektivität gearbeitet. Nach der Präsentation des Falls wurden die Teilnehmer aufgefordert, in Arbeitsgruppen die Perspektiven der Beteiligten an dem Konflikt einzunehmen. Wie haben der Junge, sein Vater und die Lehrerin den Konflikt und die Handlungen der Beteiligten wahrgenommen? Dabei stand in der allgemeinen Diskussion der kulturell sehr unterschiedliche Umgang mit Disziplinierung im Vordergrund.

Besonders die Codierung des »in die Augen Blickens« war Thema: Für die deutschstämmigen Teilnehmer wurde es mit »Akzeptieren der Verantwortung« gleichgesetzt und das Wegblicken entsprechend mit Trotz und Verweigerung; für die türkischstämmigen Teilnehmer war das In-die-Augen-Blicken eher mit trotzigem Widerstand (auf Augenhöhe) assoziiert – und das Zu-Boden-Blicken mit Akzeptieren von Schuld und mit Respekt gegenüber der Lehrerin. Die türkischen Teilnehmer empfanden das forcierende Bestehen auf Augenkontakt fast als psychische Gewalt dem Kind gegenüber.

Die in der Mediationsarbeit verwandte Technik des »role switching« schien vielversprechend zu sein, um derartige Konfliktsituationen zu bearbeiten. Das Team hatte für den zweiten Teil der Veranstaltung angeregt, derartige Konflikte aus der eigenen Praxis zu benennen und mit dieser Methode durchzuspielen. Es war der lebhaften Diskussion geschuldet, dass es nicht dazu kam.

Siebentes Brückengespräch:
Beteiligung muslimischer Eltern an der Schule

Das siebte Brückengespräch thematisierte die Mitwirkung muslimischer Eltern an der Schule. Im Wesentlichen referierte Meryem Uçan in knapper Form die in diesem Buch im zweiten Kapitel wiedergegebene Analyse der sprachlichen, kulturellen und schichtbedingten Barrieren, die durch die Diskriminierung muslimischer Eltern fast unüberwindlich werden.

Die Eltern fanden sich in der Darstellung wieder; die Schulleiter reagierten betroffen. In einem späteren Auswertungsgespräch benannte einer der Schulleiter dieses Gespräch als dasjenige, das ihm die meisten »Aha-Erlebnisse« beschert habe. Ihm sei das Ausmaß der Diskriminierung nicht bewusst gewesen. Ein anderer Schulleiter empfahl Meryem Uçan nach dieser Präsentation als Referentin für Fachkonferenzen zum Thema Bildung.

Achtes Brückengespräch:
Das Projekt Elterninformationsordner

Das achte Brückengespräch war als Vorstellung eines »best practice«–Modells gedacht. Im Rahmen des Projekts »Talente« der Vodafone-Stiftung war an der Hermann-Sander-Schule ein Elterninformationsordner erarbeitet worden. Er wurde von Nadine Oeser vorgestellt. Von dem Ordner versprach man sich, gerade die Erreichbarkeit von Eltern zu erhöhen, die neu in Deutschland waren, die Sprache nicht beherrschten und die spezifischen Erwartungen der deutschen Schule nicht kannten – mit anderen Worten, die Gruppen unter den Einwanderern zu erreichen, die die höchsten Hürden zu überwinden haben. In dem Ordner finden sich auf Deutsch und in mehreren Herkunftssprachen Anregungen für die Unterstützung des Kinds zu Hause, Informationen, wie etwa ein Entschuldigungsschreiben abgefasst werden kann, oder auch Hinweise zu einer gesunden Ernährung (Vodafone-Stiftung 2011).

Während in der Diskussion einerseits der Wert von Informationen deutlich gesehen wurde, wurde gleichzeitig bemängelt, dass der Ordner einseitig die Erwartungen der Schule aufnehme – und den Besorgnissen der Einwanderer so gut wie nicht Rechnung trage.

Dies machte sich an dem Entwurf eines Schulvertrags fest, der in dem Elterninformationsordner enthalten war. Er nahm praktisch nur die Elternseite in die Pflicht. Bezeichnend waren Formulierungen wie: »Ich verpflichte mich, mein Kind pünktlich in die Schule zu schicken« oder »Ich verpflichte mich, meinem Kind ein gesundes Pausenbrot einzupacken« oder »Ich verpflichte mich, mein Kind auf Klassenfahrten zu schicken.« Gerade an diesem Punkt machte sich die generelle Kritik an der Idee des Schulvertrags fest. Ein Vater kommentierte: »Natürlich möchte ich mein Kind auf Klassenfahrten schicken, aber dann müssen die Bedingungen auch zu meinem Vertrauen führen. Wenn ich meine Bedenken äußere und Vorschläge mache, möchte ich auch, dass sie ernst genommen werden.« Eine auf Gegenseitigkeit beruhende Formulierung könnte etwa lauten »Eltern und Lehrer arbeiten gemeinsam an Bedingungen, die es den Eltern ermöglichen, ihre Kinder auf Klassenfahrten zu schicken.« Wenn überhaupt Verpflichtungen der Schule thematisiert wurden, dann ausschließlich in Bezug auf Punkte, die bereits im Schulgesetz geregelt sind und selbstverständlich sein sollten. Wie wäre es, wurde eingebracht, wenn ein Schulvertrag auch Paragraphen aufnähme wie: »Die Schule verpflichtet sich, gegen alle Formen von Fremdenfeindlichkeit, wie Antisemitismus, Islamophobie und Rassismus, vorzugehen. Sie richtet eine Clearingstelle ein, bei der derartige Vorfälle zur Sprache gebracht werden können.«

Die Kritik lief darauf hinaus, dass zwar die Idee eines Elterninformationsordners sehr gut sei, die konkrete Ausgestaltung des Ordners durch das Modellprojekt die Gegenüberstellung von im Prinzip unproblematischer Schule und schwieriger Elternschaft jedoch grundsätzlich reproduziere und damit ungewollt an der gängigen einseitigen Schuldzuweisung an die Eltern mitwirke.

An diesem Punkt erschien es sinnvoll, den Umgang mit Klassenfahrten zum Thema des nächsten Brückengesprächs zu machen – und damit zum ersten Mal eines der Reizthemen aufzugreifen, die die gesellschaftliche Diskussion polarisieren. Wir hatten das Gefühl, dass sich mittlerweile in der Gesprächsgruppe eine Kultur des Vertrauens und des Zuhörens etabliert hatte. Diese erlaubte es, gemeinsam an Strategien zu einer produktiven Lösung des Konfliktfeldes »Klassenfahrten« zu arbeiten.

Joachim Willems bereitete den Einstieg zu dieser Sitzung vor, bei der man zunächst an konkrete Erfahrungen anknüpfen wollte: Welche Erfahrungen hatten die Beteiligten selbst mit Klassenfahrten? Was sind die Befürchtungen, Sorgen und Probleme in Bezug auf Klassenfahrten? Welche Erwartungen haben die Beteiligten diesbezüglich an die anderen (also die Eltern an die Lehrer oder an die Schulleitung bzw. umgekehrt)? Welche Lösungsstrategien bieten sich an?

Was die muslimischen Eltern betraf, war es zunächst deutlich, dass die Klassenfahrt bei ihnen nicht die Selbstverständlichkeit hatte, die sie bei den deutschen Eltern hatte. Nicht wenigen war diese Einrichtung unvertraut – und sie sahen die Trennung von ihren Kindern mit einer gewissen Skepsis. Dabei spielt die Erfahrung der Diskriminierung als Muslime eine entscheidende Rolle: Wer das Gefühl hat, in einer prekären Minderheitensituation zu leben, tendiert zu Vorsicht. Eine Klassenreise bedeutet, das Kind einer Situation auszuliefern, in der die Eltern nicht schützend eingreifen können oder den Kindern als Rückzugsort zur Verfügung stehen. Deshalb ist hier die Frage des Vertrauens zu den Lehrkräften wichtiger als bei Kindern ohne Migrationshintergrund. Bei der Thematisierung der Erfahrungen wurde deutlich, wie heterogen die Gesichtspunkte waren, die hier eine Rolle spielten: Sie reichten von der Sorge, das Kind könnte einnässen und würde dann verspottet werden, über die Angst, das Kind könnte gemobbt werden, bis hin zu Sorgen, die im Grundschulalter Nacktheit und Essen betrafen und im Sekundarschulalter Alkohol und Sexualität. Es gibt die Erfahrung mit einer Klassenfahrt, bei der ein Lehrer den minderjährigen Schülern angeboten hatte, ihnen harten Alkohol zu besorgen (s. o. S. 226). Eine Mutter erzählte von einer Klassenfahrt ihrer elfjährigen Tochter, bei der die Jungen nachts in den Schlafraum der Mädchen eingedrungen waren und ihnen die Unterhosen heruntergezogen hatten. Bei einer anderen Klassenfahrt sind die Kinder nachts draußen herumgetobt. Eine andere Mutter erzählte, dass eine Lehrerin die Tochter zum Verzehr von nicht geschächtetem Fleisch – Leberwurst – ermuntert hätte. Es gab jedoch nicht nur Angst um die Kinder, sondern auch Angst oder Widerwillen der Kinder selbst.

Welche Herausforderung eine Klassenfahrt für muslimische Kinder darstellte, wurde aus der Erzählung der Mutter einer dreizehnjährigen Tochter deutlich. Nach der Rückkehr von der Klassenfahrt (auf die sie sich gefreut hatte) saß die Tochter weinend am Bettrand. Sie wolle nicht mehr auf eine Klassenfahrt gehen. Die Frage, ob etwas Schlimmes passiert sei, verneinte die Tochter: Es hatte keine böse Äußerung, kein Mobbing gegeben, alle seien freundlich zu ihr gewesen. Dennoch sei es in dieser Situation viel schwieriger als im Schulalltag gewesen, mit der durchaus bejahten und gewollten Differenz klarzukommen. Sie sei halt diejenige gewesen, die keinen Bikini anzog oder die nicht bei der Disko mitmachen wollte. Dabei habe sie sich komisch gefühlt, obwohl doch eigentlich gar kein Anlass dazu da war. Es sei so anstrengend, anders als die anderen zu sein und immer wieder aus der Gruppe herauszufallen. »Man kann einfach nicht mithalten, das geht nicht. Es ist wie ein Dilemma, keiner hat was gegen dich, aber du merkst, dass du einfach ganz anders bist. Du willst es auch nicht immer erklären, weil du weißt, sie würden es eh nicht verstehen.«

Was sich für uns aus den beiden Brückengesprächen ergab, lässt sich folgendermaßen zusammenfassen. Ein Blick auf die Heterogenität der Gründe zeigt, dass zunehmender Druck über Instrumente wie etwa Schulverträge wenig hilfreich erscheint. Wichtiger scheint eine frühzeitige und umfangreiche Vorbereitung, bei der den Eltern der Raum gegeben wird, ihre Ängste und Sorgen zu kommunizieren. Dafür muss mehr Gelegenheit als bisher üblich geboten werden. Bei dem Prozess ist wichtig, dass die Eltern keine Befürchtung haben müssen, in die Ecke gestellt zu werden. Vielmehr soll ihnen vermittelt werden, dass ihre Bedenken, seien sie kultureller, religiöser oder praktischer Art, respektiert werden. Wichtig scheint ebenfalls eine frühzeitige Kommunikation über Sinn und Wert von Klassenfahrten – wir hatten nicht selten den Eindruck, dass dies als selbstverständlich vorausgesetzt wird. Schließlich muss das Ganze eingebettet sein in langfristige Vertrauensmaßnahmen. Seitens der Schule muss vermittelt werden, wie man gedenkt, mit Problemen wie Sexualität, Nacktheit, Übergriffigkeit von anderen Kindern umzugehen, und wie man garantieren kann, dass nur Essen, das helal (rituell erlaubt ist), angeboten wird. Umstritten war, ob die Teilnahme von Eltern an den Klassenfahrten sinnvoll ist. Im Grundschulalter könnten sich die Kinder, deren Eltern nicht mitfahren, benachteiligt sehen; im Sekundarschulalter dürfte eher das Problem der sozialen Kontrolle durch Eltern als Problem gesehen werden.

Bemerkenswert war, dass alle Eltern, die an dem Brückengespräch beteiligt waren, die Kinder bei Klassenfahrten hatten mitfahren lassen. Dabei spielte bei einem der Väter der Wunsch eine Rolle, dem Kind die Erfahrung zu ersparen, unter der er selbst gelitten hatte, nämlich den Unterricht der Parallelklasse besuchen zu müssen, während die Klassenkameraden wegfuhren. Bei anderen war der Wunsch vorrangig, die Kinder nicht aus der Klassengemeinschaft zu nehmen. Bei anderen wiederum war es der Wunsch der Kinder, der entscheidend wurde. Ein gewisses Unbehagen war jedoch bei den meisten vorhanden.

Der mühsame Prozess des Knüpfens von Gesprächsfäden

Bei beiden Brückengesprächen zeigte sich, wie komplex der Prozess des Knüpfens von Gesprächsfäden im zweiten Jahr geworden war. Es lohnt sich deshalb, diese Sitzungen einer genaueren Betrachtung zu unterziehen. Sie zeigen, wie nah Erfolg und Scheitern beieinanderliegen.

Versprechen und Risiken der Praxis

Zum ersten hatten wir mit unserem Team bei diesen Gesprächen einen Durchbruch erzielt. Dies lag auch daran, dass wir bei zwei Schulen das Gefühl hatten, bei praktischen Konflikten vermitteln zu können. Beim ersten Fall waren an einem Gymnasium Klassenfahrten in den Ramadan gelegt worden, was dazu führte, dass mehrere Eltern ihre Kinder abmeldeten. Hier bot das Brückengespräch einen Rahmen, um außerhalb der Schule die Beweggründe auszuloten. Dabei rechneten wir es uns als Verdienst an, zu der Entwicklung einer Gesprächskultur beigetragen zu haben, bei der man in einer neuen Weise aufeinander hörte. Aus einem Gedächtnisprotokoll:

Schulleiter: »Ich bin mir bewusst, dass ich da einen Fehler gemacht habe. Ich habe ohne den Feiertagskalender zu konsultieren die Klassenfahrt in den Ramadan gelegt, weil es in den Gesamtrhythmus am besten gepasst hat. Vier Schüler haben nun die Fahrt abgesagt. Gibt es denn keine Möglichkeiten?«

Vater: »Ich sehe keine Möglichkeit. Es ist praktisch unmöglich, das Fasten mit der Reise (im Sommer) zu vereinbaren: Es würde ja bedeuten, dass der Sohn um drei Uhr nachts und dann wieder um 21 Uhr essen würde. Das kann man doch von keiner Jugendherbergsküche verlangen, dass sie das für vier Schüler zu dieser Stunde bereit stellt. Es würde auch heißen, dass er vom Baden ausgegrenzt würde. Ich habe dann auch Angst, dass all dies dazu führt, dass der Sohn ebenfalls von anderen ausgegrenzt wird. Eine Verschiebung des Fastens ist nach meinem religiösen Verständnis ebenfalls unmöglich.«

Schulleiter: »Ich sehe den religiösen Grund. Aber andere Eltern sehen das doch anders.«

Vater: »Ja natürlich. Da existieren unterschiedliche Positionen. Nach meiner Position ist das so, dass die Gründe für das Verschieben von Fasten genau festgelegt sind. Also etwa Krankheit oder eine große Reise. Das ist genau festgelegt. Aber nicht eine Klassenreise. Es wäre eine ungerechtfertigte Erleichterung, wenn man das Fasten etwa zu einem Zeitpunkt nachholt, der einem besser passt. Also etwa im Winter, wenn die Tage kürzer sind. Und dann kommen auch die Kinder ins Fasten.«

Schulleiter: »Ja das war ein großer Fehler. Es tut mir leid, dass ich den Konflikt in die Familien hineingetragen habe. Aber wie weit sollen wir gehen? Letztes Jahr fand keine Abiturfeier statt, weil ein Teil der Schüler auf keinen Fall Alkohol wollte und für einen anderen Teil Alkohol einfach zum Feiern dazugehört. Da müssen wir doch einen Weg finden, dass nicht zwei Feiern stattfinden.«

Vater: »Ich glaube, wir müssen lange vorher in die Gespräche einsteigen, um hier Wege zu finden – und uns vielleicht mehr als ein Jahr nehmen.«

An dem Gespräch ist zunächst bemerkenswert, dass es auf Augenhöhe geführt wurde. Der Schulleiter konzediert einen Fehler, der jetzt den Schulbetrieb belastet. Beide Seiten entwickeln ihre Standpunkte, wobei die unterschiedlichen Ausgangspunkte respektiert werden. Man hört einander zu. Eine Einigung hat sich nicht ergeben, wohl aber ein Verfahrensvorschlag für das kommende Jahr. Die ansonsten üblichen und schematisierenden Zuschreibungen (»Islamfeindlichkeit«, »Fundamentalismus«) unterblieben, und die Komplexität der Problemlage auf beiden Seiten wurde deutlich.

Als Durchbruch werteten wir auch, dass sich der Leiter einer Grundschule mit der Bitte an die muslimischen Eltern des Gesprächskreises wandte, bei einem Konflikt über Klassenreisen an seiner Schule zu vermitteln. Zum ersten Mal wurden die Brückengespräche als Ressource genutzt, um eine praktische Lösung zu erzielen.

Geplant war eine zehntägige Klassenfahrt zu dem Partnerort der Schule in Baden-Württemberg. Acht von vierundzwanzig Eltern hatten ihre Kinder abgemeldet. Damit fuhr ein Drittel der Klasse nicht mit, die Zahl der Abmeldungen hatte eine kritische Höhe erreicht. Der Schulleiter hoffte, durch die Mitwirkung der Gesprächsteilnehmer die Beweggründe der Eltern besser zu verstehen. »Ich möchte die Eltern nicht überreden, dass sie ihre Kinder auf die Klassenfahrt schicken … Ich möchte die Gründe verstehen und erhoffe mir einen entspannten Austausch, eventuell gibt es eine Möglichkeit, dass einige Kinder doch mitfahren.« Es erklärten sich eine Projektmitarbeiterin, eine Verantwortliche aus einer muslimischen Gemeinde und ein engagierter Vater (ehemaliger Vorstandsvorsitzender einer muslimischen Gemeinde) zur Teilnahme bereit. Zu dem Gespräch kamen außer diesen Personen der Schulleiter, die Klassenlehrerin und drei der acht eingeladenen Eltern, ein Vater und zwei Mütter. Das Gespräch hatte aber nicht die vom Schulleiter erhoffte Wirkung. Eine Mutter erklärte, dass auf der Kindergartenreise ihres Sohnes ein Junge von einem Erzieher missbraucht worden sei. »Das war eine sehr schreckliche Erfahrung für uns. Es war schwierig, darüber mit unserem Sohn zu reden. Wir wussten auch nicht genau wie.« Sie hätten daraufhin beschlossen, ihre Kinder, solange sie sich nicht wehren könnten, sprich: im Grundschulalter, nicht mehr auf Klassenfahrten zu schicken. »Meine Kinder würden sehr gerne fahren, aber wir haben diesen Entschluss nun mal gefasst, und es wäre ungerecht den anderen Kindern gegenüber, wenn wir unsere Tochter jetzt schicken würden.« Eine andere Mutter erklärte, sie würde die Tochter an sich gerne mitfahren lassen. »Aber sie möchte einfach nicht … Sie schläft noch nicht einmal bei ihrer Oma.« Bei der dritten Familie spielte die Furcht vor der Wiederholung eines Krampfanfalls von vor zwei Jahren eine Rolle. Letztendlich blieben alle Eltern trotz Intervention bei ihrer Entscheidung.

In diesem Fall führte nun das praktische Scheitern des Bemühens zu einem Umschlagen der Stimmung: Der Schulleiter bekam erhebliche Zweifel am Wert der Brückengespräche an sich. Was soll der Einsatz an Ressourcen, wenn dann doch nichts dabei herauskommt? Macht das Gespräch mit den interessierten Eltern aus den Gemeinden Sinn, wenn sie die anderen Eltern nicht erreichen? Für ihn stellten sich die von den Eltern vorgebrachten Gründe als bloßer Vorwand dar: »Die wollen einfach nicht.« Insbesondere fand er den Hinweis auf den sexuellen Missbrauch verletzend: »Und dann werden wir als Pädophile hingestellt.« In dieser Kränkung differenzierte er auch nicht mehr zwischen den Eltern des Brückengesprächskreises und den Eltern seiner Schule – die Tatsache, dass erstere die anderen ermutigt hatten, die Kinder trotz der Erfahrungen auf die Klassenreise zu schicken, ging unter. Auf einmal war die Opposition zwischen »Wir« – die Schule – und »Die« – die Muslime – wieder da. Hinzu kam, dass eine Lehrerin aus seiner Schule nun forderte, die Pflicht zur Teilnahme an Klassenfahrten in den Schulvertrag aufzunehmen.

»Ich frage mich nach dem Sinn der ganzen Gespräche über Klassenfahrten, wenn dann doch nicht mehr mitfahren. Vielleicht bringt dieser ganze Kuschelkurs nichts, und wir sollten einfach den Druck erhöhen.«

Im Team konnten wir zwar den Unmut des Schulleiters nachvollziehen, fanden es aber wichtig, dass das Gespräch einen Einblick in die komplex gelagerten Gründe für die Absage an Klassenfahrten erlaubte, die sich nicht einfach auf den »Islam« zurückführen lassen. Im Gegenteil: Es gibt Hinweise darauf, dass der Islam als Grund für die Absage an der Mitwirkung bei Klassenreisen angeführt wird, auch wenn ganz andere – als peinlich empfundene – Gründe vorliegen. Damit vermeidet man, das Kind vor den Lehrern, aber auch anderen Eltern bloßzustellen.

Die beteiligten Eltern aus dem Brückengesprächskreis konnten den Unmut ebenfalls nicht nachvollziehen. Sie teilten zwar die Einschätzung des Schulleiters, dass der Verweis auf die Krampfanfälle wohl ein Vorwand war – auch weil die Klassenleiterin bis dahin von diesen Anfällen nichts wusste. Sie konnten aber sehr gut die Argumente der beiden anderen Eltern nachvollziehen, auch wenn sie ihre Haltung nicht übernahmen. Insgesamt hatten sie den Eindruck, das Gespräch hatte deutlich gemacht, dass die Gründe für die Absage eben nicht im Islam begründet waren und ihre Mitwirkung deshalb in gewisser Weise sinnlos war. Sie fühlten sich aber auch missbraucht. Sie waren davon ausgegangen, dass ihre Mitwirkung zu einem Zeitpunkt erbeten wurde, als es um die Willensbildung in den Familien ging. Aber die Entscheidung der Eltern war schon gefallen, und Gespräche mit der Schulleitung hatten schon stattgefunden. Ihre Aufgabe war es also nicht, ihre Erfahrungen einzubringen, um bei einem noch offenen Klärungsprozess mitzuwirken, sondern die Eltern von ihrer gefassten Meinung wieder abzubringen. Dies war auch deshalb irritierend, weil damit Erfahrungen, gegeneinander ausgespielt zu werden, wieder hochkamen.

»Ich hasse das, wenn man zu uns sagt: ›Ihr seid ja toll, aber die anderen …‹ Wir sind Muslime, und die sind Muslime – auch wenn wir vielleicht zu unterschiedlichen Ergebnissen kommen. Wir wollen uns auch nicht als Brücken benutzen lassen, um andere dazu zu bringen, etwas zu machen, was sie nicht wollen.«

Ein Erfolg der Gespräche war, dass sich beide Seiten – Schulleiter und Gemeindevertreter – immer weniger als Blöcke wahrnahmen. Es wurde deutlich, dass auf beiden Seiten Individuen teilnehmen, die durchaus nicht immer einer Meinung sind. Bei den Schulleitern zeigte sich, dass sie sehr unterschiedliche Meinungen zur Art und Weise hatten, in der sich die Schulen im multikulturellen Feld aufstellen sollten.

Herr W. vertritt eine bemerkenswert antirassistische Position. Er begründet seine Teilnahme damit, dass es der Gesellschaft in dramatischer Weise nicht gelingt, Chancengleichheit herzustellen und arbeitet bewusst an der Überwindung der Hindernisse. Er hat an der Schule Diversitätstrainings durchgeführt. Bezeichnend sind für ihn Aussagen wie: »99% meiner Lehrer meinen, sie machen alles richtig. Aber ich werde jeden Tag mit Äußerungen konfrontiert, die ich als problematisch empfinde.« Auch in den Brückengesprächen zeigt er sich sensibel. Er empfindet es als problematisch, wenn ethnischer bzw. nationaler Hintergrund zu sehr in den Vordergrund gestellt werden: Unter Bezug auf Milieustudien, in denen argumentiert wird, dass Milieudifferenzen grundlegender seien als ethnische Grenzen, argumentiert er: »Wichtiger ist, dass die verschiedenen Milieus im Kiez präsent sind. Was heisst schon ethnische Mischung?« Andererseits geht die Öffnung gegenüber ethnischer Differenz mit einer erheblichen Skepsis gegenüber der religiösen Differenz einher. Seiner Meinung nach hat Religion an der Schule nichts zu suchen. Forderungen etwa nach einem Gebetsraum würde er sofort eine Absage erteilen.

Herr X. vertritt sozusagen eine republikanische Gegenposition zu Herrn W. Er betont, dass die Aufgabe in der Sachorientierung, also der Leistungsvermittlung, besteht. Er mache keinen Unterschied zwischen Schülern mit und ohne Migrationshintergrund. Er setze sich mit allen ihm zu Gebote stehenden Mitteln dafür ein, dass an seiner Schule »so viele Migranten wie möglich Vertrauen und Anerkennung finden, Diskriminierung ein Fremdwort bleibt und benachteiligten Kindern ein erfolgreicher Weg in eine gemeinsam zu gestaltende deutsche Gesellschaft geebnet wird.« Da bei ihnen an der Schule nur der Maßstab der Leistung zähle, stelle sich die Frage der Diskriminierung gar nicht. Letztendlich wird jeder gleich behandelt. Mit Herrn W. teilt er die Meinung, Religion habe an der Schule nichts verloren – diese sei eine säkulare Einrichtung.

Herr Y. und Herr Z. vertreten eine Zwischenposition. Ich würde sie als experimentierfreudige Schulleiter einstufen. Sie versuchen, den Ruf ihrer Schule durch den Ausbau von Kursangeboten zu verbessern. Dabei hat Herr Y. ein beachtliches Theaterprojekt begründet. Beide suchen Wege, um das multikulturelle Profil der Schule als Chance zu nutzen. Herr Z., der an einem Gymnasium tätig ist, versucht durch demokratische Verfahren die Probleme anzugehen und zu lösen. Als die Forderung nach einem Gebetsraum an ihn herangetragen wurde, wies er diese nicht von vornherein ab, sondern setzte auf umfassende Diskussionen.

Unterschiedliche Meinungen fanden sich auch auf der anderen Seite. Da gab es Herrn A. von der IGMG, der sich seit Jahren in der Elternarbeit hervorgetan hatte. Er hatte den Habitus eines Politikers, schlug immer dann, wenn er Diskriminierung vermutete, sehr kämpferische Töne an, war aber auch bereit, konstruktiv nach Wegen zur Problemlösung zu suchen, wenn er die Anerkennungsfrage erst einmal geklärt sah. Abwechselnd zeigten sich die eine – oft sehr hart und polarisierend wirkende – und die andere – nach Kompromiss suchende – Seite. Da gab es Herrn B., der erst seit wenigen Jahren in Deutschland war und sich immer übersetzen ließ. Er hatte in der Türkei als Lehrer gearbeitet und seine Beiträge zeigten einen weichen und warmherzigen Pädagogen, der das seelische Wohl der Kinder im Auge hatte. Frau C. vertrat das Projekt in der Gemeinde und setzte sich nachhaltig dafür ein. Sie war diejenige, die eine Direktheit pflegte, mit der sie bei den Schulleitern aneckte. Gleichzeitig war sie auch diejenige, die vom Wert des Projekts nachhaltig überzeugt war.

Die Schulleiter erklärten, dass gerade dieses Kennenlernen von Eltern das Spannendste an dem Projekt sei:

»Für mich persönlich war die erste Begegnung mit dem Projekt und meinem Seminar im Fatih-Kulturhaus der Beginn eines spannenden Prozesses. Meine Motivation speiste sich aus Unwissenheit über die Arbeit der Gemeinden und dem Interesse an einem Austausch, dem Identifizieren von Kommunikationsproblemen und Unterschieden der Wahrnehmung der Schule durch muslimische Eltern usw. … Für mich persönlich waren die Gespräche eine große Bereicherung, insbesondere in der Wahrnehmung der tief verwurzelten Diskriminierungserfahrungen. In meiner täglichen Arbeit haben sich mein Problembewusstsein und meine Haltung in Krisengesprächen deutlich verändert. Meine Positionen in der Arbeit an Standards der Elternarbeit an meiner Schule mit meinen KollegInnen wurden durch die Brückengespräche nachhaltig beeinflusst.« (aus der E-Mail eines Schulleiters)

»Der Austausch im Projekt und die tollen Menschen, die ich dabei kennenlernen durfte, sind eine große Bereicherung für mich. Die Gespräche sind auch in der Unterschiedlichkeit der Positionen sehr fruchtbar.« (Schulleiter W.)

Ähnlich äußerten sich die Eltern.

»Wenn mir jemand etwas über Rassismus und Benachteiligung in der Schule erzählt, dann frage ich mittlerweile erst mal nach der ganzen Geschichte, bevor ich mir eine Meinung bilde. Ich frage sehr viel, und es ist jetzt schon einige Male so gewesen, dass das Problem etwas anderes war. Ich versuche alle Seiten zu sehen. Jetzt kann ich mich auch viel besser in die Situation der Schulen versetzen. Erst dann bilde ich mir eine Meinung.«

Andererseits kam es gerade auch in dem Gespräch über die Klassenfahrten immer wieder zur Regression in ein »Wir-Die«-Denken. Immer wieder kam es dazu, dass die Äußerungen von Einzelpersonen als Aussagen von Gruppenrepräsentanten gelesen wurden.

Betrachten wir noch eine zweite Gesprächssequenz. In ihr schlägt die weitgehend suchende und offene Atmosphäre in das Gegenteil um.

Vater: »Die Lehrer müssen Vorbild sein. Also auf Klassenfahrten nicht trinken und nicht rauchen.«
Projektmitarbeiter: »Das halte ich für unrealistisch: Es ist doch auch so, dass sich die Lehrer nicht gerade um die Klassenreise prügeln. Für viele ist es eine Zusatzaufgabe. Ich halte es für unrealistisch, wenn wir verlangen, dass die Lehrer in allem ein Vorbild sind. Ich glaube, unser Ziel müsste es sein, die Kinder so stark zu machen, dass sie auch einen Lehrer aushalten, der raucht.«
Vater: »Ich meine, dann sollen sie halt nicht fahren. Wir von den islamischen Gemeinden können gerne auf die Klassenfahrten verzichten. Wir (von der IGMG) bieten ja selbst Reisen an.«

Lehrer: »Vielleicht können Sie darauf verzichten, aber nicht die anderen Schüler.«

Schulleiter: »Als Schulleiter bin ich eigentlich der Meinung, dass man die Lehrer verpflichten muss, auf den Klassenreisen nicht zu trinken. Sie sind ja im Dienst. Und es kann immer sein, dass in der Nacht ein Schüler ins Krankenhaus muss. Oder man einen Streit im Schlafzimmer der Schüler schlichten muss.«

Vater: »Wie kontrollieren die Lehrer denn das Alkoholverbot? Durchsuchen sie die Taschen?«

Lehrer»Dazu wären die Lehrer nicht bereit, weil dies auch gegen die Rechte der Schüler verstoßen würde.«

Vater: »Ja dann …«

Wichtig ist für mich, wie die Gesprächsstimmung umgeschlagen ist. Auf einmal war die Stimmung angespannt. Ein Vater stellte eine sehr weitgehende Forderung auf, die insbesondere in Hinsicht auf das Rauchen unrealistisch sein dürfte. Der Projektmitarbeiter wies darauf hin und bat darum, die Frage auch aus der Sicht der Lehrer zu betrachten. Darauf kam es zur Regression. Der Vater, der sich seit Jahren in der Gesamtelternkonferenz engagiert hatte, verweigerte sich der Perspektivübernahme und verfiel in einen kämpferischen und polarisierenden Ton, der in der Sache nicht weiterführte. Die »Wir-Die«-Spaltung war da. Eine Schulleiterin fühlte sich gekränkt. Sie fasste ihre Gefühle in diesem Moment bei einer späteren Sitzung folgendermaßen zusammen:

»Als dann die Forderung aufgestellt wurde, dass die Lehrer auf Klassenfahrten nicht mehr rauchen und trinken dürften, dachte ich: Das geht mir zu weit, dass wir uns so weit anpassen sollen. Ich meine, wir gehen doch auf jedes Kind zu. Ich bin dann nicht mehr gekommen.«

Die Wir-Die-Unterscheidung, die von der einen Seite formuliert wurde, wurde von der anderen sofort übernommen. Die Schulleiterin verstummte und zog sich zurück. Als ein Schulleiter in einer Auswertungssitzung dann sagte: »Die sollen doch mal sagen, was für eine Art Schule sie wollen«, fand dies bei den Kollegen großen Anklang. Es ging unter, dass »die« durchaus sehr unterschiedlicher Meinung sein können.

Die Frage der politisierten Religion

Bei der Sitzung kam noch ein weiteres Thema auf, das uns überraschte. Ein Schulleiter brachte seinen Eindruck auf den Punkt: »Ich habe den Eindruck, dass manche zwar als Eltern in dem Gesprächskreis sind, aber doch eher als Verbandsvertreter agieren.« Dies bezog sich unter anderem auf den Vater, der in der oben zitierten Gesprächspassage darauf verwiesen hatte, dass ja auch die Islamische Gemeinschaft Milli Görüş Gruppenreisen für Jugendliche anbiete.

Der Eindruck verdient Interesse, weil damit ein Diskurs durchschlägt, der allgemein-gesellschaftlich ist. Er bezieht sich auf eine Unterscheidung, die in der deutschen Öffentlichkeit gerne gemacht wird, nämlich die zwischen »liberalen«, »säkularen« bzw. »europäischen« Muslimen und »organisierten« Muslimen. Während Erstere die Religion ausschließlich aus spiritueller Motivation praktizieren, wird Letzteren unterstellt, sie würden Verbandsinteressen in den Vordergrund stellen. Es gehe ihnen letztlich darum, sich als Ansprechpartner in der Einwanderungsgesellschaft zu positionieren. Letztendlich würden sie im Namen der Religion politische Ziele vertreten. Dabei vertrete insbesondere die Milli Görüş problematische Ziele. Bei dieser Kritik wird leicht übersehen, dass jedes weltanschauliche Interesse einer Institutionalisierung (als

Verein, als Verband) bedarf, um überhaupt überlebensfähig zu sein.

Die Trennung zwischen Religion und Verbandsarbeit ist für die Eltern nicht nachvollziehbar. Sie sehen keine Trennung zwischen ihrem Engagement in der Gemeinde und ihrer Arbeit als Eltern. Sie engagieren sich einerseits in der Elternarbeit der Gemeinde und versuchen Elterninteressen dort einzubringen; andererseits treten sie etwa als BildungsreferentInnen auf, um über die Islamische Gemeinschaft Milli Görüş gesellschaftliche Forderungen einzubringen. In beiden Fällen sehen sie zwischen ihrer Rolle als Gemeindevertreter und ihrer Rolle als Eltern keinen Unterschied.

Wieso sehen die Schulleiter dies anders? Was verbindet sich mit der Einschätzung der Schulleiter? Was bedeutet für sie der Vorwurf der Politisierung?

Der Konflikt um die Einrichtung eines Gebetsraums an einer der Schulen – einem Gymnasium (siehe oben S. 217) – ist aufschlussreich. Der Schüler, der sich zunächst dafür eingesetzt hat (und dabei nicht weitergekommen ist), will sich jetzt offenbar in die Schulkonferenz wählen lassen, um sich nun auf dieser Ebene einzusetzen. Der Schulleiter wertete dies als Politisierung. Dabei schwingt mit, es würde durch dieses Engagement ein Verbands- oder auch ein individuelles Machtinteresse bedient, in dem Vertretungsansprüche erhoben und Sprecherschaften aufgebaut werden mit dem Ziel, eine andere Vorstellung von Schule durchzusetzen. Dies überlagere bzw. verdränge sogar das genuin religiöse Interesse. Es sei ihm ebenfalls, so der Schulleiter weiter, aufgefallen, dass der Schüler dazu tendiere, die islamische Kultur gegen die westliche auszuspielen, etwa indem er die Größe der mittelalterlichen islamischen Kultur betone. In der Diskussion wurde nicht bestritten, dass bei den Forderungen des Schülers ein politisches Interesse eine Rolle spiele. Nur wurde bestritten, dass dieses

Interesse an Veränderungen in der Schule im Gegensatz zum spirituellen Interesse stehe. »Der Schulleiter hat doch immer erzählt, er wolle die Frage auf demokratischem Weg lösen. Es ist doch ganz auf dieser Linie, wenn das jetzt auf die Agenda der Schulkonferenz kommt. Vielleicht fürchtet er nur eine Abstimmungsniederlage.« Das alles sei doch auf dem Hintergrund einer durchgehend erlebten Macht- und Hilflosigkeit zu sehen. Die Schüler (und die Muslime) erlebten immer wieder, wie ihnen vom Gesetz zugestandene Rechte bestritten würden. Gerade der Verweis auf die Größe der islamischen Kultur erkläre sich doch aus der ständigen Abwertung des Islam, den die Schüler erlebten. Was solle der Schüler denn machen, wenn es ihm darum gehe, einen würdevollen Rahmen für das Gebet zu schaffen? Kurz: Während der Schulleiter das politische Handeln des Schülers als Missbrauch von Religion sah, wurde es von den Muslimen im Gegenteil als Ermöglichung von Religion interpretiert.

Die Spannungen, die sich hier andeuteten, brachen in der folgenden Sitzung aus. Wir hatten uns für das Thema »Profile und Unterschiede der islamischen Gemeinden« entschieden – ein Thema, das von den Schulleitern angeregt worden war. Weil es um Verbandsarbeit ging, fanden wir es sinnvoll, die Islamische Gemeinschaft Milli Görüş zu fragen, ob sie das Treffen ausrichten wolle. Zu dem Treffen sollten auch die Vertreter der zwei anderen in Kreuzberg prominent vertretenen Gemeinden hinzustoßen – des DİTİB und des Verbands der islamischen Kulturzentren. Für uns überraschend kam dann der Protest eines Schulleiters. Die Schulleiter würden in eine unangenehme Lage gebracht, wenn sie in eine Institution eingeladen würden, die »vom Verfassungsschutz beobachtet wird und laut Wikipedia antisemitische Tendenzen und ein antidemokratisches Staatsverständnis haben soll«.

Schulleiter W. erläuterte seine Position damit, dass es für

ihn einen Unterschied mache, ob er in einer Moscheegemein-de Eltern treffe oder in die Räume der Islamischen Gemein-schaft Milli Görüş eingeladen werde. »Die Einladung in die Räume einer Organisation, die vom Verfassungsschutz beob-achtet wird, hätte ich gerne vorher besprochen und gemein-sam abgewogen.« Er erläuterte später, dass eine Zusammen-arbeit mit Individuen für ihn in Frage komme, eine Zusam-menarbeit mit Organisationen für ihn (auch aus gesetzlichen Gründen) dagegen ausgeschlossen sei. Für ihn war die Ein-ladung in die Zentrale der Milli Görüş eindeutig eine Grenz-überschreitung.

Es war nun eine Koinzidenz, dass die Frage des organisier-ten Islam auch die nächste Sitzung bestimmte. Nach der Sit-zung in der Zentrale der Islamischen Gemeinschaft Milli Görüş wollten wir die Gespräche wieder auf Sachfragen zurückbringen und damit wieder ruhigeres Fahrwasser ge-winnen. Wir kamen auf die Problemliste zurück, die ein Schul-leiter uns geschickt hatte: Rassismus gegenüber deutschen Kindern; starker Rassismus gegenüber afrodeutschen Kin-dern; Ablehnung oder Herabsetzung von Lehrerinnen durch Väter; hohe verbale und körperliche Aggressivität; Rechtfer-tigung und Bagatellisierung aggressiven Verhaltens durch El-tern; Selbstjustiz von Eltern und Geschwistern auf Schulhö-fen; Bedrohung von Kindern durch Eltern; Beleidigungen von Lehrerinnen und Erzieherinnen (siehe S. 225, 226) – und ba-ten um Falldarstellungen, die uns in die Lage versetzen würden, die Fälle aus unterschiedlichen Perspektiven zu diskutieren und im Gespräch auszuloten, wie die Gemeinden zur Bewäl-tigung des Konfliktes (oder der Konflikte) beitragen könnten. In der Situation (kurz vor den Ferien) sahen sich die Schulen dazu allerdings nicht in der Lage. Wir griffen deshalb ein De-siderat der Eltern auf. Sie hatten über die inadäquate Darstel-lung des Islam im schulischen Kontext geklagt. Als Thema setzten wir also die Frage an, wie eine Darstellung des Islam in der Schule aussehen könnte, die sowohl den Wünschen der Eltern als auch den Anforderungen der Schule gerecht werden könnte. Als Referenten schlug Werner Schiffauer Burhan Kesici vor, einen Politikwissenschaftler, der maßgeblich bei der Entwicklung des islamischen Religionsunterrichts in Berlin mitgewirkt hatte und der seitens der Islamischen Föderation verantwortlich für ihn zeichnet. Werner Schiffauer kannte ihn seit Jahren als reflektierten und besonnenen islamischen Intellektuellen. Wir hatten uns nicht vorstellen können, wie dann die Tatsache, dass er Vertreter einer Organisation ist, die der Milli Görüş nahesteht, die Rezeption seines Vortrags bestimmen würde. Die Stimmung war von Anfang an konfrontativ. Als der Referent nach der Einführung das Wort ergreifen wollte, intervenierte Schulleiter W. Es gebe kein Interesse an dem Vortrag: Religiöse Veranstaltungen hätten an der Schule keinen Platz. Der Vortrag fand trotz der Intervention statt. Vielleicht auf Grund der gespannten Stimmung thematisierte Kesici weniger das gestellte Thema, als dass er erfahrungsbasiert und differenziert auf Konfliktpunkte zwischen muslimischen Eltern und Lehrern einging, wobei er etliche Punkte der Problemliste berührte. Es hätte sich im Anschluss eine Diskussion über die Zusammenarbeit von Gemeinden, Eltern und Schule etwa beim Umgang mit aggressiven Eltern angeboten. Dies wurde jedoch weggewischt. Der Schulleiter: »Das ist der Stand von vor zehn Jahren gewesen. Da sind wir schon deutlich darüber hinaus.« Es war danach nicht mehr möglich, auf den Vortrag zurückzukommen. Die gereizte Stimmung übertrug sich auf die anderen. Am Ende standen die Blöcke Schulleiter und Eltern einander gegenüber. Ich verließ die Sitzung mit dem Gefühl, dass dies das Ende des Projekts bedeutete.

Diese Sitzung ist deshalb interessant, weil sie noch eine andere Facette des Politikvorwurfs deutlich macht. Der Gesprächsverlauf erscheint uns im Nachhinein von der Tatsache bestimmt, dass wir mit Burhan Kesici einen prominenten Vertreter der Islamischen Föderation als Redner eingeladen hatten. Dies bestimmte offenbar den *frame*, den wahrnehmungskonstitutiven Rahmen, in den alles, was er sagte, eingeordnet wurde. Der Satz von W., dass religiöse Veranstaltungen an der Schule keinen Platz hätten, macht nur so Sinn: Es war ja weder den Einladenden noch dem Referenten darum gegangen. Aber als Vertreter der Islamischen Föderation *musste* es Kesici, nach Meinung des Schulleiters, darum gehen – schließlich vertritt er den Verband, der den islamischen Religionsunterricht an der Schule verankern will. Und auf diesem Hintergrund verhallte alles, was Kesici anschließend sagte: Es wurde in der weiteren Diskussion weder nachgefragt noch darauf eingegangen.

Erst bei den Nachgesprächen und der Evaluation bekamen wir Hinweise auf den Kontext. Tatsächlich reihte sich das Gespräch in eine Serie von Konflikten ein, die bis in die 1990er Jahre zurückgingen. Eine Schulleiterin, die der Sitzung ferngeblieben war:

>»Die Islamische Föderation wollte ja Ende der neunziger unbedingt in die Schulen rein. Wir haben uns mit Händen und Füßen dagegen gewehrt. Und dann haben wir eine politische Niederlage erlebt. Das muss man wirklich so sagen. Ich meine, wir haben ja dann Glück mit unserem Lehrer gehabt. Er hat auch die Einigung, die wir mit den Eltern gegen das Tragen von Kopftüchern erzielt haben, mitgetragen. Aber es hätte auch ganz anders kommen können.«

Auch an der Schule des Schulleiters W. war es zu Konflikten mit der Islamischen Föderation gekommen – und zwar über die Platzierung der Schulstunden für den Religionsunterricht. Die von der Schule angebotenen Zeiträume machten es dem Lehrer, der an verschiedenen Schulen tätig war, unmöglich, das eigentlich zustehende Deputat wahrzunehmen. Der Lehrer verzichtete um des einvernehmlichen Auskommens willen darauf, das ihm zustehende Recht einzuklagen.[3] Dennoch trug der schwelende Konflikt zur Abwehrhaltung des Schulleiters W. bei.

Mit der Einladung von Burhan Kesici hatten wir also, ohne es zu beabsichtigen, eine Person eingeladen, die wieder als Verbandsvertreter wahrgenommen wurde.

Die muslimischen Eltern in unserem Kreis empfinden die verbandsfeindliche Haltung als Affront. Ihr Verband steht für den Islam (nicht weniger als die Kirche für den konservativen Katholiken für den Katholizismus steht). Beides ist lebensweltlich miteinander verbunden. Den Verband ablehnen heißt für sie die Gemeinde ablehnen, die sich erst durch die Zugehörigkeit zum Verband eine Struktur gegeben hat, heißt den Islam insgesamt ablehnen. Dies bestimmte die Wahrnehmung der Eltern nach der Sitzung. Sie hatten den Eindruck, dass die Schulen alles abblockten, was zu einer Änderung führen würde. Eine Mutter:

»Wenn der Sinn der Gespräche ist, dass wir uns verändern, die Schulen sich aber überhaupt nicht bewegen, sehe ich

---

3 Tatsächlich erscheint dies die Linie der Föderation und der in ihr tätigen Lehrer insgesamt zu sein. Man vermeidet die Konfrontation, sucht Einvernehmen, gibt im Zweifel eher nach und empfiehlt sich als Vermittler zwischen muslimischen Eltern und der Schule. Dies hat zu einer bemerkenswerten Struktur geführt: Bei erstaunlich vielen Schulleitern herrscht die Meinung, dass die Islamische Föderation an sich problematisch, der an der Schule tätige Lehrer jedoch eine Ausnahme sei. Man erkennt das oben herausgearbeitete Muster wieder: Während man mit den Einzelnen auskommt, lehnt man den Verband als solchen ab.

keinen Sinn in der Veranstaltung. Herr W. hat ja gesagt, dass er sich überhaupt nicht für unseren Standpunkt interessiert. Wenn wir aber dafür benutzt werden sollen, andere zu etwas zu bewegen, was sie nicht wollen, mache ich nicht mit. Ich habe den Eindruck, die Kooperation funktioniert so lange, wie wir nachgeben. Wenn wir dazu aber nein sagen, ist sie zu Ende.«

Wertekonsens und Wertedissens

Bei dem Gespräch über Klassenfahrten führte Joachim Willems eine hilfreiche Unterscheidung ein. In einem weiten Bereich – gefühlt 80 % – herrscht Konsens, was die Erziehungsvorstellungen betrifft: Alle Gesprächspartner wenden sich gegen einen autoritären Patriarchalismus, keiner findet, dass Kinder geschlagen werden sollten, alle sind für die bestmögliche Ausbildung von Jungen und Mädchen, alle teilen die Sorgen um das Wohlergehen der Kinder; alle sind gegen Mobbing jeder Art; alle wollen, dass die Kinder in der Schule sich gut aufgehoben fühlen; alle bekennen sich zur Gleichheit von Mann und Frau; alle sind gegen Zwangsverheiratung. In Bezug auf gefühlt 15 % gibt es Differenzen, die sich an sich leicht regeln lassen (oder vielmehr leicht regeln ließen, wenn der Wille dazu da wäre): Vorschriften in Bezug auf Essen und Kleidung. Und dann gibt es Bereiche, in denen die Unterschiede in der Tat nicht so leicht zu überwinden sind. Sie betreffen in der Regel den Komplex Familie – Gender – Sexualität. Hier gibt es Differenzen in Bezug auf Gender-Rollen: Während die Mehrheit der am Gesprächskreis beteiligten deutschstämmigen Teilnehmer ein Aufheben und Verwischen von Gender-Rollen will, stehen die Muslime für eine egalitäre Komplementarität. Dabei ist vor allem der Verweis auf Familie und die Betonung der Bedeutung der Mutterrolle entscheidend. Andere Differenzen betreffen voreheliche sexuelle Erfahrungen. Während die deutschstämmigen Teilnehmer diese als Schritt der Selbstfindung bejahen, sind die muslimischen Gesprächsteilnehmer dagegen: Man finde nicht, dass man bereits vorehelich alle Erfahrungen machen müsse. Weitere Differenzen betreffen Alkohol- und Drogenkonsum. Auch hier sind die deutschstämmigen Mitglieder des Kreises der Meinung, man müsse es den Kindern erlauben, Erfahrungen zu sammeln, beziehungsweise selber Fehler zu machen. Dies steht in Zusammenhang mit einer Erziehung zur Selbständigkeit. Nur wenn Kindern diese Freiheit eingeräumt wird, werden sie später in der Lage sein, aus sich heraus »nein« zu sagen. Man werde die Kinder schließlich nicht ihr Leben lang begleiten können.

»Ich war ebenfalls befremdet von der Forderung des absoluten Verbots des Alkoholkonsums. Ich habe nichts gesagt, weil ich ja neu bei den Brückengesprächen war. Aber irgendwie gehörte das doch immer bei Klassenreisen dazu: einmal was auszuprobieren – auch in einem Rahmen, in dem dafür gesorgt ist, dass es nicht zu weit geht. Ich empfinde das auch als Teil unserer Kultur. Ich muss auch sagen: Als meine Tochter von der Klassenreise zurückkam, war ich stolz, dass sie mir erzählte, dass sie Hasch probiert hat. Ich war natürlich nicht stolz auf das Haschisch – sondern dass sie das Vertrauen hatte, es mir zu erzählen. Das gab mir die Sicherheit, dass alles unter Kontrolle ist.«

Die muslimischen Eltern würden gegen dieses »Experimentierkonzept« ein »Reifungskonzept« setzen. Der Reifungsprozess führe von selbst zu einer inneren Stärke. Vorzeitige – und möglicherweise traumatisierende – Erfahrungen würden dagegen diesen Prozess erschweren, belasten oder gar unmöglich machen. Die Gegensätzlichkeit der Perspektiven kam etwa in folgendem Dialog zum Ausdruck.

Schulleiter: »Ich möchte schon mal über Identitäten reden. Wann sind die Eltern bereit, die Kinder loszulassen, so dass sie auch einen Weg gehen, der einem nicht passt?« Er habe den Eindruck, den Eltern hier würde dies sehr schwer fallen. Er würde gerne den Workshop ansprechen: Ein Lehrer habe mit Schülern eine Theatervorstellung zu sexuellen Träumen erarbeitet. Er sei sich sehr bewusst, dass es ein Grummeln in der Elternschaft gegeben habe. Aber es sei keiner gegangen.

Eine Mutter: Warum müssen die Kinder in der Schule mit Sexualität in dieser Form konfrontiert werden?

Hier wird das Thema am Bereich der Sexualität ausgehandelt: Die Theater AG geht davon aus, dass das Inszenieren sexueller Phantasien zu einer bewussten Auseinandersetzung mit Sexualität beiträgt. Sexuelle Bedürfnisse werden – im doppelten Wortsinn – repräsentiert, also dargestellt und darüber vergegenwärtigt. Das Unwohlgefühl der muslimischen Eltern besteht darin, dass damit die Jugendlichen »mit der Nase darauf gestoßen werden«. Man hört ein »Muss das denn unbedingt sein?« aus der Antwort der Mutter heraus. Sexuelle Phantasien sind ein Faktum des Lebens – aber muss man sie unbedingt öffentlich machen? Man verspricht sich nichts davon – und: Wäre es nicht sinnvoll, den Kindern einen würdevolleren Umgang mit Sexualität zu vermitteln?

Was indes auf den ersten Blick als absoluter Unterschied erscheint, erweist sich bei genauerem Hinsehen als ein relativer. Wenn man fragt, wo die einzelnen Grenzen ziehen, zeigt sich, dass alle Grenzen ziehen, Christen, Muslime, Säkulare. Es dürfte kaum jemanden geben, der will, dass sein Kind alles ausprobiert – harte Drogen, frühe Schwangerschaft –, und es dürfte kaum jemanden geben, der sein Kind einsperren will. Bei allen Grenzziehungen gibt es Dilemmata und Schwierigkeiten, über die man sich austauschen kann.

Dennoch ist es ein Fakt, dass diese Differenzen existieren und – im Zusammenhang mit Klassenfahrten zum Beispiel – ausgetragen werden müssen. Das Ziel der Gesprächsführung bestand darin, die üblichen Dilemmata der Grenzziehung zu vermeiden. Sie ergeben sich regelmäßig dann, wenn ein Merkmal – oder ein Bündel von Merkmalen – herausgegriffen wird, das in der Tat eine Differenz zwischen Angehörigen verschiedener Gruppen markiert. In einem zweiten Schritt wird dieses idiosynkratische (also die Besonderheit markierende und damit eingrenzende, »definierende«) Merkmal zum zentralen Merkmal stilisiert – und damit absolut gesetzt. Aus der Markierung von Unterschieden wird ein Gegensatz, auch wenn die Unterschiede von außen betrachtet minimal erscheinen. Der Versuch, die Gemeinsamkeiten zum Ausgangspunkt zu machen, führt dagegen dazu, dass die Differenzen »relativiert«, d. h. in Zusammenhang mit existierenden Gemeinsamkeiten gestellt werden. Dies erlaubt es, die Suche auf einen Modus zu richten, in dem man miteinander umgehen kann.

Zu Beginn der Auseinandersetzung über die Klassenfahrten hatten wir den Eindruck, hier weitergekommen zu sein. Es zeigte sich aber, dass die Versuchung groß war, den Unterschied in *einem* Bereich zu einem *grundlegenden* Unterschied zu stilisieren, d. h. zu einem Unterschied, der die Gemeinsamkeiten *in einem anderen Licht* erscheinen lässt und sie damit in Frage stellt. Und auf einmal war der absolute Gegensatz zwischen »Wir« und »Die Anderen« wieder da.

Wir haben anhand der Klassenfahrten vier Einbruchstellen herausgearbeitet, an denen der mühsame Verständigungsprozess wieder zurückgeworfen wurde und das Lagerdenken sich wieder durchsetzte: Enttäuschung über die Praxis, Rücknahme der Komplexität (Reduktion), der Vorwurf der politischen Religion und die Übertreibung des Wertedissenses. Beklemmend war, wie schnell dies ging. Die Enttäuschung bei der Umsetzung in der Praxis führte zu einem »Die wollen eigentlich gar nicht«; ein falscher Ton führt zur Wiederkehr des Lagerdenkens; die Unterstellung, es gehe dem anderen nur um Politik, führt dazu, dass die problematische Unterscheidung von Islam und Islamismus auf einmal wieder im Raum steht – und das nach drei Jahren intensiven und offenen Gesprächs; *eine* tatsächlich existierende Wertedifferenz ließ alle Gemeinsamkeiten vergessen. Es waren derartige Momente, an denen man Luft schöpfen und neu ansetzen musste. Es waren auch Momente, die für den Gesamtprozess deswegen problematisch waren, weil die Frage der Identitäten und der knappen Ressourcen zum Tragen kamen. Ist es mit der Identität der staatlichen Schule beziehungsweise der islamischen Gemeinde zu vereinbaren, dem wieder aufgelebten »Anderen« so weit entgegenzukommen? Und: Lohnt es sich überhaupt, die knappen Ressourcen für einen Prozess einzusetzen, bei dem man ohnehin nicht weiterkommt?

Wenn man einen Schritt zurück macht, sieht man, dass an diesen Einbruchstellen das Gefühl von Anderssein und unaufhebbarer Fremdheit wieder durchschlägt wie ein alter Wasserfleck. Die alten Konflikte machen sich wieder bemerkbar. Es scheint, dass alte und eingespielte gesellschaftliche Verhaltensmuster sich genauso schwer aufbrechen lassen wie individuelle. Die Versuchung ist groß, den mühseligen Prozess einfach beiseitezulassen und in die alten Muster zurückzufallen. Der Stress, den die alten Verarbeitungsmuster produzieren, erscheint dann weniger groß als die Arbeit an einer Alternative.

Statt eines Schlusskapitels:
Ein fiktives Brückengespräch

Für das Schlusskapitel habe ich mich für ein experimentelles Format entschieden. Die Form des fiktiven Gesprächs lag nahe, weil damit der offene, suchende und unabgeschlossene Charakter von »Brücken im Kiez« betont wird. Ein übliches Schlusskapitel trägt dagegen fast immer den Charakter einer summa summarum, einer abschließenden und autoritativen Gesamtbilanz. Es lag in unserem Zusammenhang dagegen nahe, ein Brückengespräch zu simulieren. Es muss jedoch betont werden, dass alle vorgestellten Personen Erfindungen sind. Nicht fiktiv sind aber die Positionen, die sie einnehmen – mit ihnen wurde ich samt und sonders im Verlauf der Arbeit konfrontiert, wenn auch nicht notwendigerweise aus dem Kreis der Brückengespräche heraus. Es wäre also müßig, den Positionen reale Personen zuordnen zu wollen.[1] Die einzige Ausnahme ist natürlich WS. Und hier bekommt das Ganze den Charakter einer Inszenierung – und erhält eine Schlagseite: Die anderen fiktiven Sprecher spielen WS – also mir – die Bälle zu. Ich bitte die Leser mit einem verständnisvollen, meinetwegen auch ironischen Lächeln darüber hinwegzusehen. Es liegt am Format – und das ist so, seit Platon es in die Welt gesetzt hat.

WS: Wir sind zusammengekommen, um gemeinsam zu besprechen, wo wir nach vier Jahren »Brücken im Kiez« stehen. Dabei geht es mir um eine ehrliche Bilanz. Lassen Sie mich gleich zur Sache kommen. Bei den Brückengesprächen wurde mir deutlich, wie stark die Grenze zwischen religiös und welt-

---

1 Das Modell für diese Textsorte bot das wunderbare Buch von Steffen Strohmenger: Kairo: Gespräche über Liebe (1996).

lich unser Denken und unser Fühlen bestimmt. Ich habe inzwischen den Eindruck, dass der Umgang mit dieser Grenze schwieriger ist als der Umgang mit kulturellen, ja auch mit sprachlichen Grenzen. Ich habe den Eindruck, dass der »religiös Andere« auf eine besondere Weise fremd ist. Und dies gilt vielleicht für den Islam noch mehr als für andere Religionen, weil das Verhältnis seit dem 11. September 2001 so belastet ist. Wir haben es in unseren Gesprächen letztlich nicht geschafft, souverän mit dieser Grenze umzugehen.

Schulleiter W: Was wundert Sie daran? Religion bedeutet doch einfach, dass alles Aushandeln abgeblockt wird. Man begründet etwas mit einer religiösen Vorschrift und damit basta. Schluss mit der Diskussion. Und von säkularen Menschen wird erwartet, dass sie dies dann im Namen der Religionsfreiheit einfach schlucken. Dazu kommt der Autoritarismus. Anstatt für sich selbst zu denken, wenden sich religiöse Menschen an irgendwelche Autoritäten. Für mich ist das die selbstverschuldete Unmündigkeit, von der Kant spricht. Was unseren Bereich betrifft, sehe ich damit einen grundlegenden Widerspruch zu unserem Erziehungsauftrag zur Persönlichkeitsentfaltung. Verstehen Sie mich aber nicht falsch. All das richtet sich nicht gegen den Islam. Ich komme aus Westfalen, da sind die Katholiken noch viel schlimmer als die Muslime, denen ich hier begegnet bin.

Mitarbeiterin: Aber unsere Brückengespräche haben doch etwas ganz anderes gezeigt. Hier wurde doch deutlich, dass das alles viel komplexer ist. Hier hat doch keiner der Gesprächsteilnehmer sich so einfach auf die Offenbarung bezogen. Es ist wahr, dass für religiöse Personen Gottes Wort, also die Offenbarung, zentral ist. Aber diese Offenbarung muss ja auf das Hier und Jetzt bezogen werden. Und da entsteht eine Fülle von Fragen, die sich nicht immer eindeutig beantworten lassen. Bei der Beantwortung wendet man sich als frommer

Muslim an Experten, an Rechtsgelehrte, um ein Rechtsgutachten, eine »fetwa«, einzuholen. Die sind aber auch nicht alle einer Meinung. Wichtig ist nun, dass man nun nicht etwa ein »fetwa shopping« betreibt, also von Rechtsgutachten zu Rechtsgutachten geht, bis man eines gefunden hat, das einem in den Kram passt, sondern dass man bei der Suche intellektuell aufrichtig bleibt. Wenn man von der Logik eines Arguments überzeugt ist, muss man es auch dann übernehmen, wenn man es unbequem findet. Aber das, was dem einen stringent erscheint, muss dem anderen nicht ebenfalls stringent erscheinen. Die gläubigen Muslime sind sich der Tatsache sehr bewusst, dass ihre individuellen Praktiken stark voneinander abweichen, auch wenn sie sich gegenseitig zugestehen, Gottes Wort so gut wie möglich umzusetzen. Während für die einen der Verzicht auf ein Schulgebet in Ordnung ist, weil man das Gebet ja nachholen kann, ist dies für andere nicht der Fall. Das Gleiche gilt für das Kopftuch für Mädchen im Grundschulalter oder für die Burka. Der Punkt ist, dass es innerhalb des Islam – von einzelnen Fanatikern abgesehen – einen Respekt für diese Differenz gibt: Man weiß, dass es unterschiedliche Formen der Rechtauslegung gibt – und keiner darf verurteilt werden, weil er eine andere Herleitung überzeugender findet. Von Rekurs auf eine religiöse Vorschrift und damit basta kann also nicht die Rede sein.

Schulleiter Z: Und was ist mit den Fällen praktischer Intoleranz? Was ist mit dem Druck auf Mädchen, die sich nicht dem Kopftuchdiktat unterwerfen? Was ist damit, dass sie als Schlampen bezeichnet werden?

Gemeindemitglied: Na ja, wir sagen ja nicht, dass alle Muslime Engel sind. Wir sind uns völlig klar darüber, dass es hier Probleme gibt. Ich möchte schon wissen, ob es wirklich die Jugendlichen aus den Gemeinden sind, die derartigen Druck ausüben. Wir machen immer wieder die Erfahrung, dass die

Jugendlichen, die zu einer solchen Form des »bashing« greifen, vom Islam keine Ahnung haben. Sie nehmen den Islam als Gruppenabzeichen oder auch als Vorwand. Zumindest beherzigen sie nicht die Regel, dass es im Glauben keinen Zwang gibt. Ich möchte aber auch auf eine andere Quelle von Intoleranz hinweisen. Sie müssen sich darüber im Klaren sein, dass wir immer wieder gegeneinander ausgespielt werden. Da wird dem Jugendlichen, der sein Gebet in der Schule verrichten will, der andere entgegengehalten, der zu Hause betet. Die Botschaft ist: Es gibt eigentlich keinen Grund dafür, das Gebet in der Schule zu verrichten. Damit wird er in die Ecke des Fundamentalismus oder gar des Extremismus gestellt. Dieses Gegeneinander-Ausspielen ist für beide Seiten unerträglich – auch für denjenigen, der in seiner Handlung bestätigt wird und scheinbar Anerkennung bekommt. Ich persönlich habe es satt, immer wieder gesagt zu bekommen, du bist ja in Ordnung, aber die anderen aus der Gemeinde nicht. Und ich bin die damit verbundene Erwartung leid, auf die anderen so einzuwirken, dass sie sich anpassen. Das widerstrebt meinem Toleranzempfinden. Man muss sich darüber im Klaren sein, dass über dieses Ausspielen auch ein ziemlich großer Druck aufgebaut wird. Klar entsteht Widerwillen, wenn einem derjenige, der zu einer anderen Meinung kommt, ständig als Vorbild vorgehalten wird. Es ist doch nicht überraschend, wenn der dann als Anpassler geschmäht wird. Und wenn dann nachgefragt wird, warum er sich so verhält.

Wenn Sie sich aber Situationen ansehen, in denen kein Druck aufgebaut wird, werden Sie eine große Selbstverständlichkeit im Umgang mit Differenz beobachten. In der Türkei sind Familien, bei denen einige Kopftuch tragen und andere nicht, ganz selbstverständlich. Und was die Situation hier betrifft: Sie haben ja auch gesehen, dass ich das Kopftuch trage und meine Schwester nicht. Also, viel Intoleranz entsteht aus

Anpassungsdruck. Es ergeben sich leicht unheilvolle Spiralen: Verkürzt gesagt führt der Druck, der auf »Kopftuchmädchen« von der Schule oder von Mitschülern ausgeübt wird, zu einem Druck, der von muslimischen Schülern auf Mädchen ausgeübt wird, die kein Kopftuch anlegen.

Aber damit möchte ich nur einen Zusammenhang aufweisen und nichts entschuldigen oder rechtfertigen. Ich möchte nur dafür eintreten, dass wir gemeinsam gegen alle Versuche des Bashing vorgehen. Und dies setzt auch voraus, dass wir uns unseres Verhaltens bewusst sind.

Schulleiter Z: Ich kann das bestätigen. Bei uns an der Schule gibt es das Phänomen, dass die jungen Männer in der Regel aus der Gruppe heraus Mädchen ohne Kopftuch »Schlampe« zuzischen. Leise, so dass man den Einzelnen nicht identifizieren kann und als Schulleiter hilflos ist. Aber ich sehe das auch so, dass dies eher ein Ausdruck von sozial bedingtem Revierverhalten ist, als dass es auf die Religion zurückführbar ist. Aber zurück zu Ihrer Position, Herr Schiffauer. Sie werden doch nicht leugnen, dass es zwischen säkularen und religiösen Personen Wertdifferenzen gibt.

WS: Das leugne ich gar nicht. Für mich kommt es aber auf den Umgang mit den Differenzen an. Und das bedeutet für mich zunächst, genau hinzusehen, wo denn eigentlich die Differenzen liegen. In Bezug auf unser Projekt sehe ich zunächst einmal jede Menge Überschneidungen, was die Werte von Schulleitern und muslimischen Eltern betrifft. Alle wenden sich gegen einen autoritären Patriarchalismus, keiner findet, dass Kinder geschlagen werden sollten, alle sind für die bestmögliche Ausbildung von Jungen *und* Mädchen, alle teilen die Sorgen um das Wohlergehen der Kinder. Alle sind dafür, dass Kinder sexuell aufgeklärt werden und dass die Kinder schwimmen lernen (Differenzen gibt es nur in Bezug auf die Frage, ob dies getrenntgeschlechtlich oder gemeinsam passieren sollte).

Alle sind gegen Alkohol- und Drogenmissbrauch und verurteilen mit Nachdruck Sexualität mit Kindern. Bei gefühlt 80 % der Fragen haben wir doch keine großen Unterschiede zwischen den verschiedenen Teilnehmern festgestellt. Dann gibt es gefühlte 15 %, wo wir unterschiedlicher Meinung sind, wo es aber relativ einfach ist oder einfach sein könnte, Lösungen zu finden. Zum Beispiel die Essensfrage: Da kann man sich ja tatsächlich den strengeren Maßstäben anschließen, wie es ja jede Fluglinie inzwischen auch handhabt. Ich würde auch die Kopftuchfrage dazu zählen. Zu diesen 15 % würde ich auch die Unterschiede zählen, wo wir die biographischen Gründe für andere Haltungen ziemlich einfach nachvollziehen können. Dies betrifft z. B. die Tatsache, dass man als Einwanderer sich oft schutzloser und verletzlicher fühlt als als Einheimischer – und deshalb gerade, was die Kinder betrifft, zu größerer Vorsicht neigt als viele Alteingesessene.

Und schließlich gibt es dann noch Punkte – gefühlte 5 % –, wo wir scheinbar unüberbrückbare Differenzen haben. Dies betrifft meistens die Bereiche Nacktheit und Sexualität oder im weiteren Sinn die Regulierung der Sexualität.

Schulleiter Z: Aber daran hängt doch eine ganze Menge. Das hängt doch auch mit einer grundsätzlichen Differenz in der Erziehungshaltung zusammen. Lassen Sie es mich mal so formulieren. Ich sehe große Unterschiede in Bezug auf die Frage, ob man darauf setzt, dass die Kinder vieles selbst ausprobieren müssen, oder ob man sie eher schützen und deshalb anleiten soll. Viele Eltern der Mehrheitsgesellschaft setzen auf eine Erziehung zur Selbständigkeit: Die Kinder müssen ihre eigenen Erfahrungen machen (was auch heißt: sie müssen die Möglichkeit bekommen, Fehler zu machen), weil sie nur so lernen, verantwortlich mit sich selbst umzugehen. Schließlich kann man später nicht immer bei ihnen sein. Dagegen sehe ich bei den muslimischen Eltern eine vorsichtigere Grundhaltung. Ich möchte mal von den muslimischen Eltern wissen, ab wann sie bereit sind, die Kinder ihren eigenen Weg gehen zu lassen. Klar: Bis zu einem gewissen Alter müssen Kinder angeleitet werden – aber irgendwann müssen sie eben auch die Möglichkeit erhalten, sich selbst zu entfalten. Ich sage dies auch deshalb, weil, wie der Kollege W. schon gesagt hat, die freie Persönlichkeitsentfaltung zu unserem Auftrag gehört. Und frei heißt auch: unabhängig vom Einfluss der Eltern. Gibt es da nicht eine grundlegende Differenz?

Mitarbeiterin: Manchmal habe ich den Eindruck, Sie machen es sich zu einfach. Es ist einfach, die Kinder freizulassen, wenn sie sich in einem Umfeld bewegen, das einem vertraut ist, das man als sicher einschätzt und in dem ähnliche Maßstäbe gelten wie zu Hause. Aber es sieht doch anders aus, wenn dies alles nicht gegeben ist. Überlegen Sie doch mal, wie es Ihnen gehen würde, wenn ihr Kind in einer Umgebung aufwachsen müsste, in dem Neonazis dominieren – sagen wir in einer Kleinstadt in Mecklenburg.

Schulleiter Y: Also die Parallele mit Neonazis weise ich zurück.

Mitarbeiterin: Es kommt mir nur auf die Differenz an. Sagen wir, dass Sie in einer deutschen Schule etwa in Saudi-Arabien unterrichten würden. Auch da wären Sie vielleicht etwas vorsichtiger, was den eigenen Weg der Tochter betrifft. Wenn Sie also erleben würden, dass Ihre Tochter sich an ihre Umgebung anpasst und die dortigen Maßstäbe etwa in Bezug auf Kleidung übernimmt. Und wir als Muslime leben in einer Umgebung, wo vieles darauf abzielt, Kindern Verhaltensweisen nahezulegen, die unseren Wertvorstellungen diametral entgegengesetzt sind. Und wo wir erleben, dass unsere Wertvorstellungen abgewertet und als rückständig bezeichnet werden. Es ist doch kein Wunder, dass wir als Muslime da zu Vorsicht und Zurückhaltung, ja manchmal auch zu Kontrolle tendieren.

WS: Ich würde gerne auf die Verbindung von Selbstverwirklichung und sexueller Selbstfindung beziehungsweise
Selbstbestimmung zurückkommen, die Sie ja selbst angesprochen haben. Wir beobachten seit den 1970er Jahren, dass
individuelle Freiheitsrechte und insbesondere auch Kinder-
rechte immer stärker auf Kosten von Gruppenrechten betont
werden. Und wir beobachten, dass dies weitgehend an der sexuellen Selbstbestimmung des Einzelnen festgemacht wird.
Alles, was mit säkularer Kultur verbunden wird, also Werte
wie Gleichheit, Emanzipation, Freiheit, Autonomie, wird damit assoziiert. Schließlich hat die Theater-AG einer der hier
vertretenen Schulen sexuelle Träume zum Thema gemacht.
Ich nehme an, die pädagogische Absicht dahinter war, über
die Bewusstmachung von Sehnsüchten einen bewussteren
und selbstbestimmten Umgang mit Sexualität zu ermöglichen.
Dabei geht es natürlich nicht nur um Sexualität im engeren
Sinn, sondern auch um die ganze Ausgestaltung der Beziehung
zwischen den Geschlechtern, also um die Frage, ob man voreheliche Beziehungen haben soll oder nicht oder wie Männer- und
Frauenrollen ausgestaltet werden sollen.

Damit habe ich persönlich nun weniger ein Problem als mit
einem damit zusammenhängenden Phänomen, nämlich mit
der Tatsache, dass im gleichen Zug religiöse Freiheitsrechte
zurückgefahren werden. Beides hängt wohl damit zusammen,
dass viele Religionsgemeinschaften die Familie sehr hochhal-
ten und daraus eine, wie der säkulare Mensch sagen würde,
»restriktive« Sexualmoral ableiten. Wir beobachten das Phänomen, das meine Kollegin Joan W. Scott auf den Begriff des
Sexularismus gebracht hat. Sie kritisiert damit die scharfe Gegenüberstellung, die heutzutage zwischen Geschlechtergleich-
heit und Säkularismus einerseits und Religion und Unterdrückung der Frau andererseits gemacht wird.

Ich möchte hervorheben, dass dies neu ist. In den 1950er

und 1960er Jahren wurde eine religiösen Orientierung keineswegs in Spannung zu Werten wie Autonomie, Reflexivität, Selbstbestimmung und Individualität gesehen. Im Gegenteil. Das Grundgesetz betont gerade die Rechte der Religionsgemeinschaften und der Familien. Dies war eine Antwort auf die Erfahrung des Nationalsozialismus. Die Religionsgemeinschaften wurden als Bollwerk gegen Totalitarismus und als zentrales Element der Zivilgesellschaft gesehen. Religionsfreiheit erschien geradezu als Garant individueller Freiheiten. Heute erscheint es fast undenkbar, die Werte Selbstbestimmung, Autonomie und Freiheit mit der Hinwendung zur Religion in Einklang zu bringen. Die jungen Frauen, die sich aus freien Stücken für das Anlegen des Kopftuchs entscheiden, können davon ein Lied singen.

Schulleiterin X: Also da muss ich jetzt entschieden widersprechen. Die Familie halte auch ich hoch. Aber ich sehe sie halt offener: Ich sehe nicht, dass Frauen unbedingt die klassische Mutterrolle einnehmen müssen und die Männer die klassische Vaterrolle. Und ich kann mir vorstellen, dass in homosexuellen Lebensgemeinschaften ebenso günstige Sozialisationsbedingungen existieren können wie in klassischen Familien. Wichtiger als diese herkömmliche Arbeitsteilung ist doch, dass in der Familie ein Klima von Wertschätzung und Liebe herrscht. Nein: Ich sehe all diese Fragen in Bezug auf die Gleichheit der Geschlechter. Wenn Kritik an den Religionsgemeinschaften laut wird, dann doch auch deshalb, weil sie patriarchale Veranstaltungen sind. Mich ärgert, wenn im Zeichen der Toleranz all die Fortschritte wieder kaputt gemacht werden, die wir in den letzten Jahren als Frauen erzielt haben. Und ich denke, dass wir hier als Schule eine wichtige Aufgabe haben, diese Errungenschaft zu verteidigen.

WS: Also noch mal: Ich glaube, dass es sich hier um einen echten Punkt der Differenz handelt. Ich habe bei den muslimischen Gesprächspartnern tatsächlich das Gefühl, dass Mutterschaft und Frauenrolle verbunden werden. Sie bejahen die Differenz zwischen Frauen und Männern, während ich das Gefühl habe, dass die säkularen Gesprächspartner in diesem Kreise eher die weitest mögliche Abschwächung, Aufhebung oder Durchdringung der Geschlechterdifferenz vertreten. Ich glaube aber, dass es helfen würde, ein paar Punkte auseinanderzuziehen. Dies betrifft etwa das Verhältnis von Gleichheit und Differenz. Es ist zu einfach, wenn man Unterschiedlichkeit mit Ungleichheit und Abschwächung von Unterschiedlichkeit mit Gleichheit (an Chancen, Einfluss und Rechten) assoziiert. Das eine kann mit dem anderen einhergehen, muss aber nicht.

Schauen wir uns doch hier im Gesprächskreis um. Die muslimischen Frauen würden dagegen Einwände erheben und sagen, dass es sich um eine Frage der Komplementarität handelt. Und, Hand aufs Herz: Haben Sie von Ungleichheit in unseren Gesprächen etwas bemerkt? Die Frauen waren doch genauso präsent und eloquent wie die Männer – auch wenn Letztere öfter mal der geschlechtsspezifischen Untugend nachgegeben und viel zu lange geredet haben. Generell gibt es einige Beobachtungen, die die Unterstellungen der Mehrheitsgesellschaft relativieren: So beobachten wir bei den muslimischen Einwandererfamilien, dass Mädchen oft erheblich erfolgreicher sind als Jungen. An den weiterführenden Schulen sind ein Drittel mehr Mädchen als Jungen. Ich war am letzten Wochenende bei einem Auswahltreffen von Avicenna, dem muslimischen Förderwerk für Studenten. Bei der Auswahl der Stipendiaten erhielten Frauen 80% der Stipendien, junge Männer nur 20%. Die meisten der Frauen kamen aus Arbeiterfamilien. Auf die Schwierigkeiten angesprochen, die sie auf dem Weg durch die Schulen meistern mussten, erwähnte praktisch keine der jungen Frauen die Familien – viel öfter waren es Lehrer, gegen die sie sich durchsetzen mussten, weil sie ihnen, den »Kopftuchmädchen«, die Intelligenz absprachen, keine Gymnasialempfehlung gaben usw. Wenn wir in Bezug auf Chancengleichheit nur die Zahlen sprechen lassen, müsste man die muslimischen Familien geradezu als Frauenförderwerke charakterisieren. Wenn es einen Bereich gibt, wo die Betonung der Geschlechterdifferenz durchschlägt, dann nicht etwa bei den gesellschaftlichen Chancen, sondern eher bei der Frage der Koedukation. Alle muslimischen TeilnehmerInnen unseres Gesprächskreises sind dafür, dass Schwimmunterricht stattfindet oder dass in der Schule sexuelle Aufklärung erfolgt. Aber eben getrennt.

Muslima: Wie wenig die Betonung von Differenz und Ungleichheit miteinander zusammenhängen, haben wir doch vor einigen Jahren gesehen, als auch von Feministinnen diskutiert wurde, ob es für Mädchen nicht vorteilhafter sei, getrennt beschult zu werden. Ich sehe eigentlich nicht, warum in Berlin so sehr auf Koedukation insistiert wird. Hier gibt es ja auch deutliche Unterschiede zwischen den Ländern. In Süddeutschland ist das weit weniger ein Thema als hier in Berlin.

Aber in einem gebe ich Ihnen Recht. Die öffentliche Vertretung der Gemeinden ist immer noch zu stark in Männerhand. Hier müssen wir noch einen Schritt weiterkommen.

Ich kannte bisher die Zahlen der Avicenna-Stiftung nicht. Aber ich möchte darauf hinweisen, dass dies ein Erfolg der Arbeit der islamischen Gemeinden ist. Sie haben mit Nachdruck auf die Gläubigen eingewirkt, die Mädchen auf weiterführende Schulen zu schicken. Und daran kann man auch einen Punkt anschließen, den ich besonders problematisch finde, wenn die religiösen Rechte immer weiter zurückgefahren werden. Die Religionsgemeinschaften sind eben auch wichtige Orte, an denen der Einzelne Rückhalt und Stabilität findet. Das ist gerade in Situationen der Diskriminierung wichtig, wo man nur gemeinsam stark ist. Ich habe den Eindruck, dass die Betonung der Individualität auch dazu dient, das Individuum in einem neoliberalen Sinn einer Marktlogik zu unterwerfen. Jeder ist seines Glückes Schmied – in Hinblick auf ökonomischen, sozialen oder auch sexuellen Erfolg. Dass es dann noch die ganzen Fragen der Ungleichheit und der Ausgrenzung gibt, wird nicht thematisiert. Und religiöse Gemeinden sind ein Ort, um dem etwas entgegenzusetzen.

Schulleiterin X: So habe ich das noch nie gesehen. Dennoch: Ich möchte eigentlich nicht mehr dahinter zurück, dass Mädchen und Jungen selbstverständlich miteinander umgehen, zusammen ins Schwimmbad gehen. Ich empfinde es als großen Rückschritt, wenn das nicht mehr der Fall ist.

WS: Also, was meine Töchter betrifft, empfinde ich das genauso wie Sie. Nochmals: Ich habe wirklich den Eindruck, dass wir es hier mit einer wirklichen Differenz zu tun haben, mit einem Problem also, bei dem wir tatsächlich nicht zusammen kommen, das wir nicht auflösen können. Das heißt aber nicht, dass wir nicht lernen können damit umzugehen. Zum einen schlage ich vor, eine nüchterne Schadensabwägung vorzunehmen: Hier denke ich z. B., dass der Schaden eines getrennten Schwimmunterrichts für meine Tochter (sie ist gerade in dem Alter, also acht Jahre alt) relativ überschaubar wäre. Ich glaube ebenfalls, dass der Schaden bei strenggläubigen Familien größer wäre. Dabei habe ich jetzt gar nicht die Gewissensgründe im Auge, sondern die Frage, ob es wirklich sinnvoll ist, Kinder in Situationen zu zwingen, in denen ihr Schamgefühl verletzt wird? Ich habe immer den Eindruck, dass die Rücksicht auf Schamgrenzen viel mit Respekt gegenüber Integrität zu tun hat. Man könnte der Schadensabwägung auch eine realistische Nutzensabwägung gegenüberstellen: Hält der Schwimmunterricht denn wirklich alles, was man sich von ihm verspricht? Eine derartige Schadensabwägung ist noch keine Antwort – aber sie trägt dazu bei, den emotionalen Druck aus der Frage zu nehmen. Ich möchte darauf hinweisen, dass derartige ruhige Schadens- und Nutzensabwägungen in der Regel nicht stattfinden. Stattdessen wird ein rhetorischer Bombast aufgefahren, um es gar nicht erst zu einem solchen Nachdenken kommen zu lassen. Ich erinnere mich an ein Urteil des Verwaltungsgerichts Düsseldorf, mit dem die Befreiung eines Mädchens, das schon schwimmen konnte, vom Schwimmunterricht abgelehnt wurde. Der Schwimmunterricht sei unabdingbar, weil er Spontaneität, planerisches Denken, Durchsetzungsvermögen, Sensibilität, Leistungsstärke, Solidarität mit den Schwächeren, Selbsteinschätzung, Gefahrenabschätzung, Selbstvertrauen, Verringerung negativen Sozialverhaltens bedeute.[2] Eine Lachnummer – wenn Sie mal die Realität erleben, wo die Kinder oft eine Viertelstunde bibbernd am Rand sitzen, bis die Lehrer sich ihnen widmen können, dann 20 Minuten ins Wasser kommen, bevor sie schon wieder raus in die Umkleidekabine müssen. Das Urteil des Verwaltungsgerichts ist deshalb bemerkenswert, weil sich hier eine interessante Argumentationsfigur auftut. Anstatt nüchtern die Realität anzuschauen, wird ein Ideal, ein Soll-Zustand konstruiert, dem die Realität in keiner Weise standhält – und so kann man sich einreden, dass es tatsächlich zum Untergang des Abendlands kommt, wenn man Kinder davon befreit.

Ein nüchternes Abwägen erlaubt es uns, besser mit der Emotionalität umzugehen, die unabweisbar mit jeder starken Differenz einhergeht. Die Versuchung ist ja groß, den Gefühlen nachzugeben. Der erhebliche Umfang an Gemeinsamkeiten wird dann unter den Emotionen begraben. Es entwickelt sich dann eine ähnliche Dynamik wie bei einem schlechten

---

2 Verwaltungsgericht Düsseldorf, Az. 18 K 3 01/08 S. 6

Ehestreit, wo die Wut aufeinander alles fraglich werden lässt, was einen verbindet. Alles wird mit jedem assoziiert, bis man tatsächlich nicht mehr weiß, um was es geht. Eine realistische Schadens- und Nutzensabwägung erlaubt es, die Differenz nüchtern, als eine durchaus ernstzunehmende Angelegenheit, über die man sich nicht einigen kann, zu sehen, die aber durch die erheblichen Gemeinsamkeiten, auf die ich oben hingewiesen habe, relativiert wird. Und wenn man das so sieht, möchte man die erheblichen Gemeinsamkeiten nicht kaputt machen, sondern nach pragmatischen Lösungen suchen. Eine pragmatische Lösung besteht also darin, Gelassenheit an den Tag zu legen, wenn es um Ausnahmen geht, oder aber andere pragmatische Lösungen zu suchen, wenn die Ausnahmen zur Regel werden: Man kann zum Beispiel auf das Modell der islamischen Grundschule rekurrieren.[3] Der Umgang besteht darin, dass wir in Gesprächen überlegen, wo eigentlich der Grund für das Unbehagen liegt: Geht es um Schwimmunterricht, Klassenreisen usw. an sich oder nur um die Art, wie diese durchgeführt werden? Dadurch können wir die Differenz einkreisen und genau bestimmen und dann überlegen, wie man damit umgeht.

Schulleiterin X: Ich bin nicht ganz überzeugt. Schließlich geht es in der Pädagogik doch auch um Ideale. Um das Wünschenswerte, dem wir, wie unvollkommen auch immer, da mache ich mir gar keine Illusionen, hinterherrennen. Wenn wir so nüchtern an die Erziehung herangehen, wie Sie es sagen, können wir doch gleich einpacken. Und dann noch etwas: Ich

---

3 In der Islamischen Grundschule werden immer zwei Jahrgangsklassen zusammengefasst, so dass die Kinder nach Geschlechtern getrennt im dritten oder im vierten Schuljahr Schwimmunterricht erhalten. Diese Lösung erlaubt es, getrenntgeschlechtlichen Schwimmunterricht anzubieten, ohne dass zusätzliche Ressourcen an Räumen oder Lehrpersonal beansprucht werden.

möchte auch darauf hinweisen, dass es sich ja nicht um die einzige Gruppe an unseren Schulen handelt, der wir gerecht werden müssen. Als Schulleiter sind wir ja gehalten, die Interessen aller an der Schule vorhandenen Gruppen abzuwägen. Das ist schon um des Schulfriedens willen wichtig. Wir können also nicht einer Gruppe eine gesonderte Behandlung einräumen.

WS: Ich möchte mal mit dem letzten Punkt anfangen. Wir haben ja das Projekt mit den gläubigen Muslimen initiiert, weil wir das Gefühl haben, dass es hier um die Kommunikation besonders schlecht bestellt ist. Und zwar wegen der gegenseitigen Zuschreibungen und des Misstrauens. Die einzige andere Gruppe, bei der sich die Situation so zugespitzt darstellt, sind die Roma – aber da ist die Lage noch mal ganz anders. Es geht also nicht darum, einer Gruppe Sonderrechte einzuräumen, sondern darum, einer Gruppe, die bislang mehr oder weniger draußen gehalten wurde, die Möglichkeit zu geben, mitzusprechen. Der Philosoph Rancière (2002) hat dies auf den Gegensatz von »noise« und »voice« gebracht: Immer wenn Ausgeschlossene in der Menschheitsgeschichte den Mund aufmachten, wurde dies von den Etablierten wie Krach behandelt. Man hat sie zwar vernommen, aber nicht gehört; die Worte schienen keinen Sinn zu machen, die Argumente waren nicht nachvollziehbar, weil sie nicht in den gesetzten Rahmen passten. Kurz: Sie haben nur gestört. Ich glaube, das passt ziemlich genau auf die Situation der Muslime. Für Rancière besteht der politische Prozess nun im Wesentlichen darin, dass eine Verschiebung stattfindet, dass den bislang Ausgeschlossenen eine Stimme gegeben wird. Sie sehen, dass hier ein Ideal formuliert wird, das durchaus auch als Leitbild für Pädagogen dienen könnte.

Mir erscheint dies gerade heute wichtig. Wir sind nämlich gesellschaftlich an einem Punkt angelangt, der es notwendig macht, zu einem anderen Umgang mit Religion zu finden. Die Präsenz des Religiösen ist überall in den letzten Jahren gewachsen. Dies kam für die meisten von uns (ich spreche hier für uns Sozialwissenschaftler) überraschend. Wir sind lange Zeit davon ausgegangen – und viele tun es heute noch –, dass Religion ein Phänomen ist, das mit Modernisierung und Verstädterung verschwindet. Entsprechend ist bei vielen säkular gesinnten Menschen das Gefühl vorhanden, dass Religion ein Phänomen der Ewiggestrigen sei. Genau darin wurden wir aber widerlegt. Gerade in städtischen Räumen kommt es seit vierzig Jahren zum Aufblühen der Religionen. Auch in Europa macht sich das, wenn auch etwas verzögert und noch nicht so eindringlich, bemerkbar. Es sind im Übrigen weniger die großen Kirchen und etablierte Religionsgemeinschaften, die diesen religiösen Aufschwung tragen, sondern die freien und unabhängigen Gemeinden, im Christentum die Evangelikalen und Pfingstgemeinden, im Islam die sogenannten Islamisten.

Schulleiter Z: Wie erklären die Sozialwissenschaften das?

WS: Da gibt es verschiedene Gründe.[4] Allgemein ist es wohl so, dass wir in den Sozialwissenschaften das allgemeine Bedürfnis nach religiöser Sinndeutung einfach unterschätzt haben. Aber das erklärt natürlich die konkrete Frage nicht, warum nach einem religiösen Abschwung in der ersten Hälfte des zwanzigsten Jahrhunderts es seit den 1970er Jahren zu einer Phase der religiösen Neuorientierung kam. Ich tendiere dazu, die Antwort in der Desillusionierung über die Moderne, die mit dem Zusammenbruch der großen Fortschrittsutopien der 1950er und 1960er Jahre zusammenhängt, zu sehen.

---

4 Ich fasse hier einige Erkenntnisse zusammen, die wir im Zusammenhang mit dem von Stephan Lanz angestoßenen Projekt »Global Prayers« in den Jahren 2010-2014 gewonnen haben. Eine ausführlichere Darstellung findet sich bei Schiffauer 2014.

Wirtschaftliche Entwicklung versprach vor allem in der Nachkriegszeit die Erlösung der Menschheit von Hunger, Krankheit, Not. Vielleicht erinnern sich noch die Älteren hier an die Zukunftsgläubigkeit, die seinerzeit herrschte. Die Atomenergie würde billigen und vor allem sauberen Strom für alle liefern, im Jahrzehnt der Entwicklung, den 1960er Jahren(!), würden die nun entkolonialisierten Länder der Dritten Welt zur ersten aufschließen; die grüne Revolution, also der Großeinsatz von Düngemitteln und Pestiziden, würde in kürzester Zeit den Hunger ausmerzen usw. Mit all diesen Träumen war ab den 1970er Jahren Schluss. Die wirtschaftliche Entwicklung hat sich zwar weiter beschleunigt, aber niemand mehr verspricht sich heute noch davon Fortschritt im wahren Sinn, d. h. eine friedlichere, gerechtere, gleichere, ökologischere Gesellschaft. Im Gegenteil: Ungleichheit, Gewalt und Naturkatastrophen scheinen zuzunehmen. Wir haben es also mit einer Entzauberung des Fortschrittsgedankens zu tun. Wirtschaftliche Entwicklung, die in sich selbst kreist, wird zum Selbstzweck und damit auf eine bemerkenswerte Weise sinnlos. Dies könnte einer der Gründe für die Wiederentdeckung des Religiösen als sinnstiftendes Element sein.

Vielleicht wird das klarer, wenn man ein damit zusammenhängendes Phänomen betrachtet: Alles dem freien Spiel der Marktkräfte zu überlassen, bedeutet Entpolitisierung. Man glaubt nicht mehr an die großen Lösungen der sozialen Fragen. Politische Visionen sind nicht mehr angesagt. Wer kann heute noch daran glauben, dass die Enteignung der Produktionsmittel und der Übergang zu einer Planwirtschaft die Lösung sein könnte? Diese Desillusionierung führt zu dem häufig beobachteten Phänomen, dass gesellschaftliche Kreise, die ihr Heil in den 1950er und 1960er Jahren in den sozialistischen oder kommunistischen Gewerkschaften oder Parteien gesehen hätten, sich heute religiösen Gruppierungen zuwenden.

Dazu gehören besonders auch die Arbeitsmigranten – nicht nur hierzulande, sondern weltweit.

Dies bedeutet nicht immer eine Absage an die Welt. Es scheint vielmehr so zu sein, dass über die Hinwendung zum Jenseitigen zunehmend Kraft und Energie für die Bewältigung des Diesseits gewonnen wird.

Mitarbeiterin: Wir haben das Projekt »Brücken im Kiez« ja auch entwickelt, weil der wachsende Einfluss von Religion gesellschaftliche Ängste mobilisiert. Er wird mit dem Zerfall der Errungenschaften der säkularen Kultur, also von Demokratie, Freiheit und Rechtsstaatlichkeit assoziiert. Die erste Reaktion ist deshalb: eindämmen, eingrenzen und bekämpfen.

Wir halten das aus ganz verschiedenen Gründen für problematisch. Eine derartige Politik der Grenzziehung mit dem Ziel, das Säkulare vor der vermeintlichen Bedrohung durch das Religiöse zu schützen, entfaltet eine bemerkenswerte Eigendynamik. Sie strukturiert die Wahrnehmung. Die empirische Realität ist – von wenigen Ausnahmen abgesehen – von gleitenden Übergängen charakterisiert. Dies gilt auch, wie wir in unserem Kreis erleben konnten, für die Grenze von Säkular und Sakral. Jedes Mal, wenn eine Grenze stark gemacht wird, wird aber ein Entweder-Oder konstruiert, ein Schwarz-Weiß-Denken zieht ein, ein »Wir« auf der einen Seite wird einem »Die« auf der anderen Seite gegenübergestellt. Kurz: Es entsteht eine Binarität, die gar nicht existieren würde, würde es diese Grenzziehung nicht geben. Grautöne, auch in Gestalt dynamischer Entwicklungen und Suchbewegungen, haben dann keinen Platz mehr. Sehr schnell kommt es zu einem Bekenntniszwang. Bezeichnend ist auch eine Blindheit gegenüber dem Eigenen. In anderen Zusammenhängen kritisieren wir die Frauenfeindlichkeit, die mit Bloßstellung und Vermarktung des weiblichen Körpers einhergeht – wenn aber das Gespräch mit den Muslimen darauf kommt, tritt all dies zurück. Dann wird Entblößung nur noch mit Freiheitlichkeit assoziiert. Einen lustigen Höhepunkt konnte ich mal bei einer Diskussion in der Friedrich-Ebert-Stiftung mit Vertretern islamischer Gemeinden erleben. Da wurde auf einmal von vierzig- bis fünfzigjährigen Sozialdemokraten den Gemeindevertretern eine Akzeptanz der Jugendzeitschrift Bravo abverlangt!

In der Philosophie dominiert gegenwärtig abstrakt eine grundsätzliche Kritik an der säkularen Kultur, der Moderne und am Aufklärungspathos. Sobald es aber konkret um die Auseinandersetzung mit Religion geht, spielen diese Zweifel an der eigenen Kultur keine Rolle mehr. Dann wird auf einmal allen anderswo geäußerten Zweifeln zum Trotz die säkulare Gesellschaft als Hort der Freiheitlichkeit, der Selbstbestimmung und der Selbstverwirklichung hochgehalten, und alles, was man z. B. von Foucault gelernt hat, nämlich dass mit Aufklärung immer auch Disziplinierung und Zurichtung verbunden ist, tritt in den Hintergrund. Warum? Weil zunächst die Abgrenzung vom Anderen betont werden muss.

Durch starke Grenzen wird das Anderssein des Anderen, hier des Muslims, stilisiert und übertrieben. Es gibt übrigens ein sehr deutliches Symptom für eine derartige Grenze: Einerseits wird die unhintergehbare Andersheit des Anderen betont; andererseits wird reklamiert, genau zu wissen, was mit dem Anderen los ist, was ihn »eigentlich« umtreibt.

Dies ist für eine demokratische Kultur an sich schon sehr problematisch. Es ist wichtig für eine freiheitliche Demokratie, dass eine große (und wachsende) Gruppe – hier die religiös orientierten Bürger – nicht ausgeschlossen wird und Gehör findet. Ein demokratischer Prozess lebt von der Partizipation von möglichst vielen.

Man muss sich auch klarmachen, dass eine Politik der Grenzziehung kostspielig ist. Die Politik des Bekämpfens etabliert eine Misstrauenskultur und vertut die Chancen, die entstehen könnten, wenn man die Gemeinden bei dem Versuch, gesellschaftliche Probleme zu lösen, einbinden würde. Hier werden nicht nur Potenziale verspielt, es werden auch Chancen der Entwicklung eines gedeihlichen Zusammenlebens vertan. Potenzielle Bundesgenossen aus den Gemeinden werden verprellt.[5] Eine Politik der Grenzziehung produziert eben den gesellschaftlichen Stress im Umgang mit den Muslimen, den ich bei unseren Gesprächen immer wieder erwähnt habe.[6]

Schließlich gaukelt eine Politik der Grenzziehung eine falsche Sicherheit vor. Indem sie zur wachsenden Distanz der Ausgegrenzten beiträgt, produziert sie Enttäuschung und Wut. Wie soll sich jemand mit einer Gesellschaft identifizieren, dem signalisiert wird, dass das, was ihm wichtig ist, keinen Platz dort hat und nichts wert ist. Fast tragisch finde ich dies in Bezug auf die jungen Leute aus den Gemeinden, die die Hoffnung noch haben, in die Gesellschaft hineinzukommen und sich zum Teil mit erheblicher Energie bei allen möglichen Aktivitäten engagieren. Wenn man so will, werden sie von der deutschen Gesellschaft vorgeführt. Die Argumentation der

---

5 Ein Beispiel ist das Buch »Neukölln ist überall« des ehemaligen Neuköllner Bürgermeisters Buschkowsky. Die Kapitel zum Islam durchzieht eine geradezu kriegerische Rhetorik. Die Rede ist von »Kulturkampf« (107). Es wird ein gesellschaftliches Feindbild konstruiert. Angesichts des unterstellten Versuchs »gesellschaftlicher Landnahme durch Vitalisierung der Dogmen« wird von den Schulen »enorme Aufmerksamkeit und nicht erlahmende Konfliktbereitschaft« gefordert (107). Es ist bezeichnend, dass das Rathaus Neukölln den Schulen im Bezirk davon abriet, mit dem Projekt »Brücken im Kiez« zu kooperieren (Buschkowsky 2012: 102). Das Buch ist ein erschreckendes Dokument für das »säkularistisch verhärtete und exklusive Selbstverständnis der Moderne«, von dem Habermas spricht.
6 Siehe Einleitung S. 18 ff.

Grenzwächter gibt den Skeptikern in den Gemeinden Recht, die darauf verweisen, dass die deutsche Gesellschaft den Islam ohnehin nicht will – und dass man allenfalls um den Preis der Selbstaufgabe akzeptiert werden wird. Wenn man einmal scharfe Grenzen zieht, von Fronten spricht, dann wird derjenige, der Wege dazwischen sucht, zum Kollaborateur.

WS: Und hier sehe ich die Bedeutung von »Brücken im Kiez«. »Brücken im Kiez« ist ein Experiment, das versucht, in der Praxis eine Alternative zu dem kämpferischen Säkularismus zu entwickeln. Die Absicht war es, in der Praxis auszuprobieren, was Habermas[7] theoretisch gefordert hat: nämlich gesellschaftliche Lernprozesse zu initiieren, die es einer liberalen Demokratie erlauben, mit der neuen Lage umzugehen, die sich durch eine zunehmende Präsenz des Religiösen ergeben hat. Habermas argumentiert, dass die Polarität von Religion und säkularer Kultur, die von säkularer Seite konstruiert wird, nicht zu halten ist. Weder ist Religion *per se* unvernünftig, also »irrational«, noch kann die Seite der Säkularisten *per se* mit Rationalität verbunden werden. Vielmehr durchdringen sich Vernunft, Logik usw. und auf Glauben beruhende Evidenz auf beiden Seiten. Was die Religion betrifft, verweist Habermas unter anderem auf die Verankerung großer Teile der (säkularen) Philosophie in religiösen Offenbarungen (2005: 148-149). Es lohnt sich also auch für säkulare Menschen Gläubigen zuzuhören, weil sie – als säkularer Mensch würde ich sagen: in Bildern – Wichtiges und Ernstzunehmendes auch mir, dem säkularen Menschen, mitzuteilen haben. Es lohnt sich also für den säkularen Menschen, neugierig auf Religion zu sein. Und es lohnt sich für den gläubigen Menschen, die Einsichten, die ihn bewegen, in einer Sprache zu formulieren, die auch die-

---

7 Ich beziehe mich im Folgenden auf den Text »Religion in der Öffentlichkeit« (Habermas 2005).

jenigen, die nicht der Glaubensgruppe angehören, verstehen (und akzeptieren) können. Übrigens kann ich Ihnen versichern, dass in dieser Hinsicht der Islam einiges zu bieten hat – etwa was Ideen von Gerechtigkeit oder das Ausbalancieren von Individual- und Gruppenrechten betrifft. Und wenn wir auf die andere Seite zu sprechen kommen: Wieviel einer säkularen Argumentation basiert nicht auf Glaubenssätzen, die die Sprecher selbst intuitiv für wahr erachten – die sie aber nicht begründen können? Schauen Sie sich doch die Menschenbilder an, die gerade Moralphilosophien unterliegen. Ist der Mensch im Prinzip egoistisch oder altruistisch? Ist er ein *homo socialis* oder ein *homo individualis*? Ist er essentiell gut (so dass man eine Gesellschaft auf Vertrauen bauen kann) oder böse (so dass man eine Gesellschaft auf Kontrolle bauen muss)? Wie weit sind wir unhintergehbar biologisch definiert und wie weit sozial? Ganz abgesehen von der Frage, was man davon wissenschaftlich entscheiden kann (wenn Sie mich fragen: kaum etwas): Im säkularen Alltag leben wir ganz gut mit dem Nebeneinander dieser Positionen. In der rationalen Auseinandersetzung kümmern wir uns weniger um diese Aporien, vielmehr buchstabieren wir die Konsequenzen für konkrete Situationen durch. Gut möglich, dass die Mitmenschen schlecht sind – aber was passiert, wenn wir dies zur Grundlage unseres Handelns machen? Und auch hier relativieren sich die Unterschiede von säkular Gesinnten und Gläubigen. Wenn man so will, sind die Gläubigen in der Wahl der Grundlagen ihrer Handlung expliziter als die Säkularen, vielleicht auch festgelegter. Aber Toleranz und Intoleranz scheinen sich auf beiden Seiten ziemlich gleich zu verteilen.

Habermas findet es aus diesen Gründen sinnvoll und wichtig, die Frontstellung von säkular und sakral zu überwinden und in einen Dialog einzusteigen. Er verweist darauf, dass bei diesen Prozessen einerseits Theologen gefragt sind – viel interessanter ist jedoch die Glaubenspraxis der Gemeinden (2010: 152). Kurz: Dieser Prozess muss von unten kommen. Und da setzen wir ein: Wir haben in den vergangenen Jahren in einem praktischen Experiment ausgelotet, wie der von Habermas geforderte Lernprozess organisiert werden könnte, was man bei ihm beachten muss und wo die Probleme liegen. Wir haben sozusagen erste Gehversuche in Sachen postsäkularer Kultur gemacht. Und wir haben gezeigt, dass dies möglich ist, und zwar im praktischen Alltag. Wir haben aber auch gemerkt, wie schwierig das ist.

Schulleiter Z: Und???

WS: Die Probleme liegen nicht dort, wo Habermas sie ansiedelt. Auf der Ebene der rationalen Argumentationen gab es eigentlich überhaupt keine Probleme. Wie schon gesagt: Die religiösen Positionierungen, von denen die Vertreter der Gemeinden, oder auch die säkularen Axiome, von denen die Schulleiter ausgingen, waren durchgängig der Ausgangspunkt einer mit Vernunftgründen vollzogenen Suche, bei der beide Seiten aufmerksam einander zugehört und auch nachgefragt haben. Die Argumente, die dann trugen, waren in der Regel am Kindeswohl ausgerichtet. Praktisch nie erfolgte der Hinweis auf Gottes Gebot, um eine Diskussion zu beenden. Vielmehr war der Hinweis auf Letztbegründungen bei Muslimen und säkularen Intellektuellen durchaus strukturgleich: Wo die einen auf die Offenbarung, haben die anderen auf Grundüberzeugungen verwiesen, an denen sie nicht rütteln wollen. Wie gesagt: Bei den meisten Fragen waren sich sowieso die meisten einig – und bei den anderen setzte eine Suche ein, wie man zu praktischen Lösungen kommen kann.

Die Schwierigkeiten lagen woanders. Sie lagen darin, dass die Abgrenzung zwischen den Wir-Gruppen – hier die Säkularen, da die Gläubigen – immer wieder auf den Diskussionsprozess durchschlug. Ein falsches Wort – und die Lager waren wieder da. Es war diese Hartnäckigkeit, mit der an einer grundlegenden Andersheit des Anderen festgehalten wurde, die uns zu schaffen machte. Es war, als hätte man auf beiden Seiten sich so sehr daran gewöhnt, sich als Antipoden zu sehen, dass man immer wieder darauf zurückfiel. Übrigens hatten beide Seiten das Gefühl, dass immer der Andere mit der Grenzziehung anfing.

Dabei wurde mir deutlich, wie tief in uns (und jetzt beziehe ich mich vor allem auf die herkunftsdeutschen Gesprächspartner) der säkulare Nationalstaat steckt – wie sehr er nach wie vor unser Denken und vor allem unser Fühlen bestimmt –, auch wenn wir uns kognitiv zu einem Einwanderungsstaat bekennen. Kurz: Die Schwierigkeiten liegen darin, wie wir von einer durch Nationalstaat, Säkularität und ethnische Homogenität bestimmten Kultur zu einer postnationalen und postsäkularen Kultur kommen können. Dies bedeutet eine Auseinandersetzung mit den Selbstverständlichkeiten, die uns in den letzten zweihundert Jahren eingebläut wurden. Das Schwierigste daran ist, dass diese Selbstverständlichkeiten Sicherheit versprechen.

Ich denke dabei vor allem an das tief verankerte Gefühl, dass Ähnlichkeit und Gleichheit eine notwendige Basis für gesellschaftlichen Zusammenhalt darstellen. Die Idee des Nationalstaats ist schlicht die, dass Personen mit gleicher Kultur – also gleicher Sprache, gleicher Geschichte, gleichen Wertvorstellungen – in einer politischen Einheit zusammenleben sollten.[8] Das Gemeinsame, das Geteilte wurde als Basis gesehen, um miteinander auszukommen, kulturelle Nähe als Grundlage für die Möglichkeit, Konflikte zu lösen und sich über Sachen zu einigen.

Nun glaube ich nicht, dass es jemals realistisch war zu mei-

---

8 Gellner 1991

nen, kulturelle Nähe würde Konflikte einfacher lösbar machen. Die empirische Erfahrung zeigt das Gegenteil. Während zwischen Personen, die sich einander relativ fremd sind, Gleichgültigkeit und Distanz Einigungen erlaubt, neigen Personen, die einander von der Wertorientierung her relativ nahe sind, eher zu Unversöhnlichkeit. Der Hass, der in Bürgerkriegen aufbricht, ist legendär. Ebenso sind Auseinandersetzungen zwischen Partei- und Bewegungsflügeln, die sich abgespalten haben, weit intensiver als zwischen Fremden. Es sind oft die – von außen gesehen – kleinsten Unterschiede, die zur erbittertsten Feindschaft führen. Dies liegt an Phänomenen, die mit Nähe zusammenhängen: Nur Nahestehende können einen »Verrat« begehen, einen enttäuschen, einen »im Stich lassen« usw.[9]

Dennoch: Zweihundert Jahre Nationalstaat haben uns eingebläut, in kultureller Nähe den Garant für gesellschaftliches Auskommen zu sehen und vor allem zu fühlen – und umgekehrt kulturelle Distanz fast automatisch als Problem zu empfinden. Wir haben es verlernt, mit kultureller Differenz souverän und gelassen umzugehen. Kulturelle Differenz wird heute toleriert – aber nicht gerne gesehen. Differenz erscheint uns oft als etwas Irritierendes. Sie scheint zu gesellschaftlichem Verfall, zu Entsolidarisierung beizutragen. Wir reagieren fast mit Panik auf Differenzen, die wir nicht auflösen können. Wir haben Schwierigkeiten damit, sie stehen zu lassen. Und dann verfallen wir zurück in die Politik der Grenzziehungen.

Schulleiter W: Sie sehen also in der emotionalen Prägung durch den Nationalstaat das Problem und nicht, wie Habermas, in der rationalen Auseinandersetzung?

WS: Genau. Habermas betont die Notwendigkeit, zu ei-

---

9 Ich habe dieses Argument schon einmal verwendet (Schiffauer 2008b: 120).

nem Konsens zu kommen. Er setzt auf die Kraft des rationalen Arguments in diesem Prozess. Er glaubt letztendlich, dass man Differenzen kognitiv auflösen kann, dass Einigungen möglich sind. Ich glaube, dass dies viel zu verkopft ist. Eigentlich müssen wir nicht daran arbeiten, wie wir zu einem Konsens kommen, sondern daran, wie wir mit dem Dissens besser umgehen können als bisher. Bei einer Differenz ist es ja nicht damit getan, dass beide Seiten nachvollziehbare Gründe haben und sie überzeugend darlegen können. Eine durchaus rationale Argumentation wird mir nicht einleuchten, wenn ich von anderen Prämissen ausgehe. Ich werde der ausgefeiltesten Logik nicht trauen, wenn ich nicht die Richtigkeit des Arguments auch *fühle*. Ist dies nicht der Fall, werde ich die Argumente des Anderen nicht wahrhaben *wollen*. Habermas' Problem ist, dass er die Ebene des Denkens im Auge hat, nicht aber die des Fühlens und des Wollens. Wir müssen lernen, Differenzen stehen zu lassen; sie nicht emotional zu wichtig zu nehmen usw. Wir müssen klüger mit kulturellen Grenzen umgehen als bisher. Letztendlich müssen wir die Kultur des Nationalstaats, welche Differenz als Problem sieht, durch eine Kultur des Postnationalen ersetzen, die Differenz bejaht.

Schulleiter Z: Und was heißt das praktisch?

WS. Nun ja: Wir müssen eine andere Grundhaltung zur Differenz entwickeln – also zu Wertfragen, über die wir uns nicht einigen können. Lassen Sie mich vier Punkte nennen. Eine erste Komponente könnte eine Grundhaltung der Neugierde und Offenheit sein. Vielleicht bin ich da auch durch mein Fach geprägt – uns Ethnologen treibt ja die Frage um, wie um alles in der Welt kommt der Andere zu den Einschätzungen, die er hat. Sagen Sie nicht, dass dies viel zu anspruchsvoll ist, um realistisch zu sein. Wenn jemand aus einer von uns positiv konnotierten Kultur kommt, also beispielsweise dem Zen-Buddhismus angehört, ist das eher selbstverständlich. Eine zweite Komponente könnte einfach die Respektierung sein, und hier meine ich ganz banal die Tugend der Höflichkeit und der Rücksichtnahme. Damit meine ich ein Bewusstsein von der möglichen Verletzbarkeiten des Anderen. Wir haben das hier untereinander praktiziert – jedenfalls meistens. Es ist leider nicht der Standard im Umgang mit kultureller Differenz. Auch nicht an den Schulen. Wie beleidigend die Alltagspraxis oft ist, wurde ja auch von den Schulleitern eingeräumt. Hier gilt es noch viel Arbeit in Sensibilisierung zu stecken, wie sie z. T. ja auch schon in den Diversity-Trainings geleistet wird. Drittens meine ich eine Neuentdeckung von Diplomatie. Warum sollen wir nicht, wie in internationalen Verhandlungen üblich, Bereiche einfach mal beiseitelassen, bei denen wir jetzt nicht zu einer Einigung kommen? Ausklammern erlaubt, einfach mal etwas auszusitzen. Diplomatie und Höflichkeit haben etwas damit zu tun, dass wir die Grenzen des Anderen respektieren. Beide Werte erlauben es uns, respektvoll mit Differenz umzugehen. Sie lassen sich auf den Begriff der achtungsvollen Distanz bringen. Viertens: Pragmatismus. Mit Differenzen, die man kognitiv nicht einvernehmlich auflösen kann, kann man doch pragmatisch umgehen. Wenn wir uns daran gewöhnen, haben wir viel erreicht. Bei pragmatischen Lösungen arrangiert man sich. Man findet einen *modus vivendi* über die Differenz hinweg. Und man lernt, dass dies nicht das Ende ist. Je länger pragmatische Lösungen sich einspielen, desto mehr wächst auch das Vertrauen. Vertrauen basiert übrigens auch nicht auf kultureller Nähe – sondern auf wiederholten positiven Erfahrungen. Ich vertraue meiner Autowerkstatt – ohne dass ich mit dem Handwerker befreundet sein muss. Die Betonung des Wertes pragmatischer Lösungen geht mit einer Absage an prinzipielle und grundsätzliche Lösungen einher. Wenn einer aus »prinzipiellen Gründen« gegen etwas ist, sagt er damit: Eigentlich ist es kein Problem –

aber es verstößt gegen ein Ordnungsprinzip. Prinzipielle Lösungen gehen immer einher mit symbolischer Politik. Ich weiß, dass pragmatische Lösungen im Verdacht des Durchwurstelns stehen.

Schulleiter W: Sie plädieren also für eine Ethik des Aussitzens und Durchwurstelns?

WS: Genau – wenn sie sich mit Höflichkeit und Neugier paart. Die Wörter »Aussitzen« und »Durchwursteln« klingen zunächst furchtbar. Wir alle haben gelernt, grundsätzliche, prinzipielle Lösungen für Probleme zu präferieren. Aber im Umgang mit ernster Differenz bedeuten prinzipielle Lösungen nichts anderes als Gewalt.

Durchwursteln und Aussitzen bedeuten, der Zeit eine Chance zu geben. Der Möglichkeit, sich zu gewöhnen. Der Möglichkeit, Ängste abzubauen, weil alles dann doch nicht so kommt, wie man befürchtet. Man gibt Prozessen der Selbstorganisation eine Chance. Ich sehe in diesen Prozessen die Chance zu einer anderen Haltung zur Differenz .

Letztlich scheint es mir, müssen wir uns an den Gedanken der Distanz gewöhnen. Höflichkeit und Diplomatie sind Kulturtechniken, in denen mit Distanz umgegangen wird, mit denen aber auch Distanz aufrecht erhalten wird. Dies ist nur dann ein Problem, wenn wir Nähe als gut, Distanz aber *per se* als schlecht sehen. Richard Sennett hat als Erster – als Historiker – auf dieses Problem hingewiesen, als er von der Tyrannei der Intimität sprach.[10] Sein Argument war, dass das Ideal der Nähe, das sich im Zusammenhang mit der nationalstaatlichen Kultur ausbreitete, es schwierig gemacht hat, mit Andersheit umzugehen. Wir haben die Kunst des Umgangs mit Distanz verlernt – und müssen sie jetzt in der postnationalen Ordnung wieder erlernen. Sagen Sie nicht, dass dies eine

---

10 Sennett 1994

Selbstverständlichkeit ist: Es ist doch Quatsch, wenn der Integrationsbegriff nicht auf systemische Integration beschränkt wird – also auf gleichberechtigte Teilhabe an Bildung, Recht, Wirtschaft und Politik: Da macht er Sinn. Aber wenn er auf kulturelle und soziale Integration ausgedehnt wird, wird er problematisch.

Schulleiter Z: Sind Sie optimistisch?

WS: Das schwankt bei mir von Tag zu Tag. Manchmal denke ich, dass diese Gesellschaft tatsächlich eine Chance hat, sich in Richtung Humanität zu entwickeln. Manchmal habe ich aber auch das Gefühl, dass wir kaum weiterkommen, dass die Stereotypen, der Wunsch sich abzugrenzen, viel zu stark sind.

Literatur

Bauman, Z. (1991). *Modernity and Ambivalence*. Cambridge, Polity Press.

Beradt, M. (1981). Die Betstube, in: *Im Scheunenviertel*. E. Geisel. Berlin, Siedler: 92-101

Berg, E. and M. Fuchs, Herausgeber (1993). *Kultur, soziale Praxis, Text. Die Krise der ethnographischen Repräsentation*. Frankfurt am Main, Suhrkamp.

Böckenförde, E.-W. (1976). *Staat, Gesellschaft, Freiheit. Studien zur Staatstheorie und zum Verfassungsrecht*. Frankfurt am Main, Suhrkamp.

Bourdieu, P. ((1972) 1976). *Entwurf einer Theorie der Praxis*. Frankfurt am Main, Suhrkamp.

Bourdieu, P. (2000). *Das religiöse Feld*. Konstanz, Universitätsverlag Konstanz.

Bozkurt, E. (2009). *Conceptualizing »Home«. The Question of Belonging Among Turkish Families in Germany*. Frankfurt am Main, Campus.

Buchanan, D. and Huczynski, A. (2004), *Organizational Behaviour: An Introductory Text*. Harlow, Pearson Education Ltd.

Buschkowsky, H. (2012). *Neukölln ist überall*. Berlin, Ullstein.

Butler, J. (2009). Was ist Kritik? Ein Essay über Foucaults Tugend, in: *Was ist Kritik?* hrsg. von R. Jaeggi and T. Wesche. Frankfurt am Main, Suhrkamp: 221-246.

Cohen, S. (1972). *Folk Devils and Moral Panics: The Creation of the Mods and the Rockers*. London, MacGibbon & Kee.

Crapanzano, V. (1980/1983). *Tuhami: Portrait eines Marokkaners*. Stuttgart, Klett-Cotta.

Crapanzano, V. (1992). *Hermes' Dilemma and Hamlet's Desire. On the Epistemology of Interpretation*. London, Harvard University Press.

Douglas, M. (1974). *Ritual, Tabu und Körpersymbolik. Sozialanthropologische Studien in Industriegesellschaft und Stammeskultur*. Frankfurt am Main, S. Fischer.

Dwyer, K. (1982). *Moroccan Dialogues*. Baltimore, John Hopkins University Press.

El-Mafaalani, A. (2012). Migrations- und ungleichheitsbedingte Missverständnisse in der Schule, in: *interculturejournal* 11(19): 33-40.

Fischer, M. M. J. and M. Abedi (1990). *Debating Muslims: Cultural Dialogues in Postmodernity and Tradition*. Madison (Wisconsin), The University of Wisconsin Press.

Frindte, W., K. Boehnke, et al. (2011). *Lebenswelten junger Muslime in Deutschland*. Berlin. Bundesministerium des Inneren.

Geertz, C. (1983). *Dichte Beschreibung*. Frankfurt am Main. Suhrkamp.

Geertz, C. (2000). *Available light. Anthropological reflections on philosophical topics*. Princeton, Princeton University Press.

Gellner, E. (1991). *Nationalismus und Moderne*. Berlin, Rotbuch.

Gomolla, R. (2006). Fördern und Fordern allein genügt nicht! Mechanismen institutioneller Diskriminierung von Migrantenkindern und -jugendlichen im deutschen Schulsystem, in: *Schieflagen im Bildungssystem – Die Benachteiligung der Migrantenkinder*. G. Auernheimer. Wiesbaden, VS Verlag für Sozialwissenschaften: 87-102.

Goode, E. and N. Ben Yehuda (1994). *Moral Panics. The Social Construction of Violence*. Oxford, Blackwell.

Granovetter, M. (1973). The strength of weak ties, in: *American Journal of Sociology* 78(6): 1360-1380.

Habermas, J. (2005). Religion in der Öffentlichkeit. Kognitive Voraussetzungen für den ›öffentlichen Vernunftgebrauch‹ religiöser und säkularer Bürger, in: *Zwischen Naturalismus und Religion. Philosophische Aufsätze*. J. Habermas. Frankfurt am Main, Suhrkamp: 119-154.

Hamburger, F. (2005). Der Kampf um Bildung und Erfolg. Eine einleitende Feldbeschreibung, in: *Migration und Bildung. Über das Verhältnis von Anerkennung und Zumutung in der Einwanderungsgesellschaft*. F. Hamburger, T. Badawia und M. Hummrich. Wiesbaden, Springer: 7-24

Hannerz, U. (1980). *Exploring the City. Inquiries Toward an Urban Anthropology*. New York, Columbia University Press.

Hummrich, M./Wiezorek, C. (2005). Lehrer und Eltern: Pädagogische Generationsbeziehungen im Konflikt?, in: *Migration und Bildung. Über das Verhältnis von Anerkennung und Zumutung in der Einwanderungsgesellschaft*. F. Hamburger und T. Badawia, M. Hummrich. Wiesbaden, Springer: 105-120

Jahoda, M., P. F. Lazarsfeld, et al. (1933/1975). *Die Arbeitslosen von Marienthal. Ein soziographischer Versuch*. Frankfurt am Main, Suhrkamp.

Jonker, G. (2005) Interview im Rahmen des Ethnobarometer-Projekts, in: *Europe's Muslim Communities: Security and Integration after September 11*. Berlin, 25. 4. 2005 (unveröffentlicht).

Jonker, G. (2006). Arbeitspapier im Rahmen des Ethnobarometer-Projekts, *in: Europe's Muslim Communities: Security and Integration after September 11* (unveröffentlicht).

Kirsch, S. (2010). Experiments in Engaged Anthropology, in: *Collaborative Anthropologies* (3): 69-85.

Latour, B. (1991/1995). *Wir sind nie modern gewesen. Versuch einer symmetrischen Anthropologie*. Berlin, Akademie Verlag.

Leicht, R. (2001). Die Gretchenfrage – auf preußisch. Wie hält's der Staat mit der Religion, an den Schulen und überhaupt, vor allem im Land Brandenburg, in: *DIE ZEIT*, Nr. 27, 28.06.01, S. 5.

Lévi-Strauss, C. (1962/1968). *Das Wilde Denken*. Frankfurt am Main, Suhrkamp.

Low, S. M. and S. E. Merry (2010). Engaged Anthropology: Diversity and Dilemmas, in: *Current Anthropology* 51 (Supplement 2): 203-225.

Lubig-Fohsel, E. (2012a). *Kooperation von Schule und Eltern mit Migrationshintergrund*. Berlin, Landesinstitut für Schule und Medien Berlin-Brandenburg, Fachbrief Nr. 8. http://bildungsserver.berlin-branden burg.de/fileadmin/bbb/unterricht/rahmenlehrplaene/fachbriefe_ berlin/koop_eltern_mit_migrationshintergrund/fachbrief_koop_el tern_m_migrationshintergrund_08.pdf.

Lubig-Fohsel, E. (2012b). *Interview mit Vertreter/-innen der IGMG (Islamische Gemeinschaft Milli Görüş) und von Moscheegemeinden*. Ergänzung des Fachbriefs Nr. 8 des Landesinstituts für Schule und Medien Berlin-Brandenburg 2012: Kooperation von Schule und Eltern mit Migrationshintergrund. Berlin, Landesinstitut für Schule und Medien Berlin-Brandenburg, Fachbrief Nr. 9. http://bildungsserver.berlin-bran denburg.de/fileadmin/bbb/unterricht/rahmenlehrplaene/fachbriefe_ berlin/koop_eltern_mit_migrationshintergrund/fachbrief_koop_eltern_ m_migrationshintergrund_09.pdf.

Mannitz, S. (2002). Auffassungen von kultureller Differenz: Identitätsmanagement und diskursive Assimilation, in: *Staat-Schule-Ethnizität*. W. Schiffauer, G. Baumann u. a. Münster, Waxmann Verlag: 255-322.

Mead, G. H. (1934/1967). *Mind, Self, and Society. From the standpoint of a social behaviorist*. Chicago/London, The University of Chicago Press.

Mıhçıyazgan, U. (2009). Rückkehr als Metapher. Die Bedeutung der Rückkehr in der Lebensplanung und -praxis türkischer Migranten. *Berlin interkulturell. Ergebnisse einer Berliner Konferenz zu Migration und Pädagogik*. H. Barkowski and G. Hoff. Berlin.

Mühe, N. (2010). *Muslims in Berlin*. Open Society Institute (ed.). New York – London – Budapest, *http://www.opensocietyfoundations.org/ reports/muslims-berlin*.

Mühe, N. (in Vorbereitung): *Islamfeindlichkeit in der Schule und ihre Auswirkungen auf junge Muslime*.

Musharbash, Y. (2013). Dossier Verfassungsschutz-NSU-Terrorismus, in: *DIE ZEIT*. Nr. 8. *(http://www.zeit.de/2013/08/Dossier-Verfassungs- schutz-NSU-Terrorismus)*.

Niebuhr, R. H. (1987). *The Social Sources of Denominationalism*. Gloucester Mass., Peter Smith.

Nökel, S. (2002). *Die Töchter der Gastarbeiter und der Islam. Zur Soziologie alltagsweltlicher Anerkennungspolitiken. Eine Fallstudie*. Bielefeld, transcript.

Ongori, H.; Agolla, J. E. (2008). Occupational Stress in Organizations and Its Effects on Organizational Performance, in: *Journal of Management Research*. 8/3: 123-135.

Öktem, K. (2013). *Signale aus der Mehrheitsgesellschaft. Auswirkungen der Beschneidungsdebatte und staatlicher Überwachung islamischer Organisation auf Identitätsbildung und Integration in Deutschland*. http://salihalexanderwolter.de/wp-content/uploads/2013/09/Signale-aus-der-Mehrheitsgesellschaft1.pdf.

Radtke, F.-O. (2014). *Gemeinschaftliches Integrationsversagen. Migrantenkinder als Objekt der Politik, der Wissenschaft und der Publikumsmedien* (unveröffentlicht).

Rancière, J. (2002). *Das Unvernehmen – Politik und Philosophie*. Frankfurt am Main, Suhrkamp.

Reckwitz, A. (2008). *Unscharfe Grenzen*. Bielefeld, transcript.

Reinhardt, T. (2000). *Jenseits der Schrift. Dialogische Anthropologie nach der Postmoderne*. Frankfurt am Main, Verlag für interkulturelle Kommunikation.

Sacher, W. (2006). *Einflüsse der Sozialschicht und des Migrationsstatus auf das Verhältnis zwischen Elternhaus und Schule*. Schulpädagogische Untersuchungen. Nürnberg, herausgegeben von Werner Sacher. Nürnberg, Universität Erlangen Nürnberg.

Sarrazin, T. (2010). *Deutschland schafft sich ab. Wie wir unser Land aufs Spiel setzen*. München, Deutsche Verlags-Anstalt.

Schiffauer, W., Baumann G. u. a., Herausgeber (2002). *Staat – Schule – Ethnizität*. Interkulturelle Bildungsforschung. Münster, Waxmann Verlag.

Schiffauer, W. (1997). *Fremde in der Stadt. Zehn Essays über Kultur und Differenz*. Frankfurt am Main, Suhrkamp.

Schiffauer, W. (2000). *Die Gottesmänner – Türkische Islamisten in Deutschland*. Frankfurt am Main, Suhrkamp.

Schiffauer, W. (2002). *Migration und kulturelle Differenz*. Studie für das Büro der Ausländerbeauftragten des Senats von Berlin. Berlin.

Schiffauer, W. (2003). Die Debatten um den islamischen Religionsunterricht, in: *Multireligiosität im vereinigten Europa – Historische und juristische Aspekte*. Lehmann, H. Göttingen, Wallstein Verlag: 115-134.

Schiffauer, W. (2006a). Verfassungsschutz und islamische Gemeinden, in: *Terrorismus und Extremismus – der Zukunft auf der Spur*. Kemmesies, U. E. (Hg.). München, Luchterhand.

Schiffauer, W. (2006b). Verwaltete Sicherheit – Präventionspolitik und Migration, in: *Migrationsreport 2006*. Bommes, M. und W. Schiffauer. Frankfurt am Main, Campus: 113-164.

Schiffauer, W. (2007). Der unheimliche Muslim – Staatsbürgerschaft und zivilgesellschaftliche Ängste, in: Soziale Welt Sonderband 17. *Konfliktfeld Islam in Europa*. L. Tezcan und M. Wohlrab-Sahr (Hg.). München, Nomos.

Schiffauer, W. (2008a). Zur Konstruktion von Sicherheitspartnerschaften, in: *Migrationsreport 2008*. M. Bommes and M. Krüger-Potratz. Frankfurt am Main, Campus: 205-237.

Schiffauer, W. (2008b). *Parallelgesellschaften*. Wieviel Wertekonsens braucht unsere Gesellschaft? Ethnographische Überlegungen. Bielefeld, transcript.

Schiffauer, W. (2010). *Nach dem Islamismus*. Die Islamische Gemeinde Milli Görüş. Eine Ethnographie. Frankfurt am Main, Suhrkamp.

Schiffauer, W. (2014). Global Prayers, Migration, Post-Migration, in : *Global Prayers. Contemporary Manifestations of the Religious in the City*. J. Becker, K. Klingan, S. Lanz and K. Wildner (Hg.). Zürich, Lars Müller: 48-63.

Schmitt, C. (1932/1979). *Der Begriff des Politischen*. Berlin. Duncker & Humblot.

Scott, J. W. (2009). »Sexularism.« *European Universtiy Institute. Robert Schuman Centre. RSCAS Distinguished Lecture 2009/01* (http://cadmus.eui.eu/bitstream/handle/1814/11553/RSCAS_DL_2009_01.pdf?sequence=1).

Senatsverwaltung für Inneres und Sport (2013): *Verfassungsschutzbericht 2012*. Berlin, Senatsverwaltung für Inneres und Sport 2013.

Sennett, R. (1994). *Verfall und Ende des öffentlichen Lebens. Die Tyrannei der Intimität*. Frankfurt am Main, S. Fischer.

Smith, Z. (2000). *Zähne zeigen*. München, Droemer Knaur.

Sökefeld, M. (2008). *Aleviten in Deutschland: Identitätsprozesse einer Religionsgemeinschaft in der Diaspora*. Bielefeld, transcript.

Strohmenger, S. (1996). *Kairo: Gespräche über Liebe. Eine ethnographische Collage in 12 Szenen*. Wuppertal, Peter Hammer Verlag.

Swidler, A. (1986). Culture in action: symbols and strategies, in: *American Sociological Review* 51: 273-286.

Tezcan, L. (2003). *Religiöse Strategien der »machbaren« Gesellschaft. Verwaltete Religion und islamische Theologie*. Bielefeld, transcript.

Topper, E. F. (2007), Stress in the Library, in: *Journal of New Library*, 108(11/12): 561-564.

Troeltsch, E. (1922/1977). *Die Soziallehren der christlichen Kirchen und Gruppen*. Aalen, Scientia Verlag.

Valenze, D. M. (1985). *Prophetic Sons and Daughters*. Princeton, Princeton University Press.

Vertovec, S. (2002). Islamophobia and Muslim Recognition in Britain, in: *Muslims in the West. From Sojourners to Citizens*. Y. Haddad (Hg.). Oxford, Oxford University Press.

Vieth-Entus, S., Schule und Migration. Die Schwierigkeit mit den Multikulti-Klassen, in: *Tagesspiegel* vom 22.8.2012 http://www.tagesspiegel.de/meinung/schule-und-migration-die-schwierigkeit-mit-den-multikulti-klassen/7037830.html.

Vodafone-Stiftung Deutschland. (2011). *Lernzeit gemeinsam gestalten. Informationen für Eltern zur Bildung in NRW*. Düsseldorf, Vodafone-Stiftung.

Wacquant, L. (2006). Kritisches Denken als Zersetzung der Doxa, in: *Die Wissensgesellschaft: Mythos, Ideologie oder Realität*. U. Bittlingmayer und U. Bauer (Hg.). Wiesbaden, VS Verlag.

Wellgraf, S. (2012). *Hauptschüler. Zur gesellschaftlichen Produktion von Verachtung*. Bielefeld, transcript.

Die Stiftung Brandenburger Tor wurde 1997 gegründet und arbeitet operativ in den Bereichen Künste sowie Bildung und Wissenschaft; sie verfolgt dabei ausschließlich gemeinnützige Zwecke und initiiert und konzipiert ihre Förderprojekte eigenverantwortlich und begleitet sie bis hin zur praktischen Umsetzung.

Ihren Sitz hat die Stiftung im Max Liebermann Haus am Brandenburger Tor in Berlin, dem Symbol der Freiheit und Toleranz, der Einheit Deutschlands und Berlins und der Öffnung zwischen Ost und West, das der Stiftung ihren Namen gibt.

»Soziologie«
in der edition suhrkamp
Eine Auswahl

Pablo Alabarces. Für Messi sterben? Der Fußball und die Erfindung der argentinischen Nation. es 2608. 287 Seiten

Louis Althusser. Für Marx. Vollständige und durchgesehene Ausgabe. Herausgegeben von Frieder Otto Wolf. es 2600. 409 Seiten

Arjun Appadurai. Die Geographie des Zorns. Übersetzt von Bettina Engels. es 2541. 158 Seiten

Jakob Arnoldi. Alles Geld verdampft. Finanzkrise in der Weltrisikogesellschaft. Übersetzt von Niklas Hofmann. es 2590. 92 Seiten

Peter-Paul Bänziger/Stefanie Duttweiler/Philipp Sarasin/ Annika Wellmann (Hg.). Fragen Sie Dr. Sex/Ratgeberkommunikation und die mediale Konstruktion des Sexuellen. es 2595. 376 Seiten

Zygmunt Bauman
- Flüchtige Moderne. Übersetzt von Reinhard Kreissl.
  es 2447. 260 Seiten
- Gemeinschaften. Auf der Suche nach Sicherheit in einer
  bedrohlichen Welt. Übersetzt von Frank Jakubzik.
  es 2565. 180 Seiten
- Wir Lebenskünstler. Übersetzt von Frank Jakubzik.
  es 2594. 206 Seiten

Zygmunt Bauman/David Lyon. Daten, Drohnen, Disziplin. Ein Gespräch über flüchtige Überwachung. Übersetzt von Frank Jakubzik. es 2667. 204 Seiten

Ulrich Beck
- Das deutsche Europa. Neue Machtlandschaften im Zeichen der Krise. edition suhrkamp digital. 79 Seiten
- Die Erfindung des Politischen. Zu einer Theorie reflexiver Modernisierung. es 1780. 303 Seiten
- Nachrichten aus der Weltinnenpolitik. es 2619. 149 Seiten
- Die Neuvermessung der Ungleichheit unter den Menschen: Soziologische Aufklärung im 21. Jahrhundert. Eröffnungs-vortrag zum Soziologentag »Unsichere Zeiten« am 6. Oktober 2008 in Jena. 57 Seiten
- Risikogesellschaft. Auf dem Weg in eine andere Moderne. es 1365 und es 3326. 396 Seiten

Ulrich Beck/Angelika Poferl (Hg.). Große Armut, großer Reichtum. Zur Transnationalisierung sozialer Ungleichheit. es 2614. 694 Seiten

Ulrich Beck/Anthony Giddens/Scott Lash. Reflexive Modernisierung. Eine Kontroverse. es 1705. 364 Seiten

Ingolfur Blühdorn. Simulative Demokratie. Neue Politik nach der postdemokratischen Wende. es 2634. 304 Seiten

Pierre Bourdieu
- Ein soziologischer Selbstversuch. Übersetzt von Stephan Egger. Mit einem Nachwort von Franz Schultheis. es 2311. 160 Seiten
- Praktische Vernunft. Zur Theorie des Handelns. Übersetzt von Hella Beister. es 1985. 226 Seiten
- Rede und Antwort. Übersetzt von Bernd Schwibs. es 1547. 237 Seiten
- Soziologische Fragen. Übersetzt von Hella Beister und Bernd Schwibs. es 1872. 256 Seiten

- Über das Fernsehen. Übersetzt von Achim Russer.
  es 2054. 140 Seiten

Elena Esposito. Die Fiktion der wahrscheinlichen Realität.
Übersetzt von Nicole Reinhardt. es 2485. 127 Seiten

Mischa Gabowitsch. Putin kaputt!? Russlands neue Protest-
kultur. es 2661. 441 Seiten

Anthony Giddens. Entfesselte Welt. Wie Globalisierung unser Leben verändert. Übersetzt von Frank Jakubzik.
es 2200. 116 Seiten

David Harvey. Rebellische Städte. Vom Recht auf Stadt zur
urbanen Revolution. Aus dem Englischen von Yasemin Dinçer.
es 2657. 283 Seiten

Hartmut Häußermann/Dieter Läpple/Walter Siebel.
Stadtpolitik. es 2512. 403 Seiten

Wilhelm Heitmeyer (Hg.)
- Deutsche Zustände. Folge 1. es 2290. 304 Seiten
- Deutsche Zustände. Folge 2. es 2332. 320 Seiten
- Deutsche Zustände. Folge 3. es 2388. 300 Seiten
- Deutsche Zustände. Folge 4. es 2454. 320 Seiten
- Deutsche Zustände. Folge 5. es 2484. 300 Seiten
- Deutsche Zustände. Folge 6. es 2525. 308 Seiten
- Deutsche Zustände. Folge 7. es 2552. 328 Seiten
- Deutsche Zustände. Folge 8. es 2602. 319 Seiten
- Deutsche Zustände. Folge 9. es 2616. 348 Seiten
- Deutsche Zustände. Folge 10. es 2647. 336 Seiten

Wilhelm Heitmeyer/Hans-Georg Soeffner (Hg.). Gewalt.
Neue Entwicklungen und alte Analyseprobleme.
es 2246. 560 Seiten

Karl Otto Hondrich
- Enthüllung und Entrüstung. Eine Phänomenologie des politischen Skandals. es 2270. 166 Seiten
- Liebe in Zeiten der Weltgesellschaft. es 2313. 176 Seiten
- Der Neue Mensch. es 2287. 222 Seiten.
- Wieder Krieg. es 2297. 194 Seiten

Claudia Honegger/Sighard Neckel/Chantal Magnin (Hg.). Strukturierte Verantwortungslosigkeit. Berichte aus der Bankenwelt. Mit einem Text von Elfriede Jelinek. es 2607. 395 Seiten

Eva Illouz. Die neue Liebesordnung. Frauen, Männer und *Shades of Grey*. Übersetzt von Michael Adrian. edition suhrkamp digital. 88 Seiten

Marie Jahoda/Paul F. Lazarsfeld/Hans Zeisel. Die Arbeitslosen von Marienthal. Ein soziographischer Versuch über die Wirkungen langandauernder Arbeitslosigkeit. Mit einem Anhang zur Geschichte der Soziographie. es 769. 148 Seiten

Christoph Kucklick. Das unmoralische Geschlecht. Zur Geburt der negativen Andrologie. es 2538. 379 Seiten

Martina Löw/Renate Ruhne. Prostitution. Herstellungsweisen einer anderen Welt. es 2632. 215 Seiten

Daniel Miller. Der Trost der Dinge. Fünfzehn Porträts aus dem London von heute. es 2613. 226 Seiten

Stephan Moebius/Markus Schroer (Hg.). Diven, Hacker, Spekulanten. Sozialfiguren der Gegenwart. es 2573. 462 Seiten

Richard Münch.
- Die akademische Elite. Zur sozialen Konstruktion wissenschaftlicher Exzellenz. es 2510. 474 Seiten
- Akademischer Kapitalismus. Über die politische Ökonomie der Hochschulreform. es 2633. 457 Seiten
- Globale Eliten, lokale Autoritäten. Bildung und Wissenschaft unter dem Regime von PISA, McKinsey &. Co. es 2560. 266 Seiten

Sighard Neckel/ Greta Wagner (Hg.). Leistung und Erschöpfung. Burnout in der Wettbewerbsgesellschaft. es 2666. 216 Seiten

Ludger Pries. Die Transnationalisierung der sozialen Welt. Sozialräume jenseits von Nationalgesellschaften. es 2521. 398 Seiten

Shalini Randeria/Andreas Eckert (Hg.). Vom Imperialismus zum Empire. Nicht-westliche Perspektiven auf Globalisierung. Herausgegeben von Andreas Eckert und Shalini Randeria. es 2548. 337 Seiten

Werner Schiffauer. Nach dem Islamismus. Die Islamische Gemeinschaft Milli Görüş. Eine Ethnographie. es 2570. 391 Seiten

Mark Terkessidis. Interkultur. es 2589. 220 Seiten

Bernhard Zangl/Michael Zürn. Frieden und Krieg. Sicherheit in der nationalen und postnationalen Konstellation. es 2337. 338 Seiten